日商簿記検定試験2級の概要

2021年度から試験方式が統一試験（年３回のペーパー試験）とネット試験の併用となりました。

2020年12月14日から３級，同月21日から２級のネット試験が開始されました。ネット試験方式の導入に伴い，2021年度からの試験は以下のようになっています。

<table>
<tr><th></th><th colspan="3">統一試験（ペーパー方式）</th><th>ネット試験（CBT方式）</th></tr>
<tr><td>試験日</td><td colspan="3">毎年６月，11月，翌２月の年３回実施</td><td>ネット試験会場※1で随時実施</td></tr>
<tr><td>試験時間</td><td colspan="4">３級：60分
２級：90分
（いずれも2020年度までは120分）</td></tr>
<tr><td rowspan="5">出題内容※2
（2級）</td><td>第１問（20点）</td><td rowspan="3">商業
簿記</td><td colspan="2">仕訳問題（勘定科目は選択式）</td></tr>
<tr><td>第２問（20点）</td><td colspan="2">個別取引等の問題
勘定の形式，空欄補充，株主資本等変動計算書，連結精算表・連結財務諸表</td></tr>
<tr><td>第３問（20点）</td><td colspan="2">決算の問題
損益計算書，貸借対照表，本支店会計</td></tr>
<tr><td>第４問（28点）</td><td rowspan="2">工業
簿記</td><td colspan="2">(1)工業簿記の仕訳問題
(2)個別原価計算，総合原価計算，
標準原価計算（勘定記入，損益計算書作成など）</td></tr>
<tr><td>第５問（12点）</td><td colspan="2">標準原価計算（差異分析），直接原価計算（CVP分析）など</td></tr>
<tr><td>受験料※3</td><td colspan="4">３級：3,300円
２級：5,500円</td></tr>
<tr><td>試験会場</td><td colspan="3">商工会議所会館，大学，高校，専門学校等</td><td>ネット試験会場</td></tr>
<tr><td>試験方法</td><td colspan="3">紙媒体で出題，解答
同一の試験問題</td><td>PC上で出題，解答
受験生ごとに異なる試験問題</td></tr>
<tr><td>合格発表</td><td colspan="3">数週間後，各地で合否を発表</td><td>試験終了後，即時自動採点して合否を表示</td></tr>
<tr><td>その他</td><td colspan="4">試験問題・計算用紙は回収（持ち帰り不可）</td></tr>
</table>

※１　商工会議所が認定した会場。下記「商工会議所ネット試験施行機関リスト」参照。
https://links.kentei.ne.jp/organization
※２　検定試験ホームページ掲載情報等から弊社で分析した結果による。
※３　2024年度より改定。

２級については，試験時間が短くなりました。限られた時間内でうまく時間配分をし，効率的に解答する力が求められます。出題内容（大問構成）も商業簿記３問，工業簿記２問ということに変更はありませんが，連結会計の問題が第２問で出題されることになり，第４問は(1)(2)の小問２問構成で，(1)では工業簿記の仕訳問題が出題されることになりました。

また，統一試験とネット試験の出題形式は同一となります。ネット試験は，随時受験生ごとに異なる試験問題で実施されますので，試験の公平性から考えても，難易度は標準的なものとなってくるでしょう。よって，これまでのように過去問題の傾向を分析するというよりは，どのような問題が出されても解答ができるように，出題範囲を網羅的に学習することが求められます。

さらに，ネット試験の性質上，今後は選択式の出題が増えることが予想されます。日本商工会議所から公表されている，解答時の注意事項として「**仕訳問題における各設問の解答にあたっては，各勘定科目の使用は，借方・貸方の中でそれぞれ１回ずつとしてください（各設問につき，同じ勘定科目を借方・貸方の中で２回使用すると，不正解になります）**。」というものがあります。本書においても，模擬試験問題について選択式の仕訳問題の解答はこれに準じています。ただし，選択式に慣れてしまうと，記述式の出題があった際に漢字などを誤ったり，思い出せなかったりすることも考えられます。普段から記述式の出題にも対応できるようにしておきましょう。本書では，p.4からの出題形式別重要問題については，記述式の出題にも対応できるよう，適宜選択肢を省略しています。

なお，検定試験ホームページで公表されている受験者データによれば，合格率はネット試験の方が高い傾向にあるようです（2024年１月時点）。

また，2021年４月の収益認識基準の本格適用に対応し，2022年度（一部2021年度）より出題区分表が改定されました。テキストや問題集は改定に対応したものを使うようにしましょう。詳細は本書p.3をご覧ください。

■模擬試験問題の内容一覧

	第 1 問	第 2 問	第 3 問	第 4 問	第 5 問
第1回	1．**不渡手形** 2．**車両の買い換え** 3．**役務収益** 4．**剰余金の処分等** 5．**社債の売却** ►P.37	**銀行勘定調整表の作成・現金過不足を含む仕訳・当座預金の金額**（時間外預入・未達事項・未取付小切手・未渡小切手・簿記上の現金） ►P.38	**精算表作成**（返品・手形の更改・売上原価と期末商品の評価・貸倒引当金・減価償却費・未払費用・前払費用・ソフトウェア償却・貯蔵品・退職給付引当金・税金） ►P.39	(1)**費目別計算の仕訳**（材料の購入・材料副費差異・固定予算による差異分析） (2)**等級別総合原価計算**（月末仕掛品原価と完成品総合原価と単位原価の計算） ►P.40	**標準原価計算**（直接材料費差異と直接労務費差異の計算） ►P.41
第2回	1．**事業譲渡** 2．**クレジット取引** 3．**手形の不渡り** 4．**株式の売却**（時価法） 5．**収益認識** ►P.42	**株主資本等変動計算書の作成**（剰余金の配当等，新築積立金の取崩，株式交換，当期純利益） ►P.43	**損益計算書作成**（貸倒れ・研究開発費・退職給付引当金・貸倒引当金・売上原価と期末在庫の評価・ソフトウェア・商標権・減価償却・前受収益・退職給付引当金・貯蔵品・税金） ►P.44	(1)**費目別計算の仕訳**（材料の購入・払出・材料消費価格差異） (2)**工程ごとの勘定記入**（製造間接費勘定，仕掛品勘定） ►P.46	**全部原価計算と直接原価計算**（損益計算書の作成と製品有高の計算） ►P.47
第3回	1．**建物の増改築と備品の除却** 2．**リース取引** 3．**定期預金の満期** 4．**子会社株式等の取得** 5．**貸倒引当金** ►P.48	**連結精算表の作成**（連結株主資本等変動計算書含まない，資本連結，のれん，非支配株主持分，連結会社間取引の処理，未実現利益の消去） ►P.49	**貸借対照表作成**（現金過不足・銀行勘定調整表・貸倒引当金・売上原価と期末商品の評価・有価証券・減価償却・退職給付引当金・前払費用・未払費用・税金） ►P.50	(1)**費目別計算の仕訳**（労務費の消費・製造間接費の予定配賦・配賦差異） (2)**組別総合原価計算**（原価計算表の完成） ►P.52	**損益分岐点の計算**（変動費や固定費の変化による影響） ►P.53
第4回	1．**消費税**（税抜） 2．**手形の更改** 3．**固定資産の売却** 4．**法人税** 5．**本支店会計** ►P.54	**合併会計の合併後貸借対照表の金額算定・のれん勘定の記入，外貨建営業取引の為替予約** ►P.55	**損益計算書作成**（修繕費・貸倒引当金・売上原価と期末商品の評価・減価償却費・有価証券・外貨建取引・退職給付引当金・前払費用・未払費用・税金・税効果会計） ►P.56	(1)**費目別計算の仕訳**（労務費の支払い，労務費の消費，賃率差異） (2)**単純総合原価計算**（原価計算表の完成と売上原価の計算） ►P.58	**損益分岐点の計算**（販売数量・売上高・目標営業利益を達成する販売数量など） ►P.59
第5回	1．**役員賞与と預り金** 2．**外貨建取引** 3．**収益認識** 4．**修繕と改良** 5．**電子記録債権の譲渡** ►P.60	**固定資産取引の仕訳・勘定記入・減価償却など**（圧縮記帳，リース取引，割賦購入，ソフトウェア，200%定率法） ►P.61	**本支店会計問題**（配当・貸倒引当金・売買目的有価証券・売上原価と期末商品・減価償却・満期保有目的債券・賞与引当金・前払費用・未払費用） ►P.62	(1)**費用別計算の仕訳**（製造間接費の配賦，製造間接費配賦差異の振替，売上原価へ振替） (2)**個別原価計算**（仕掛品勘定の記入と売上原価の計算） ►P.64	**直接原価計算**（損益計算書の作成，損益分岐点・売上高営業利益率・安全余裕率等の計算） ►P.65
第6回	1．**税効果会計** 2．**ソフトウェアの資産計上** 3．**連結会計** 4．**圧縮記帳** 5．**為替予約** ►P.66	**複数の有価証券に関する仕訳・B/S計上金額と正誤問題**（4種類それぞれの期末評価を含む） ►P.67	**貸借対照表作成**（銀行勘定調整表・商品売買・貸倒引当金・期末商品の評価・減価償却費・ソフトウェア償却・その他有価証券の評価・外貨建取引・リース取引・退職給付引当金・費用の振替・税金） ►P.68	(1)**工場側の仕訳**（賃金の支払い・経費の支払い・製品の販売） (2)**部門費計算**（部門費配賦表の作成・製造間接費配賦額・原価差異） ►P.70	**標準原価計算**（製造間接費差異の分析） ►P.71

	第　1　問	第　2　問	第　3　問	第　4　問	第　5　問
第 7 回	1．株式の売却(平均原価法) 2．売上原価対立法 3．償却原価法 4．未渡小切手 5．固定資産の除却 ►P.72	穴埋問題（資産の表示区分，有価証券の評価差額，純資産取引，支店相互間取引，外貨建取引，商品の払出単価） ►P.73	精算表作成（貸倒れ・電子記録債権売却・火災未決算・仮払金・振当処理・貸倒引当金・売上原価と期末商品の評価・減価償却費・有価証券・退職給付引当金・前払費用・消費税・税金・税効果会計） ►P.74	(1)費目別計算の仕訳（賃金の賦課，製造間接費の配賦，製造間接費配賦差異の振替） (2)工程別総合原価計算 文章問題（仕損費の負担） 計算問題（月末仕掛品原価・完成品の総合原価等） ►P.75	標準原価計算（直接材料費差異，直接労務費差異，製造間接費差異の分析） ►P.76
第 8 回	1．固定資産の減失 2．株主資本の計数の変動 3．サービス業 4．研究開発費 5．満期保有目的債券 ►P.77	連結精算表の作成（連結株主資本等変動計算書含む，資本連結，のれん，非支配株主持分，連結会社間取引の処理，未実現利益の消去） ►P.78	本支店会計問題（売上原価と期末商品，減価償却費，貸倒引当金，前払費用，未払金，その他有価証券の評価，税金） ►P.80	(1)費目別計算の仕訳（外注先への支払い，棚卸減耗，減価償却） (2)工程別総合原価計算（仕掛品勘定の記入） ►P.81	全部原価計算と直接原価計算（損益計算書の作成） ►P.82
第 9 回	1．商品保証引当金 2．為替予約 3．固定資産の除却 4．電子記録債権の譲渡 5．銀行勘定調整表 ►P.83	株主資本等変動計算書の作成（剰余金の配当等，増資，合併，当期純利益） ►P.84	本支店合併損益計算書と本支店合併貸借対照表作成（売上原価・貸倒引当金・減価償却費・その他有価証券の評価・前払費用・未払費用） ►P.85	(1)標準原価計算の差異分析の仕訳（製造間接費，材料，賃金） (2)製造間接費差異の分析 ►P.86	損益分岐点の計算（変動費率・経営レバレッジ係数・目標売上高営業利益率を達成するための売上高等） ►P.87
第 10 回	1．増資 2．リース取引 3．収益認識 4．固定資産の割賦購入 5．その他有価証券(全部) ►P.88	連結貸借対照表と連結損益計算書の作成（資本連結，のれん，非支配株主持分，連結会社間取引，未実現利益の消去） ►P.89	損益計算書作成（特許権・為替予約・貸倒引当金・期末商品の評価・未払費用・定期預金借入金の利息・退職給付引当金・減価償却・税効果会計） ►P.90	(1)費目別計算の仕訳（製品の完成，製品の売上，製造間接費差異の振替） (2)個別原価計算（仕掛品勘定・製品勘定の記入） ►P.92	直接原価計算（損益計算書の作成） ►P.93
第 11 回	1．吸収合併 2．固定資産の滅失 3．本支店会計 4．手形の不渡り 5．設立時の株式の発行 ►P.94	複数の固定資産の減価償却・火災損失・買い換え・税効果会計に関する問題 ►P.95	貸借対照表作成（不渡手形・修繕と改良・貸倒引当金・期末商品の評価・減価償却・その他有価証券・貯蔵品・為替差損益・前払費用・修繕引当金・法人税等の処理） ►P.96	(1)費目別計算の仕訳（材料の消費，賃金の賦課，製造間接費の配賦） (2)個別原価計算（仕掛品勘定の記入・製造間接費の差異分析） ►P.98	標準原価計算（製造間接費差異の分析） ►P.99

2022年度以降の出題範囲変更について

2018年に公表された「収益認識に関する会計基準」が，2021年４月から適用開始されました。それに伴い，2022年度以降の日商簿記検定試験の出題範囲も変更されることになりました。

「収益認識に関する会計基準」は，商品販売による売上やサービス提供による役務収益などの収益の計上方法等を具体的に定めた会計基準です。具体的には，顧客との契約による履行義務を「充足した時（一時点）」または「充足するにつれて（一定期間）」に収益（売上・役務収益など）を計上し，その金額は，商品販売やサービス提供の見返りとして企業が権利を得ると見込む対価の額（第三者のために回収する額を除く）で計上することとされています。

２級の主な変更点

具体的には，収益認識に関して以下の内容が出題されます。

●履行義務の充足による売上・役務収益など　　●複数の履行義務を含む取引
●いずれかの当事者が契約を履行している場合（契約資産・契約負債）　　●変動対価を伴う取引　　など

なお，これらの出題にあたり，「履行義務の充足のタイミング」，「履行義務の識別」は容易に判断できる出題，「契約資産・契約負債」，「変動対価」は簡易な内容の出題とされています。

また，以下の内容については２級の出題範囲から削除されることになりました。

●商業簿記…売上割戻引当金，返品調整引当金，仕入割引・売上割引，消費税の税込方式
●工業簿記…作業屑・副産物

以上の変更点を踏まえた上で，出題形式別重要問題・模擬試験問題を解答しましょう。

第1問 出題形式別重要問題 商業簿記

仕訳▶収益認識に関する項目

Point 「収益認識に関する会計基準」にもとづく基本的な仕訳を理解する。

問題1 次の各取引について仕訳しなさい。

(1) A商品（¥80,000）とB商品（¥50,000）を佐賀株式会社へ販売する契約を締結するとともに，A商品を佐賀株式会社へ引き渡した。なお，代金はB商品を引き渡した後に請求する契約となっており，A商品の代金¥80,000についてはまだ顧客との契約から生じた債権となっていない。また，A商品の引き渡しとB商品の引き渡しは，それぞれ独立した履行義務として識別する。

(2) (1)の取引について，佐賀株式会社へB商品を引き渡した。また，A商品とB商品の代金請求書を送付した。

(3) 商品¥120,000を沖縄株式会社へ販売する契約を締結するとともに，手付金として¥30,000を現金で受け取った。

(4) 1月1日，佐世保株式会社へ市場販売目的のソフトウェアを¥1,440,000，および当該ソフトウェアの1年間のサポートサービスを¥240,000で販売し，代金はすべて当社の当座預金口座へ振り込まれた。当社では，それぞれを別個の履行義務として識別している。サポートサービスは1月1日より開始しており，時の経過（月割計算）に応じて履行義務を充足する。なお，原価に関する仕訳は省略する。

(5) (4)の取引について，3月31日に決算をむかえ，サポートサービスのうち履行義務を充足した部分について収益を計上した。

(6) 7月中に鳥栖商事へ商品150個を@¥500で掛販売した。なお，当社と鳥栖商事との間には，7月～8月の間に商品を合計400個以上購入した場合に，この期間の販売額の10%をリベートとして9月末に支払う取り決めがあり，この条件が達成される可能性は高い。

(7) (6)の取引後，8月中に鳥栖商事へ商品250個を@¥500で掛販売し，リベートの条件が達成された。

(8) (6)の取引後，9月末に鳥栖商事へリベートを現金で支払った。

解法の手引 (1) A商品の対価を受け取るためにB商品の引き渡しという条件があるため，契約資産勘定を用いる。

(2) 対価の受け取り条件を満たした場合には，契約資産勘定を取り崩す。

(3) 収益を計上する前に対価を受け取った場合，契約負債勘定を用いる。

(4)・(5) 1つの契約の中に2つ以上の履行義務が含まれている場合には，別々に収益を認識する。

(6)・(7) リベートの約束がある取引の場合，顧客と約束した対価で変動する可能性のある部分（変動対価）を返金負債勘定として処理を行う。その後，リベートの条件が達成された場合に，返金負債勘定を取り崩す。

	仕		訳	
	借方科目	金額	貸方科目	金額
(1)				
(2)				
(3)				
(4)				
(5)				
(6)				
(7)				
(8)				

第１問　出題形式別重要問題　商業簿記

仕訳▶商品売買・サービス業などに関する項目

Point　商品売買では「売上原価対立法」，サービス業では「役務収益・役務原価」の仕訳などが２級では出題される。

問題２　次の各取引について仕訳しなさい。

(1)　尼崎株式会社は，商品100個（原価@￥200，売価@￥300）を売り上げ，代金は掛けとした。なお，尼崎株式会社は商品売買に関して，商品を仕入れたとき商品勘定に記入し，販売したときその商品の原価を売上原価勘定に振り替える方法で記帳している。

(2)　旅行業を営む南日本トラベル株式会社は，ツアーを企画し，代金合計￥350,000を受け取り，前受金として処理していたが，このたびツアーを催行した。このツアーに係る交通費や宿泊代，人件費など，￥200,000を小切手を振り出して支払った。（類題第150回）

(3)　広告業を営む博多株式会社は，給料￥45,000および旅費交通費￥5,000をすでに現金にて支払い，記帳も行っていたが，これらが今後実施される特定の案件のために直接，費やされたものであることが明らかになったので，これらを仕掛品勘定に振り替えた。（類題第145回）

解法の手引　(1)　売上原価対立法とは，販売のつど売上原価を商品勘定から売上原価勘定に振り替える方法である。
(2)　サービス業においては，商品売買業の売上勘定や売上原価勘定の代わりに，役務収益勘定と役務原価勘定を用いる。
(3)　サービス提供前に費やされた金額は，費用の各勘定や役務原価ではなく，いったん仕掛品勘定として処理をする。

	仕		訳	
	借方科目	金額	貸方科目	金額
(1)				
(2)				
(3)				

仕訳▶債権に関する項目

Point　取得した債権について，基本的な処理を理解する。具体的には，手形債権の更改・不渡り・裏書譲渡・割引，電子記録債権の譲渡，売掛金などその他の債権の譲渡が問われる。

問題３　次の各取引について仕訳しなさい。

(1)　得意先の静岡商店が倒産し，不渡手形として処理した後，償還請求中の同店振出しの約束手形￥400,000が回収不能となった。ただし，当該約束手形は前期に振り出されたものであり，また，貸倒引当金が￥250,000ある。（類題第142回）

(2)　和歌山工業は，手持ちの手形￥100,000を取引銀行である海南銀行にて割り引き，割引料が差し引かれた残額を当座預金とした。なお割引料は，割引日数を25日，割引率を年7.3％として日割計算する。

(3)　手持ちの電子記録債権のうち￥80,000分を，現金￥77,500と引替えに鹿児島商店に譲渡した。（類題第149回，第153回）

(4)　得意先の松戸産業に対する売掛金￥370,000の我孫子商事への売却につき，松戸産業および我孫子商事の双方から同意を得たため，これを売却し，代金￥355,000が当座預金口座に振り込まれた。

解法の手引　(1)　不渡手形が回収不能の場合，不渡手形（資産）を消去し，貸倒引当金の額を超えた分は，貸倒損失とする。
(2)　債権の割引料を，手形売却損として処理する。
(3)　電子記録債権は，手形と異なり金額を分割して譲渡することもできる。また，電子記録債権売却損が生じる場合もある。
(4)　その他の債権の譲渡は，売買取引として処理し，譲渡金額と簿価との差額は債権売却損とする。

	仕		訳	
	借方科目	金額	貸方科目	金額
(1)				
(2)				
(3)				
(4)				

第1問 出題形式別重要問題 商業簿記

仕訳▶外貨建取引

Point 外貨建取引について，「外貨による金額」×「為替相場（レート）」=「円貨による金額」に換算することが重要である。利用する為替相場に注意し，為替相場の変動により生じた差額を「為替差損益」として処理する。外貨建ての資産・負債について，貨幣項目か，非貨幣項目かで処理が異なることを理解する。また，為替予約について振当処理を理解する。

問題4 次の各取引について仕訳しなさい。

(1) 3月1日に，1,000ドルの商品を輸入し，代金は，同年4月30日に現金を支払って決済した。このとき取引発生時，決算時（年1回，3月31日），決済時の仕訳を示しなさい。なお，為替相場は，1ドル当たり，3月1日が¥105，3月31日が¥102，4月30日が¥100であった。

(2) 決算時に外貨建ての売掛金150ドル（前期の帳簿価額¥15,000）と買掛金200ドル（前期の帳簿価額¥24,000）を保持している。なお，決算時の為替相場は1ドル当たり¥110である。

(3) 7月10日，ドイツの仕入先から商品10,000ユーロを掛けにて輸入し，代金は9月30日に支払うことにした。また取引と同時に為替予約を行った。なお，取引時点の直物為替相場は1ユーロ=120円であり，先物為替相場は1ユーロ=118円であった。（第152回）

解法の手引 (1) 為替相場の変動により生じた差額を「為替差損益」として処理する。

(2) 外貨建ての資産・負債について，貨幣項目は決算時の為替相場により換算替えを行うが，非貨幣項目は換算替えは不要となる。

(3) 為替予約を取引発生時に付したとき，為替相場は直物ではなく，先物の相場で換算する。

		仕		訳	
		借方科目	金額	貸方科目	金額
(1)	取引発生時				
	決算時				
	決済時				
(2)					
(3)					

仕訳▶本支店会計

Point 本支店間の取引について，本店の処理か支店の処理なのかを確認し，生じる債権・債務について，本店勘定や支店勘定で適切に処理する。

問題5 次の各取引について仕訳しなさい。

(1) 松山支店は香川商店に商品¥350,000を売り上げ，代金のうち，¥300,000を徳島支店振出しの約束手形で受け取り，残額は掛けとした。なお，支店間取引については，本店集中計算制度を採用している。このとき，松山支店の仕訳を答えなさい。（類題第140回）

(2) 決算にあたり，本店は支店より「当期純損失¥280,000を計上した」との連絡を受けた。なお，当社は支店会計独立会計制度を導入している。このとき，本店側の仕訳を答えなさい。（類題第142回，第145回）

解法の手引 (1) 本店集中計算制度では，支店間の取引は本店と支店の取引とみなして，本店勘定を用いて仕訳を行う。

(2) 支店の損益を損益勘定から本店勘定に振り替える仕訳である。

	仕		訳	
	借方科目	金額	貸方科目	金額
(1)				
(2)				

仕訳▶引当金

Point　貸倒引当金について実績法に加えて個別評価を理解する。そのほか，賞与引当金，退職給付引当金や商品保証引当金などの引当金を理解する。

問題 6　次の各取引について仕訳しなさい。

(1)　期末における売掛金残高は￥600,000，受取手形残高は￥400,000，貸付金残高は￥700,000であった。売掛金と受取手形については，過去の貸倒実績率２％にもとづき，貸倒引当金を設定するが，貸付金については，債務者の財政状態が悪化したため，その回収不能額を40％と見積もって貸倒引当金を差額補充法により設定する。期末における貸倒引当金の残高は￥10,000である。

(2)　従業員の賞与￥3,800,000に対して，源泉所得税の預り金￥530,000と立替金￥50,000を差し引き，残額を現金で支払った。なお，この賞与については，前期末に賞与引当金￥1,500,000を計上している。

(3)　決算にあたり，前期に販売した製品に係る品質保証期限が経過したため，この保証のために設定した引当金の残高￥45,000を取り崩すとともに，当期に品質保証付きで販売した製品の保証費用を￥36,000と見積もり，洗替法により引当金を設定する。　(類題第152回)

(4)　従業員が退職し，退職金￥6,000,000を小切手を振り出して支払った。なお，同人については，退職給付引当金に￥5,000,000が計上されている。

(5)　１年前に当社が販売した商品（３年保証付き）について顧客から無償修理の依頼があり，提携している業者に修理を依頼し，修理代金￥65,000は小切手を振り出して支払った。なお，当社では，前期の決算において売上高￥20,000,000の0.5％を商品保証引当金に計上している。　(類題第141回，第143回)

解法の手引　(1)　貸倒引当金は，過去の貸倒実績率を乗じて計算するものと，個別評価するものがある。回収可能性に問題のある債権の個別評価においては，担保資産がある場合，債権額から担保資産の処分価格を差し引いた残額に，貸倒実績率を乗じる。

(2)　賞与の支給について，預り金と立替金を除いて現金で支給する取引である。支給については引当金を取り崩す。賞与引当金は，賞与の対象となる期間と実際支給する会計期間がずれている場合に設定される。

(3)　洗替法のため，前期に設定した引当金を「製品保証引当金戻入」（収益）を用いて取り崩した上で，当期の引当金を設定する。

(4)　退職給付引当金を取り崩し，超過額は退職給付費用勘定（費用）の借方に記入。

(5)　無償修理保証の対象期間に販売した商品であるため，商品保証引当金を取り崩す。なお，商品保証引当金繰入は，損益計算書上，販売費及び一般管理費となる。

	仕		訳	
	借　方　科　目	金　額	貸　方　科　目	金　額
(1)				
(2)				
(3)				
(4)				
(5)				

第１問　出題形式別重要問題　商業簿記

仕訳▶固定資産

Point　備品・建物・機械・自動車などの固定資産の売却や買換え時の処理をよく理解する。減価償却の計算をともなう問題が多いので，繰り返し学習する。そのほか，建物の完成，修理と改修，備品の除却だけでなく有形固定資産の割賦購入，圧縮記帳，ソフトウェアの償却等についても理解する。

問題７　次の各取引について仕訳しなさい。

⑴　建設中の建物の完成にともない工事代金の残額￥10,000,000を小切手を振り出して支払い，建物の引渡しを受けた。この建物に対しては，工事代金として￥20,000,000を支払っている。　（類題第141回，第147回）

⑵　大阪産業株式会社（年１回９月末日決算）は，20X1年10月１日に取得した備品（取得原価￥2,000,000）を20X3年９月30日に売却し，手取金￥600,000を翌月末に受け取ることにした。なお，この備品については耐用年数５年，定率法（償却率0.369）によって償却し，間接法で記帳している。決算にあたって，当期の減価償却費を計上したうえで，売却の処理を行う。

⑶　建物の修繕と改装を行い，代金￥3,000,000は月末に支払うことにした。代金のうち￥1,000,000は定期的な修繕のための費用であり，残額は耐用年数を延長させるための改良分である。なお，定期的な修繕のための修繕引当金が￥800,000設定されている。　（類題第141回，第149回）

⑷　決算日を迎えたため，６か月前に購入した備品（取得原価￥200,000，耐用年数８年）について200％定率法による減価償却を月割計算で行う。記帳は間接法によること。　（類題第151回，第153回）

⑸　営業用の自動車（取得日：20X2年４月１日，取得原価￥3,000,000，残存価額10％，耐用年数５年，償却方法：定額法，記帳方法：直接法，決算日３月31日）を20X5年９月30日に下取価額￥600,000で下取りさせて，新車￥3,500,000を購入し，下取価額を差し引いた残額は月末に支払うことにした。なお，買換えにさいして当年度半年分の減価償却費を月割計算により計上すること。

⑹　備品（取得日20X1年４月１日，取得原価￥500,000，償却方法：200％定率法，耐用年数：８年，記帳方法：間接法，決算日３月31日）が不要となり，20X3年３月31日に除却した。なお，除却した備品は転用予定で，その評価額は￥200,000である。当期分の減価償却費の計上もあわせて行うこと。

⑺　新潟運輸株式会社は，決算にあたり保有している営業車の減価償却（生産高比例法，間接法による記帳）を行った。その営業車の取得原価は￥1,500,000，残存価額は取得原価の10％，総走行可能距離は27万キロメートルで，当期の走行距離は３万キロメートルであった。　（類題第140回）

⑻　期首，備品の購入にあたり，国からの補助金￥50,000を受け取り，当座預金とした。

⑼　⑻の補助金と自己の資金により，小切手を振り出して備品￥200,000を期首に購入した。なお，今回取得した備品について，補助金に相当する額の圧縮記帳を直接控除方式により行った。　（類題第146回）

⑽　決算日を迎え，⑼の備品について，減価償却を定額法により行う（耐用年数５年，残存価額ゼロ，間接法で記帳）。

⑾　大崎株式会社は，営業車（現金販売価額￥1,400,000）の購入にあたり，その代金を５回に分割して支払うことにし，毎月末に支払期限の到来する額面￥300,000の約束手形５枚を振り出して割賦契約で購入していたが，本日第１回目の手形代金が当座預金口座から引き落とされた。なお，割賦購入に係る利息は購入時に前払利息として処理しており，定額法により計算する。　（類題第145回，第150回，第152回）

⑿　函館株式会社は，決算にあたり，無形固定資産として計上している自社利用目的で当期首に購入したソフトウェア（取得原価￥1,200,000）について定額法により償却した。なお，このソフトウェアの利用可能期間は４年と見積もられている。

解法の手引　⑴　完成前に支払った工事代金は，建設仮勘定に記入されている。

⑵　売却したら，間接法では取得原価と減価償却累計額の双方を減少させる。

　　売価－帳簿価額（備品－減価償却累計額－当期減価償却費）＝固定資産売却損益

⑶　改良分は資本的支出（固定資産の原価に加える支出）となり建物勘定に記入する。

⑷　200％定率法の償却率は，定額法の償却率（１÷耐用年数）の２倍である。

⑸　下取りとは旧車の売却代金を新車の代金の一部にあてることである。なお，直接法であることに注意すること。

⑹　除却したら，間接法では備品勘定，備品減価償却累計額勘定を減少させる。除却した備品の評価額は貯蔵品勘定に記入する。

　　帳簿価額（取得原価－期首減価償却累計額－当期減価償却費）－貯蔵品＝固定資産除却損

⑺　生産高比例法では，減価償却費＝（取得原価－残存価額）×（当期の利用量÷総利用可能量）となる。

⑻　国から受け取った補助金を受贈益として収益計上する。

⑼　受けた補助金の分だけ固定資産を減額（圧縮）する。

⑾　有形固定資産を割賦購入したときは，現金購入価額と割賦購入価額の差額は前払利息として処理し，割賦代金の支払時に支払利息に振り替える。なお，有形固定資産の購入にさいして手形を振り出したときは，営業外支払手形勘定を使う。

⑿　自社利用目的のソフトウェアを無形固定資産に計上した場合，残存価額ゼロの定額法によって償却される。

第 1 問　出題形式別重要問題　商業簿記

	仕		訳	
	借　方　科　目	金　　額	貸　方　科　目	金　　額
(1)				
(2)				
(3)				
(4)				
(5)				
(6)				
(7)				
(8)				
(9)				
(10)				
(11)				
(12)				

仕訳▶有価証券と端数利息

Point　有価証券の分類（売買目的有価証券，満期保有目的債券に加えて，子会社株式および関連会社株式，その他有価証券）を理解し，基本的な売買や期末評価に関する処理ができるようにする。なお，その他有価証券の期末評価には全部純資産直入法が適用されることに注意し，公社債の売買では端数利息を受け渡しするので，その金額の計算をできるようにする。

問題 8　次の各取引について仕訳しなさい。

(1)　売買を目的として所有している岡山株式会社の株式10,000株のうち，5,000株を１株当たり￥6,500で売却し，代金は月末に受け取ることにした。なお，同社株式は，第１回目に4,000株を１株当たり￥7,200，第２回目に6,000株を１株当たり￥6,000で購入し，平均原価法によって記帳している。

(2)　前期に@￥600で購入し，前期末決算で@￥900に評価替え（切り放し法採用）した売買目的有価証券のうち2,000株を，@￥1,000で売却し，売買手数料￥15,000を控除した残額は現金で受け取った。売買手数料は，有価証券売却益または売却損に加減して処理すること。

(3)　群馬商事株式会社は，次の３つの会社の株式を取得し，代金は小切手を振り出して支払った。(類題第144回)

A　社	B　社	C　社
発行済み株式の60%にあたる3,000株を@￥400で取得	発行済み株式の25%にあたる1,000株を@￥600で取得	長期利殖目的で1,000株を@￥830で取得

(4)　決算にあたり，その他有価証券として保有する桐生商会株式会社の10,000株（１株当たり帳簿価額￥2,200）を，全部純資産直入法にもとづき１株当たり￥2,500に評価替えをする。ただし，税効果会計は考慮しない。

(5)　20X4年６月12日，売買を目的として額面総額￥1,000,000の社債を，額面￥100につき￥99で買い入れ，端数利息とともに小切手を振り出して支払った。なお，利払日は３月末，９月末の年２回で，利率は年２％である。　(類題第140回，第143回，第145回，第149回，第152回)

解法の手引　(1)　株式の取得価額合計を株式数の合計で割って，１株の平均単価を計算する。売却したときは，売買目的有価証券勘定の貸方に原価で記入する。売価と原価との差額は有価証券売却益勘定に記入する。

(2)　切り放し法を採用しているので，前期末に評価替えを行った価額は帳簿価額となっている。有価証券売却益は，売価と評価替え後の価額を比べて計算するが，売買手数料に関する問題文の指示に注意すること。

(3)　子会社株式（所有割合が50%を超えるなど他の会社を支配目的で保有するもの），関連会社株式（所有割合が20%以上など他の会社へ影響力を行使する目的で保有するもの），その他有価証券（売買目的でも満期保有目的でも，他社の支配や影響力行使の目的でもないもの）を区別すること。

(4)　時価のあるその他有価証券は期末に時価で評価するが，その評価差額は当期の損益ではなく，純資産に直入し，貸借対照表の純資産の部に表示する。

(5)　端数利息は次の式で計算する。社債，公債から生じる利息は有価証券利息勘定に記入する。

額面総額×年利率×(前回の利払日の翌日から売買日までの日数÷365日)

	仕		訳	
	借　方　科　目	金　　額	貸　方　科　目	金　　額
(1)				
(2)				
(3)				
(4)				
(5)				

第 1 問　出題形式別重要問題　商業簿記

仕訳▶リース取引

Point　リース取引は，様々な条件によって仕訳が異なる。具体的には，リースの種類，リース料支払日と決算日，リース料の処理方法（利子抜き法・利子込み法）などに注意して解答すること。

問題 9　次の各取引について仕訳しなさい。

(1)　20X4年 7 月 1 日にリース期間を 5 年間，リース料を毎年¥36,000（支払日は毎年 6 月末日，現金払い）の条件によって，備品のオペレーティング・リース契約を結んでいる。本日（20X5年 3 月31日）は決算日であるため，必要な仕訳を行う。

(2)　当期首にOA機器のファイナンス・リース契約を結んでいる（リース期間：4 年間，リース料：年額¥50,000を毎年 3 月末日に現金払い，リース資産：見積現金購入価額¥180,000）。本日，第 1 回目のリース料を現金で支払ったため，利子抜き法（利息相当部分は定額法による）により処理を行う。また，決算日でもあるため，当該OA機器について定額法により減価償却（耐用年数：4 年，残存価額：ゼロ，記帳方法：間接法）を行う。　（類題第147回，第149回）

解法の手引　(1)　リース料支払日と決算日が異なっているため，決算日に支払リース料の未払計上を行う。
(2)　利子抜き法であるため，まずはリース料総額と見積現金購入価額から利息相当額を計算する。

	仕		訳	
	借　方　科　目	金　　額	貸　方　科　目	金　　額
(1)				
(2)				

仕訳▶株式の発行

Point　株式の発行により資本金が増加する。株主が払い込んだ金額の一部は資本金勘定に計上しないことができる。会社法で定められている資本金に計上しなくてはならない最低額を理解する。

問題10　次の各取引について仕訳しなさい。

(1)　普通株式1,000株の時価発行増資を行うため，公募価格@￥75,000で新株の引受けの募集をしたところ，申込期間中に1,150株の応募があり，受け取った代金は別段預金とした。なお，資本金の増加は，払込期日に記帳する。　（類題第149回）

(2)　新株の発行にさいして，払込期日までに払い込まれ，別段預金に預け入れられていた申込証拠金を払込期日に資本金に振り替え，同時に別段預金を当座預金に預け入れた。なお，発行する新株は600株，払込金額は 1 株￥80,000で，全額が払い込まれていた。資本金には「会社法」で認められる最低額を計上する。　（類題第143回，第146回）

(3)　関東株式会社は，取締役会の増資の決議により，株式400株を発行し，全株式の払込みを受け，払込金額を当座預金に預け入れた。1 株の払込金額は￥80,000で，払込金額のうち「会社法」で認められる最低額を資本金に計上する。なお，この新株発行のための諸費用￥800,000を小切手を振り出して支払った。　（類題第140回，第152回）

解法の手引　(1)　貸方は株式申込証拠金勘定とし，ここでは資本金勘定としないことに注意。
(2)　株式申込証拠金勘定を資本金勘定と資本準備金勘定に振り替える。別段預金勘定（資産）を当座預金勘定に振り替える。
(3)　最低資本金計上額は払込金額の $\frac{1}{2}$ であることに注意。新株発行のための費用の処理もよく問題となる。

	仕		訳	
	借　方　科　目	金　　額	貸　方　科　目	金　　額
(1)				
(2)				
(3)				

仕訳▶剰余金の配当と株主資本の計数の変動

Point 剰余金の配当・処分では，繰越利益剰余金勘定を処分項目の各勘定へ振り替える。利益準備金の最低積立額を計算できるようにする。なお，資本準備金や利益準備金あるいは任意積立金等の減少など株主資本の計数の変動が問われる場合があることにも注意。

問題11 次の各取引について仕訳しなさい。

(1) 東北興産株式会社（発行済株式数40,000株，決算日9月30日）は，定時株主総会において繰越利益剰余金勘定¥4,950,000を次のとおり処分することが承認された。 （類題第143回，第153回）

株主配当金：1株につき¥75　　利益準備金：会社法で規定する額　　別途積立金：¥1,000,000

現在の残高は資本金¥20,000,000，利益準備金¥3,000,000，資本準備金¥1,000,000である。

(2) 関西商事株式会社は株主総会において，赤字補塡のために別途積立金¥2,500,000と利益準備金¥2,000,000を取り崩すことが承認された。 （類題第150回）

(3) 九州商会株式会社は株主総会を開催し，資本準備金¥5,000,000を減少させて資本金の額を同額増加させることを決議した。 （類題第148回）

解法の手引 (1) 利益準備金の計上額は，株主配当金×$\frac{1}{10}$と資本金×$\frac{1}{4}$－(利益準備金＋資本準備金）のうち，いずれか少ないほうの金額。

(2) 赤字により純資産が減少する。その補塡のために別途積立金と利益準備金を取り崩し，繰越利益剰余金勘定の貸方に記入する。

(3) 株主資本の各項目の間における振替えである。

	仕		訳	
	借方科目	金額	貸方科目	金額
(1)				
(2)				
(3)				

仕訳▶企業の取得・合併

Point 企業の取得，合併によるのれん，その他資本剰余金の計算ができるようにする。

問題12 次の各取引について仕訳しなさい。

(1) 千葉商事株式会社は，同業他社の支店を¥25,000,000で取得し，その代金を小切手を振り出して支払った。なお，同支店から譲り受けた資産・負債は，建物¥8,000,000，土地¥15,000,000および借入金¥3,000,000である（すべて時価）。 （類題第150回）

(2) 東京商事株式会社は東北商事株式会社を吸収合併し，新たに株式1,000株（合併時点の時価@¥50,000）を発行し，これを東北商事の株主に交付した。このとき，東北商事の諸資産（時価）は¥130,000,000，諸負債（時価）は¥70,000,000であった。また，合併にあたっては，取得の対価のうち60%を資本金，残り40%を資本準備金として計上することとした。 （類題第145回）

解法の手引 (1) 企業の取得により譲り受けた純資産額（資産総額－負債総額）より，取得の対価（支出した金銭や交付した株式の総額）が多い場合，その超過額はのれんとして計上する。

(2) 合併により交付する株式の時価総額(取得の対価)が消滅する会社の純資産の金額を下回る場合，負ののれん発生益が生じる。

	仕		訳	
	借方科目	金額	貸方科目	金額
(1)				
(2)				

仕訳▶連結会計

Point　連結会計とは，親会社（他の会社を支配している会社）と子会社（他の会社に支配されている会社）を1つの企業集団とみなし，連結財務諸表を作成するための手続きである。具体的には，親会社と子会社の個別財務諸表を合算したうえで，「資本連結」（親会社の投資勘定と子会社の資本との相殺消去），「連結会社間の取引・未実現損益の消去」等の修正仕訳を行う。

問題13　次の各取引について仕訳しなさい。

(1)　当期末に，P社はS社の発行する株式の90％を¥8,200,000で取得して支配したため，連結にあたって必要な修正仕訳を行う。このときのS社の資本金は¥4,500,000，利益剰余金は¥3,000,000であった。

(2)　P社は，子会社S社に貸し付けを行っており，貸付金の期末残高のうち¥450,000はS社に対するものであるため，連結にあたって必要な修正仕訳を行う。なおP社は，未回収債権の期末残高に対して2％の貸倒引当金を差額補充法により設定しており，当年度個別財務諸表の貸倒引当金繰入額は¥15,000である。

(3)　P社の子会社であるS社は，当期中に繰越利益剰余金から¥500,000の配当を実施していたため，連結にあたって必要な修正仕訳を行う。なお，親会社であるP社はS社が発行する株式のうち80％を保有している。

(4)　P社は，当期より子会社S社に対して原価に15％の利益を付加して商品を販売しているため，連結にあたって必要な修正仕訳を行う。なお，S社がP社から当期仕入れた商品総額は¥713,000であり，期末日現在その商品のうち¥345,000が外部に販売されずS社に残っている。

(5)　P社は，当期より子会社であるS社との取引を開始し，S社から商品¥3,960,000を仕入れた。決算日現在，P社にはS社から仕入れた商品¥1,000,000が残っているため，連結にあたって必要な修正仕訳を行う。なお，S社は，P社がその発行済み株式総数の70％を取得して支配を獲得した子会社であり，原価率90％でP社に商品を販売している。

解法の手引　(1)　親会社の投資勘定と子会社の資本を相殺消去する。そのさいに，非支配株主持分（子会社の資本のうち親会社の持分以外の部分）に注意する。

(2)　連結会社間の債権・債務を相殺消去し，当該債権に対応する貸倒引当金も修正する。

(3)　連結会社間の配当取引を相殺消去する。そのさいに，非支配株主にも子会社から配当が行われていることに注意する。

(4)　親会社から子会社への販売取引であるため，連結会社間の取引を相殺消去し，子会社に残っている商品に含まれる未実現損益を消去する。

(5)　(4)と同様に，連結会社間の取引を相殺消去し，親会社に残っている商品に含まれる未実現損益を消去する。ただし，子会社から親会社への販売取引であるため，消去する未実現損益を非支配株主持分にも負担させる。

	仕		訳	
	借方科目	金額	貸方科目	金額
(1)				
(2)				
(3)				
(4)				
(5)				

仕訳▶会社の税金

Point 法人税・住民税及び事業税の中間申告や確定申告，更正の処理を理解する。消費税は税抜方式を理解する。

問題14 次の各取引について仕訳しなさい。

(1) 決算にあたり，税引前当期純利益を¥600,000計上しているが，損金不算入額が¥100,000あった。当期の法人税，住民税及び事業税の法定実効税率を30%として，未払法人税等を計上する。

(2) 決算にさいし，当期分の法人税等¥3,250,000を計上した。なお，当社はすでに小切手を振り出して¥1,500,000を中間納付しており，仮払法人税等勘定として処理してある。

(3) 岡山商事株式会社は，過年度分の法人税等について更正を受け，税金の還付額¥263,000が，当社の当座預金に振り込まれた。

(4) 株式会社横山商事は，決算にあたり，商品売買取引に係る消費税の納付額を計算し，これを確定した。なお，消費税の仮払分は¥23,500，仮受分は¥29,200であり，当社は消費税の会計処理として税抜方式を採用している。 (類題第146回)

解法の手引 (1) 課税所得は，税引前当期純利益に損金不算入部分を加えたものであり，これに税率を掛ける。

(2) その期の確定した税額から中間申告納付額を差し引いて，未払法人税等とする。

(3) 法人税等の更正を受けた場合は，還付額は還付法人税等勘定（収益）で，追徴額は追徴法人税等勘定（費用）で処理する。

(4) 取引時に行った仮払および仮受消費税を相殺消去し，差額についても仕訳を行う。

	仕		訳	
	借方科目	金額	貸方科目	金額
(1)				
(2)				
(3)				
(4)				

仕訳▶税効果会計

Point 税効果会計の考え方を理解したうえで，問われることの多い貸倒引当金の繰入限度超過額，減価償却費の償却限度超過額，その他有価証券の評価差額（全部純資産直入法）に関する仕訳をできるようにする。

問題15 法人税等の実効税率が40%の場合，次の各取引について仕訳しなさい。

(1) 決算において，売掛金¥1,000,000に対して貸倒引当金を¥20,000計上したが，うち¥5,000は税法上損金に算入することが認められなかったため税効果会計の処理を行う。

(2) (1)において前期に損金に算入することが認められなかった貸倒引当金繰入額¥5,000について，該当する売掛金が貸し倒れ，当期中に適切に処理して当期の損金に算入することが認められた。そこで，税効果会計の処理を行う。

(3) 決算にあたり，その他有価証券で処理しているA社株式（取得原価¥20,000，時価¥16,000）とB社株式（取得原価¥8,000，時価¥12,000）を全部純資産直入法により評価替えした。それぞれの仕訳を示しなさい。なお，その他有価証券の評価替えにあたり，税効果会計を適用する。 (第151回)

解法の手引 (1) 損金不算入額に実効税率を乗じた金額を，繰延税金資産として将来に繰り延べると考える。

(2) 解消時は，当初の仕訳を反対にして繰延税金資産を取り崩す。

(3) 評価益が出る場合と評価損が出る場合に分けて仕訳を行う。ただし，全部純資産直入法の場合，評価損益は損益計算書において計上されるわけではないので，法人税等調整額は使えないことに注意。

		仕		訳	
		借方科目	金額	貸方科目	金額
(1)					
(2)					
(3)	A社				
	B社				

仕訳▶未決算勘定と保険契約

Point　保険料の支払い，固定資産の滅失による保険金支払請求と確定通知を，未決算勘定や火災損失勘定を含めて一連の取引で理解する。

問題16　次の各取引について仕訳しなさい。

(1)　前期末において，向こう 5 年分の火災保険料（1 年分は¥30,000）を繰延処理し，前払保険料勘定に¥30,000，長期前払保険料勘定に¥120,000を計上していた。当期の決算に当たり，適切な費用の期間帰属のための処理を行う。なお，当期首において再振替仕訳は行っていない。

(2)　宮城株式会社は，火災により倉庫（取得原価¥20,000,000，焼失時の減価償却累計額¥9,000,000，間接法で記帳）および当期仕入れた商品（仕入原価¥1,200,000）を焼失したが，これらの資産には保険金¥10,000,000の火災保険契約を結んでいたので，直ちに保険会社へ保険金の請求をした。なお，当社は商品売買に係る記帳方法として三分法を採用し，焼失した倉庫に係る当期の減価償却費は考慮しない。

(3)　鳥取物産株式会社は，前月，倉庫に火災が発生したことにより，¥16,000,000の資産が焼失し，未決算として処理していた。これらの資産について火災保険契約を結んでいた保険会社に保険金の支払いを請求していたところ，本日，査定の結果，¥15,000,000の保険金を支払う旨の報告があった。

解法の手引　(1)　当期の費用は支払保険料，1 年以内に費用化するものは前払保険料に振り替える。

(2)　保険金はまだ確定していないこと，および焼失資産の帳簿価額が保険金の契約額を上回っていることに注意する。

(3)　火災保険金の保険会社に対する請求権は，未収入金勘定（資産）の借方に記入する。

	仕		訳	
	借　方　科　目	金　　額	貸　方　科　目	金　　額
(1)				
(2)				
(3)				

仕訳▶その他

Point　そのほかに製造業に係る仕訳や源泉所得税の処理，研究開発費の支出が出題されることもある。

問題17　次の各取引について仕訳しなさい。

(1)　以下の当月資料にもとづき，製造間接費について実際発生額を仕掛品へ振り替える。

> 1．材料費：月初有高¥120,000，当月の材料掛け仕入高¥220,000，月末有高¥140,000。当月に消費した材料費のうち，80%は直接材料費であり，20%は間接材料費である。
> 2．労務費：作業員の当月賃金の支給額¥400,000（現金払い，月初・月末の未払いなし）。当月に支給した賃金のうち，¥300,000は直接労務費であり，¥100,000は間接労務費である。
> 3．経費：工場の当月減価償却費¥250,000（すべて製造間接費）

(2)　現在保有している関東商事株式会社の株式に対する配当金¥120,000（源泉所得税20%を控除後）が，当社の普通預金口座に入金された旨の通知があった。　（類題第141回）

(3)　研究開発の目的で，材料¥70,000，消耗品¥30,000および実験器具¥230,000を購入し，代金は小切手を振り出して支払った。これらの支出は，すべて当期の費用として処理することとした。

（類題第141回，第142回，第146回，第153回）

解法の手引　(1)　それぞれの原価から製造間接費となる金額を集計し，仕掛品へ振り替える。

(2)　配当金の入金額は源泉所得税控除後の額であること，源泉所得税は法人税の前払いとして扱うことに注意する。

(3)　研究開発のための支出は，研究開発費勘定（費用）の借方に記入する。

	仕		訳	
	借　方　科　目	金　　額	貸　方　科　目	金　　額
(1)				
(2)				
(3)				

株式会社の純資産▶株主資本等変動計算書の作成

Point　まずは純資産に関する取引（剰余金の配当・増資など）の仕訳をしっかりおさえる。そのうえで株主資本等変動計算書の形式を理解し，解答できるようにすること。

問題18　次の［資料］にもとづいて，答案用紙に示した（　　）に適切な金額を記入し，株式会社神奈川商事の20X7年度（自20X7年４月１日　至20X8年３月31日）の株主資本等変動計算書（単位：千円）を完成しなさい。なお，減少については，金額の前に△にて示すこと。　（類題第142回，第145回，第151回）

［資料］

1．前期末の貸借対照表の純資産の部は次のとおりである。なお，前期末における当社の発行済株式総数は10,000株である。

貸借対照表（一部）	（単位：千円）
純資産の部	
株主資本	
資本金	20,000
資本剰余金	
資本準備金	4,000
その他資本剰余金	1,000
利益剰余金	
利益準備金	800
その他利益剰余金	
別途積立金	500
繰越利益剰余金	5,000

2．20X7年６月28日に開催された株主総会において，剰余金の配当等に関する次の議案が承認された。

⑴　株主への配当金は，利益剰余金を財源とし，１株につき¥250とする。

⑵　配当の実施にあたり，会社法で規定する額の利益準備金を計上する。

⑶　別途積立金を500千円追加して設定する。

3．20X7年10月31日に臨時株主総会を開催し，資本準備金の全額を資本金に組み入れることを決議した。

4．20X8年２月１日に新株発行をともなう増資を行い，1,000株を１株につき@¥5,000で発行した。払込金はただちに全額が払い込まれ，当座預金に預け入れた。この際，資本金は会社法で規定する最低額を計上することとした。

5．20X8年３月31日，当期の決算の結果，当期純損失は80千円であることが判明した。

解法の手引　資料の２～５の取引の仕訳を行い，それぞれの科目（資本金，資本準備金など）について当期変動額の欄に記載する。そのさい写し忘れや増加（＋）・減少（△）の記入に注意すること。最後に当期末残高を科目ごとに集計すればよい。

株式会社の純資産▶株主資本等変動計算書の作成

株主資本等変動計算書

自20X7年4月1日　至20X8年3月31日

（単位：千円）

	株主資本			
	資本金	資本剰余金		
		資本準備金	その他資本剰余金	資本剰余金合計
当期首残高	20,000	4,000	1,000	5,000
当期変動額				
新株の発行	（　　）	（　　）		（　　）
資本準備金の資本組入	（　　）	（　　）		（　　）
剰余金の配当				
別途積立金の積立				
当期純損失				
事業年度中の変動額合計	（　　）	（　　）	（　　）	（　　）
当期末残高	（　　）	（　　）	（　　）	（　　）

下段へ続く

上段より続く

	株主資本				
	利益剰余金				株主資本合計
	利益準備金	その他利益剰余金		利益剰余金合計	
		別途積立金	繰越利益剰余金		
当期首残高	800	500	5,000	6,300	31,300
当期変動額					
新株の発行					（　　）
資本準備金の資本組入					（　　）
剰余金の配当	（　　）		（　　）	（　　）	（　　）
別途積立金の積立		（　　）	（　　）	（　　）	（　　）
当期純損失			（　　）	（　　）	（　　）
事業年度中の変動額合計	（　　）	（　　）	（　　）	（　　）	（　　）
当期末残高	（　　）	（　　）	（　　）	（　　）	（　　）

現金預金▶銀行勘定調整表の作成

Point　まずは企業の当座預金勘定残高と銀行の残高証明書残高の不一致原因ごとの処理をおさえる。企業が修正する場合に修正仕訳を行うことになり，それぞれの金額を加減算する。また必ず両者の金額は最終的に一致する。なお，銀行勘定調整表は，この過程を一覧表にしたものであり，３種類ある。

問題19　次の［資料］にもとづいて，下記の［設問］に答えなさい。　（類題第146回，第152回）

［資料］

Ｘ年３月31日，決算にあたり，取引銀行から当座預金の残高証明書を取り寄せたところ，その残高は￥274,600であり，企業側の当座預金勘定の残高とは一致していなかった。そこで，不一致の原因を調査した結果，次の事実が明らかとなった。

① 買掛金の支払いのために小切手￥30,000を作成し，その時点で当座預金の減少として処理していたが，決算日現在，仕入先にはまだ渡していなかった。

② 決算日に売上代金￥92,000を銀行の夜間金庫（当座預金）に預け入れたが，銀行では営業時間を過ぎていたため，当日の入金として処理していなかった。

③ 仕入先に対して商品の掛代金として小切手￥46,000を振り出して渡したが，￥49,000と誤記入していた。

④ 得意先から売掛金の回収として，当座預金口座に￥34,000が振り込まれていたが，企業側では未記入であった。

［設問］

問１　答案用紙の銀行勘定調整表を完成しなさい。なお，［　　］には上記の［資料］における番号①～④を記入し，（　　）には金額を記入すること。

問２　上記の［資料］における①～④のそれぞれについて，決算における企業側の修正仕訳を示しなさい。ただし，勘定科目は，次の中から最も適当と思われるものを選ぶこと。また，修正仕訳が不要な場合には，答案用紙の借方科目欄に「仕訳なし」と記入すること。

現　　金　　当座預金　　売 掛 金　　買 掛 金　　売　　上　　仕　　入

問３　貸借対照表に計上される当座預金の金額を求めなさい。

解法の手引　不一致の原因として，企業側の修正として①未渡小切手，②連絡未通知，③誤記入など，銀行の残高証明書の修正として①時間外預け入れ，②未取付小切手などがよく出題される。これらを処理したあと，両者の一致額（調整後の当座預金残高）が，貸借対照表の当座預金の金額となる。

現金預金▶銀行勘定調整表の作成

問1

銀行勘定調整表

X年3月31日

銀行の残高証明書の残高			(　　　)
加算：[　　　]		(　　　)	(　　　)
減算：[　　　]		(　　　)	
[　　　]		(　　　)	
[　　　]		(　　　)	(　　　)
企業の当座預金勘定の残高			(　　　)

※ [　　　] には，資料における番号①～④を記入しなさい。
(　　　) には，金額を記入しなさい。

問2

	企業側の修正仕訳			
	借方科目	金額	貸方科目	金額
①				
②				
③				
④				

問3

貸借対照表に計上される当座預金の金額	¥

固定資産▶固定資産の減価償却費

Point　近年，固定資産をテーマとした出題が多く見られるようになった。これは，取得，売却・除却・焼失等，減価償却費の計上など論点が多いうえに，その多くが２級で取り扱われるためである。それぞれの内容をしっかり把握し，総合問題として出題されてもよいようにしておくこと。

問題20　次の［資料Ⅰ］固定資産台帳（一部）および［資料Ⅱ］取引の補足説明にもとづいて，下記の［設問］に答えなさい。なお，建物の減価償却は残存価額を取得原価の10％として定額法によって行い，備品の減価償却は200％定率法（耐用年数８年，償却率年25％）で行っており，記帳方法は間接法を用いている。また，減価償却費は月割りで計算するものとする。会計期間は１年（2X28年４月１日～2X29年３月31日）である。

（類題第143回，第150回，第157回）

［資料Ⅰ］

	取得年月日	除却売却等年月日	期首残高	増減	期末残高
建物A	2X11年４月１日		10,000,000	－	10,000,000
			3,060,000		
建物B	2X13年４月１日	2X28年７月31日	8,000,000	(8,000,000)	0
			2,160,000		0
備品C	2X26年10月１日	2X28年11月30日	2,000,000	(2,000,000)	0
			687,500		0
備品D	2X29年２月１日		0	900,000	900,000
			0		

（注１）　期首残高，増減および期末残高について，点線の上段が取得原価，点線の下段が減価償却累計額である。

（注２）　金額の単位は円であり，減少は（　　）書きで示されている。

（注３）　空欄部分の金額は各自推定すること。

［資料Ⅱ］

１．建物Aは以前より継続して使用中である。

２．建物Bは当期７月31日に発生した火災によって全焼している。建物Bには￥6,000,000の火災保険が掛けられており，ただちに保険会社に保険金の支払いを請求し，2X28年10月15日に保険会社より保険金査定額が￥4,500,000である旨の連絡を受け，ただちに当社の当座預金口座に同額が振り込まれた。

３．備品Cは当期に￥900,000で売却し，代金は小切手で受け取り直ちに当座預金口座に預け入れた。

４．備品Dは当期に取得し，代金は2X29年４月30日に支払う予定である。

［設問］

問１　当期の建物減価償却費（建物A・建物Bの合計額）の金額を答えなさい。

問２　当期の備品減価償却費（備品C・備品Dの合計額）の金額を答えなさい。

問３　当期の建物Bにかかる火災損失の金額を答えなさい。

問４　当期の備品Cにかかる固定資産売却損の金額を答えなさい。

問５　当期の備品勘定および備品減価償却累計額勘定への記入を完成しなさい。

解法の手引　売却・焼失などがあった場合は，その都度仕訳で示せるようにしておくとよい。なぜならこういった問題では，焼失時などの仕訳が誤っている場合もあり，そうすると修正仕訳を行う必要がある。また本問のように勘定記入が必要であれば，なおさら正しい仕訳を書いておくことは有用である。

固定資産▶固定資産の減価償却費

問1　¥

問2　¥

問3　¥

問4　¥

問5

備　　　　品

日	付		摘　　要	借　　方	日	付		摘　　要	貸　　方
28	4	1	前　期　繰　越	2,000,000					
					29	3	31	次　期　繰　越	

備品減価償却累計額

日	付		摘　　要	借　　方	日	付		摘　　要	貸　　方
					28	4	1	前　期　繰　越	687,500
29	3	31	次　期　繰　越						

決算▶連結損益計算書の完成

Point 資料にもとづいて連結仕訳を行えるようにする。また，連結損益計算書に特有の表記である親会社株主に帰属する当期純利益および非支配株主に帰属する当期純利益の計算・記入を行えるようにする。

問題21 次の資料にもとづいて，以下の各問に答えなさい。なお，当期は20X8年４月１日から20X9年３月31日である。 （類題第148回，第151回，第153回，第156回）

問１ Ｐ社は20X7年３月31日にＳ社株式の60％を￥160,000で取得した。Ｓ社の20X7年３月31日現在の資本状況は，資本金￥100,000，利益剰余金￥145,000であったとして，前々期の連結財務諸表作成にあたって行われるＳ社株式取得に係る会計処理（仕訳）を完成させなさい。

問２ 次の資料にもとづいて，当期のＰ社の連結損益計算書を作成しなさい。

［資料］

１．20X7年４月１日～20X8年３月31日において，Ｓ社は￥60,000の当期純利益を計上しており，配当は行っていない。なお，Ｐ社のＳ社に対する持分比率の変動など，Ｐ社の持分に影響する取引は行われていない。また，のれんについては，支配獲得時の翌年度から10年間で均等償却を行っている。

２．当期のＰ社（親会社）およびＳ社（Ｐ社の子会社）の個別財務諸表は次のとおりである。

損益計算書 （単位：円）

費用	Ｐ社	Ｓ社	収益	Ｐ社	Ｓ社
売上原価	1,250,000	700,000	売上高	2,000,000	1,000,000
販売費	122,000	80,000	受取利息	1,000	—
貸倒引当金繰入	2,200	1,200			
一般管理費	186,400	65,000			
減価償却費	45,000	28,000			
支払利息	400	300			
法人税等	138,000	44,500			
当期純利益	257,000	81,000			
	2,001,000	1,000,000		2,001,000	1,000,000

貸借対照表 （単位：円）

資産	Ｐ社	Ｓ社	負債・純資産	Ｐ社	Ｓ社
現金預金	55,500	63,900	支払手形	152,000	96,700
受取手形	128,000	48,000	買掛金	169,500	126,400
売掛金	230,500	112,000	借入金	120,000	35,000
商品	129,000	162,000	未払法人税等	74,000	23,000
貸倒引当金	△3,600	△1,800	資本金	300,000	100,000
建物	735,000	420,000	利益剰余金	395,000	286,000
減価償却累計額	△223,900	△137,000			
Ｓ社株式	160,000	—			
	1,210,500	667,100		1,210,500	667,100

（△が付されている数値はマイナスの数値である。）

３．当期より，Ｓ社はＰ社から商品の一部を仕入れている。Ｐ社の当期の売上高のうち￥455,000はＳ社に対するものである。なお，Ｐ社のＳ社に対する商品販売の売上利益率は毎期30％である。

４．Ｐ社の当期の貸借対照表における受取手形のうち￥50,800，売掛金のうち￥82,900は，Ｓ社に対するものである。ただし，Ｐ社はＳ社に対する債権には貸倒引当金を計上していない。

５．Ｓ社の当期末の商品棚卸高に含まれるＰ社からの仕入分は￥85,000である。

解法の手引 ① 支配獲得時の情報にもとづき，投資と資本（純資産）の相殺消去仕訳を行う。このさい，子会社の資本の金額のうち非支配株主の持分比率の分は非支配株主持分勘定に振り替え，親会社の持分比率の分は子会社株式勘定と相殺する。

② のれんの償却の仕訳，収益・費用の相殺消去仕訳を行う。

③ 債権・債務の相殺消去仕訳を行う。

④ 親子会社間の取引により取得した在庫がある場合，在庫金額に売り手の利益率を乗じて消去すべき未実現利益の額を算定し，未実現利益の消去仕訳を行う。

決算▶連結損益計算書の完成

問1

仕		訳	
借方科目	金額	貸方科目	金額
資本金		S社株式	
利益剰余金		(　　　)	
(　　　)			

問2

連結損益計算書

P社　　自20X8年4月1日　至20X9年3月31日　　(単位：円)

売上原価	(　　　)	売上高	(　　　)
販売費	(　　　)	(　　　)	(　　　)
貸倒引当金繰入	(　　　)		
一般管理費	(　　　)		
減価償却費	(　　　)		
(　　　)	(　　　)		
支払利息	(　　　)		
法人税等	(　　　)		
当期純利益	(　　　)		
	(　　　)		(　　　)
(　　　)	(　　　)	当期純利益	(　　　)
(　　　)	(　　　)		
	(　　　)		(　　　)

決算▶損益計算書の完成

問題22 以下の資料1～3にもとづいて，答案用紙の損益計算書を完成させなさい。なお，会計期間は20X8年4月1日から20X9年3月31日である。（類題第140回，第143回，第147回，第154回）

資料1

決算整理前残高試算表　（単位：円）

現金	427,700	支払手形	108,000
当座預金	395,000	買掛金	94,000
受取手形	166,000	長期借入金	480,000
売掛金	186,500	貸倒引当金	9,500
売買目的有価証券	985,000	建物減価償却累計額	482,000
繰越商品	115,000	備品減価償却累計額	235,200
建物	2,250,000	資本金	3,000,000
備品	630,000	資本準備金	200,000
のれん	120,000	利益準備金	150,000
満期保有目的債券	396,000	任意積立金	100,000
仕入	2,450,000	繰越利益剰余金	120,000
広告宣伝費	205,000	売上	3,300,000
通信費	60,000	受取利息	3,000
保険料	45,000	受取家賃	160,000
支払利息	18,500	有価証券利息	8,000
	8,449,700		8,449,700

資料2　決算にあたって調査したところ，次の事実が判明したため，適切な処理を行う。

1．得意先に対する売掛金（前期販売分）の一部¥2,500が回収不能であることが判明したので，貸倒れとして処理する。

2．満期保有目的で保有していたA社社債の期限到来済み利札¥6,000が未記入であった。

3．当期首に使用不能となった備品を除却したが，この処理が未記入であった。なお，当該備品の取得原価は¥150,000，減価償却累計額は¥73,200，除却時の価値はゼロである。

資料3　決算整理事項

1．受取手形および売掛金の期末残高に対して3％の貸倒引当金を差額補充法により計上する。

2．期末商品棚卸高は，次のとおりである。棚卸減耗損および商品評価損は売上原価の内訳項目として表示する。

	帳簿棚卸数量	実地棚卸数量	簿価（原価）	正味売却価額
A商品	180個	180個	@¥370	@¥360
B商品	120個	110個	@¥325	@¥310
C商品	255個	230個	@ ¥80	@ ¥90

3．固定資産の減価償却は次のとおり行う。なお，備品のうち¥30,000は20X8年6月1日に購入したものである。

建物：定額法；耐用年数30年　残存価額10％　　備品：定率法；償却率0.2

4．満期保有目的債券は，B社が20X5年4月1日に，額面総額¥400,000，償還期間5年，利率年2％，利払い年2回（3月末日，9月末日）という条件で発行した社債を額面¥100につき¥97.50で引き受けたものである。満期保有目的債券の評価は，償却原価法（定額法）による。

5．のれんは，20X2年4月1日にC社を買収した際に生じたものである。買収時より10年間にわたって定額法により償却する。

6．修繕引当金の当期繰入額は¥37,500である。

7．長期借入金は20X6年2月1日に借入期間7年，利率年3％，利払年1回（1月末日）の条件で借り入れたものである。決算にあたって利息の未払分を計上する。

8．通信費には未使用の切手¥6,250が含まれている。

9．保険料は，20X8年11月1日に向こう1年分支払ったものである。

10．課税所得の30％を法人税，住民税および事業税として計上する。なお，当期の課税所得は税引前当期純利益よりも¥45,000多かったものとする。

決算▶損益計算書の完成

損　益　計　算　書

自20X8年4月1日　至20X9年3月31日　(単位：円)

Ⅰ 売上高		3,300,000
Ⅱ 売上原価		
1．期首商品棚卸高	(　　)	
2．当期商品仕入高	(　　)	
合計	(　　)	
3．期末商品棚卸高	(　　)	
差引	(　　)	
4．棚卸減耗損	(　　)	
5．(　　)	(　　)	(　　)
(　　)		(　　)
Ⅲ 販売費及び一般管理費		
1．広告宣伝費	(　　)	
2．減価償却費	(　　)	
3．修繕引当金繰入	(　　)	
4．貸倒引当金繰入	(　　)	
5．通信費	(　　)	
6．保険料	(　　)	
7．のれん(　　)	(　　)	(　　)
(　　)		(　　)
Ⅳ 営業外収益		
1．受取利息	(　　)	
2．受取家賃	(　　)	
3．有価証券利息	(　　)	(　　)
Ⅴ 営業外費用		
1．(　　)	(　　)	(　　)
(　　)		(　　)
Ⅵ 特別損失		
1．(　　)	(　　)	(　　)
税引前当期純利益		(　　)
法人税，住民税及び事業税		(　　)
当期純(　　)		(　　)

決算▶貸借対照表の完成

Point　決算整理事項等によって整理仕訳をする。また，科目を資産・負債・純資産に分類する。

問題23　東京商事株式会社（決算日３月31日）の（資料Ⅰ）決算整理前残高試算表および（資料Ⅱ）決算整理事項等により貸借対照表を完成しなさい。　（類題第142回，第145回，第150回，第152回）

（資料Ⅰ）

決算整理前残高試算表

X年３月31日　（単位：円）

借　方	勘定科目	貸　方
298,600	現金預金	
220,000	受取手形	
150,000	売掛金	
173,000	売買目的有価証券	
150,000	繰越商品	
500,000	建物	
200,000	備品	
	支払手形	200,000
	買掛金	135,000
	未払金	60,000
	長期借入金	300,000
	貸倒引当金	2,000
	建物減価償却累計額	225,000
	備品減価償却累計額	95,000
	資本金	400,000
	利益準備金	40,000
	任意積立金	50,000
	繰越利益剰余金	12,000
	売上	1,200,000
	受取配当金	1,600
820,000	仕入	
166,000	給料	
22,000	支払家賃	
13,000	支払保険料	
8,000	支払利息	
2,720,600		2,720,600

解法の手引　① まず，決算整理事項等によって整理仕訳を行う。
② 決算整理前残高試算表の金額を整理仕訳にもとづいて修正する。
③ 収益・費用の科目を集計する。
④ 税引前当期純利益を算定し，法人税等および未払法人税等の金額を算定する。
⑤ 当期純利益を計算し，繰越利益剰余金に加算する。
⑥ 資産・負債・純資産の科目から貸借対照表を作成する。

（資料Ⅱ）

1．買掛金支払いのため振り出した小切手¥15,000を，まだ仕入先に渡していなかった。

2．A社株式の配当金領収証¥2,500を受け取ったが，未処理であった。

3．所有の約束手形¥30,000が，期日に決済され，当座預金に預け入れたが，未処理であった。

4．受取手形および売掛金の期末残高の合計額に対して，１％の貸倒引当金を設定する。ただし，差額補充法による。

5．売買目的有価証券の内訳は，次のとおりである。時価によって評価する。
A社株式　帳簿価額¥ 63,000　時 価¥ 59,000
B社株式　　〃　¥110,000　〃　¥111,000

6．商品の期末棚卸高は，次のとおりである。
帳簿棚卸数量　300個　実地棚卸数量　290個
原　価　@¥600　正味売却価額　@¥580
なお，棚卸減耗損と商品評価損は売上原価に算入しない。

7．固定資産の減価償却を次のように行う。
建　物　定額法：耐用年数30年；残存価額取得原価の10%
備　品　定率法：償却率0.2

8．支払家賃の未払分が¥2,000ある。

9．保険料の前払分が¥1,000ある。

10．利息の未払分が¥1,500ある。

11．期末において新たに期間３年のファイナンス・リース取引を行ったが，未処理である。当該ファイナンス・リースは，翌期より毎年３月30日に¥50,000ずつ後払いで支払うというもので，リース料総額は¥150,000である。また，支払リース料総額の現在価値は借り手の見積現金購入価額と等しく，¥130,000である。なお，会計処理は利子抜き法によって行い，当期はリース資産について減価償却を行わない。また，当該ファイナンス・リース取引にかかる会計処理によって生じるリース債務については，重要性が低いと判断されたために固定負債として一括して表示する。

12．税引前当期純利益の25%相当額を法人税，住民税及び事業税として計上する。

決算▶貸借対照表の完成

貸借対照表

X年3月31日　　(単位：円)

資産の部			負債の部		
Ⅰ 流動資産			Ⅰ 流動負債		
1．現金預金		(　)	1．支払手形		(　)
2．受取手形	(　)		2．買掛金		(　)
(　)	(　)	(　)	3．未払金		(　)
3．売掛金	(　)		4．未払費用		(　)
(　)	(　)	(　)	5．未払法人税等		(　)
4．有価証券		(　)	流動負債合計		(　)
5．商品		(　)	Ⅱ 固定負債		
6．前払費用		(　)	1．長期借入金		(　)
流動資産合計		(　)	2．リース債務		(　)
Ⅱ 固定資産			固定負債合計		(　)
1．建物	(　)		負債合計		(　)
(　)	(　)	(　)	純資産の部		
2．備品	(　)		Ⅰ 資本金		(　)
(　)	(　)	(　)	Ⅱ 利益剰余金		
3．リース資産		(　)	1．利益準備金	(　)	
固定資産合計		(　)	2．任意積立金	(　)	
			3．繰越利益剰余金	(　)	(　)
			純資産合計		(　)
資産合計		(　)	負債及び純資産合計		(　)

決算▶本支店会計

Point 本支店会計特有の，本店勘定・支店勘定を用いた処理を理解することや，総合損益勘定の内容を理解することが必要である。

問題24 池袋商事株式会社は，東京の本店のほかに，新潟県に支店を有している。次の［資料Ⅰ］～［資料Ⅲ］にもとづいて，当期（20X1年4月1日～20X2年3月31日）の⑴本店の損益勘定，⑵本店の総合損益勘定，⑶本支店合併損益計算書を完成させなさい。ただし，本問では，法人税，住民税及び事業税と税効果会計を考慮しないこととする。

［資料Ⅰ］決算整理前残高試算表（本店・支店）

決算整理前残高試算表

20X2年3月31日　　　　（単位：円）

借　方	本　店	支　店	貸　方	本　店	支　店
現金預金	100,000	470,000	買掛金	300,000	150,000
売掛金	550,000	400,000	未払金	45,000	40,000
繰越商品	450,000	200,000	貸倒引当金	6,000	6,000
備品	800,000	500,000	備品減価償却累計額	320,000	260,000
車両運搬具	600,000	400,000	車両運搬具減価償却累計額	72,000	32,000
支店	1,320,000	—	本店	—	1,300,000
仕入	2,700,000	1,550,000	資本金	1,500,000	—
広告宣伝費	200,000	100,000	繰越利益剰余金	1,357,000	—
給料	600,000	380,000	売上	4,200,000	2,512,000
支払家賃	300,000	180,000			
保険料	180,000	120,000			
	7,800,000	4,300,000		7,800,000	4,300,000

［資料Ⅱ］未処理事項等

1．本店は支店に現金¥100,000を送付したが支店における会計処理が未記帳である。
2．支店は本店の売掛金¥80,000を現金で回収したが，本店における会計処理が未記帳である。
3．本店は支店に商品¥100,000（原価）を送付したが，本店・支店ともに会計処理が未記帳である。
4．20X2年2月1日に，本店は備品¥300,000を購入し，代金は20X2年4月末支払いの約束手形を振り出したが，未処理である。

［資料Ⅲ］決算整理事項

1．商品の期末棚卸高（［資料Ⅱ］3．処理後）は次のとおりである。なお，棚卸減耗損や商品評価損は生じていない。
　本店：¥500,000
　支店：¥240,000
2．本店・支店ともに，売上債権の期末残高の2％の貸倒れを見積もり，貸倒引当金を差額補充法により設定する。
3．有形固定資産の減価償却
　① 備　　品：本店・支店ともに，残存価額ゼロ，耐用年数5年の200％定率法
　② 車両運搬具（本店）：総利用可能距離200,000km，当期の利用距離18,000km，残存価額ゼロ，生産高比例法
　③ 車両運搬具（支店）：総利用可能距離150,000km，当期の利用距離13,500km，残存価額ゼロ，生産高比例法
4．経過勘定項目
　① 本店：家賃の未払分　¥90,000　　保険料の前払分　¥50,000
　② 支店：家賃の前払分　¥40,000
5．本店が支払った広告宣伝費のうち¥25,000は支店が負担することになった。

(1) 本店の損益勘定

損　　益

仕　　入	(　　)	売　　上	(　　)
広告宣伝費	(　　)		
給　　料	(　　)		
支払家賃	(　　)		
保険料	(　　)		
(　　)	(　　)		
減価償却費	(　　)		
(　　)	(　　)		
	(　　)		(　　)

(2) 本店の総合損益勘定

総　合　損　益

繰越利益剰余金	(　　)	(　　)	(　　)
		(　　)	(　　)
	(　　)		(　　)

(3) 本支店合併損益計算書

損　益　計　算　書

自20X1年4月1日　至20X2年3月31日　　(単位：円)

費　用	金　額	収　益	金　額
期首商品棚卸高	(　　)	売上高	(　　)
当期商品仕入高	(　　)	期末商品棚卸高	(　　)
広告宣伝費	(　　)		
給料	(　　)		
支払家賃	(　　)		
保険料	(　　)		
(　　)	(　　)		
減価償却費	(　　)		
当期純利益	(　　)		
	(　　)		(　　)

個別原価計算▶勘定記入

Point　仕掛品勘定は，製品の製造に要した原価要素を集計する勘定である。完成した製品の製造原価は製品勘定に振り替える。前月に製造着手し，前月末に未完成の製品の製造原価は，当月の仕掛品勘定の月初有高である。

問題1　四国製作所では実際個別原価計算を行っている。次に示した資料によって10月分の仕掛品勘定と製品勘定について（　　）内に適当な金額を記入しなさい。（類題第143回）

1．各製造指図書に関するデータは，次のとおりである。

製造指図書	直接材料費	直接労務費	直接作業時間	備考		
				製造着手日	完成日	引渡日
No. 301	600,000円	120,000円	80時間	9月18日	9月29日	10月5日
No. 302				9月25日	10月8日	10月11日
9月	400,000円	90,000円	60時間			
10月	150,000円	22,500円	15時間			
No. 303	800,000円	150,000円	100時間	10月15日	10月25日	未渡し
No. 304	各自計算	90,000円	60時間	10月26日	未完成	

2．製造間接費は直接作業時間当たり4,500円の配賦率で，各製造指図書に配賦した。

3．直接材料の当月の増減は，次のとおりである。なお，消費単価は平均法を用いて計算している。

月初在庫量100個@1,095円　当月購入量1,900個@995円　当月消費量1,900個　月末在庫量100個

解法の手引　配賦率に直接作業時間を掛けて，製造間接費配賦額を計算。直接材料の平均単価を算出し，当月消費量を掛けて当月直接材料消費高を計算。No.302の前月消費高は仕掛品の月初有高である。

仕　掛　品　（単位：円）

月初有高	（　　）	当月完成高	（　　）
直接材料費	（　　）	月末有高	（　　）
直接労務費	（　　）		
製造間接費	（　　）		
	（　　）		（　　）

製　品　（単位：円）

月初有高	（　　）	売上原価	（　　）
当月完成高	（　　）	月末有高	（　　）
	（　　）		（　　）

問題2　九州製造所の次に示した資料にもとづいて，製造間接費勘定と仕掛品勘定の（　　）内に適当な金額を記入しなさい。なお，製造間接費は直接作業時間を基準に予定配賦している。年間予定直接作業時間24,000時間，年間製造間接費予算は144,000千円である。（類題第143回）

1．素　　材　月初有高400千円，当月仕入高9,600千円，月末有高240千円　（直接費）

2．直接工賃金　月初未払高2,160千円，当月支払高6,960千円，月末未払高1,440千円　（直接費）

3．仕　掛　品　月初有高1,920千円，月末有高1,600千円

4．実際直接作業時間　2,080時間

5．製造間接費配賦差異　320千円　（借方差異）

解法の手引　年間製造間接費予算を年間予定直接作業時間で割って，予定配賦率を算出し，当月の実際直接作業時間を掛けて，製造間接費の予定配賦額を計算する。製造間接費の借方差異とは，実際発生額が予定配賦額より多いことである。

製造間接費　（単位：千円）

実際発生額	（　　）	配賦額	（　　）
		配賦差異	（　　）
	（　　）		（　　）

仕　掛　品　（単位：千円）

月初有高	（　　）	当月完成高	（　　）
直接材料費	（　　）	月末有高	（　　）
直接労務費	（　　）		
製造間接費	（　　）		
	（　　）		（　　）

個別原価計算▶部門別計算

Point　部門別計算では，費目別計算で計算された製造間接費をただちに製品に配賦しないで，まず，その発生場所である部門に集計する。なお，各部門へ集計する際，部門共通費は配賦基準によって配分する。次に，補助部門費を製造部門へ配賦する。最後に，製造部門費を各部門に適した配賦基準によって，各製品に配賦する。

問題3　神奈川製作所では製造間接費について部門別配賦率を用いて，製品へ予定配賦している。その配賦基準は直接作業時間である。原価部門は次のとおりである。　（類題第145回）

製造部門……第1製造部，第2製造部　　　補助部門……材料倉庫部，工場事務部

下記の資料から，次の金額を計算しなさい。ただし，補助部門費の配賦は直接配賦法による。

(1)　第1製造部が負担する部門共通費年間予算配賦額
(2)　補助部門費配賦後の第1製造部門費年間予算配賦額
(3)　第1製造部の製造間接費予定配賦率
(4)　部門共通費配賦後の工場事務部門費
(5)　製造指図書No.501に対する製造間接費部門別予定配賦額

［資　　料］

a．当工場の予定直接作業時間（年間）
　第1製造部　40,000時間　　第2製造部　120,000時間

b．当工場の製造間接費予算（年間）

	合　　計	第1製造部	第2製造部	材料倉庫部	工場事務部
部門個別費	5,760万円	1,400万円	3,400万円	480万円	480万円

部門共通費
　工場建物減価償却費　3,840万円
　福利施設負担額　　　1,600万円

c．部門共通費の配賦資料

	配賦基準	合　　計	第1製造部	第2製造部	材料倉庫部	工場事務部
工場建物減価償却費	占有面積	9,600m^2	3,200m^2	4,800m^2	1,200m^2	400m^2
福利施設負担額	従業員数	80人	16人	48人	8人	8人

d．補助部門費の配賦資料

	配賦基準	合　　計	第1製造部	第2製造部	材料倉庫部	工場事務部
材料倉庫部費	材料出庫額	5,600万円	4,000万円	1,600万円	——	——
工場事務部費	従業員数	80人	16人	48人	8人	8人

e．製造指図書No.501の完成に要した直接作業時間
　第1製造部　480時間　　第2製造部　640時間

解法の手引　①　部門共通費を各部門に配賦。　部門共通費 $\times \frac{\text{各部門の配賦基準数値}}{\text{配賦基準合計}}$

②　補助部門費を製造部門に配賦。この計算の配賦基準合計は製造部門の合計。　③　製造部門費を各部門の予定直接作業時間で割って，予定配賦率を計算。　④　予定配賦率にNo.501の直接作業時間を掛けて，配賦額を算出。

(1)	万円
(2)	万円
(3)	円/時間
(4)	万円
(5)	万円

製造原価報告書

Point　製造原価報告書は，１会計期間に製造された製品の製造原価の内訳明細を示す損益計算書に添付する明細書。各原価要素に区別して消費高を記載。当期製造費用に期首仕掛品棚卸高を加え，期末仕掛品棚卸高を差し引いて，当期製品製造原価を算出。

問題４　次の資料にもとづいて，製造原価報告書を作成しなさい。なお，原価差異は当期の売上原価に賦課している。　　（類題第144回）

［資　　料］

１．棚 卸 資 産

	期 首 有 高	当期仕入高	期 末 有 高
素　　材	64万円	200万円	48万円
補 助 材 料	16万円	72万円	16万円
仕　掛　品	208万円		232万円

２．賃　　金

	期首未払額	当期支払額	期末未払額
直　接　工	36万円	136万円	28万円
間　接　工	8万円	36万円	12万円

（注）　素材消費額は直接材料費，直接工賃金は直接労務費である。

３．製造間接費は，直接労務費基準によって，配賦率250％で各製造指図書に予定配賦（正常配賦）している。

４．製造間接費実際発生額（補助材料費および間接工賃金以外）

建物減価償却費	24万円	工場消耗品費	8万円
光　　熱　　費	20万円	工場職員給料	66万円
工場固定資産税	12万円	消耗工具器具備品費	10万円
工場従業員厚生費	16万円	機械減価償却費	48万円

解法の手引　各原価要素の消費額を計算。　素材・補助材料……期首有高＋当期仕入高－期末有高＝消費額
賃金……当期支払額－期首未払額＋期末未払額＝消費額　製造間接費の予定配賦額……直接労務費×2.5
補助材料，工場消耗品費，消耗工具器具備品費は間接材料費，間接工賃金，工場職員給料は間接労務費。

製 造 原 価 報 告 書　　（単位：万円）

Ⅰ　直接材料費		
期首素材棚卸高	（　　　）	
当期素材仕入高	（　　　）	
合　　計	（　　　）	
期末素材棚卸高	（　　　）	（　　　）
Ⅱ　直接労務費		（　　　）
Ⅲ　製造間接費		
間接材料費	（　　　）	
間接労務費	（　　　）	
間接経費	（　　　）	
合　　計	（　　　）	
製造間接費配賦差異	（　　　）	（　　　）
当期総製造費用		（　　　）
期首仕掛品原価		（　　　）
合　　計		（　　　）
期末仕掛品原価		（　　　）
当期製品製造原価		（　　　）

総合原価計算▶工程別総合原価計算

Point　総合原価計算では，月末仕掛品原価の計算がとくに重要である。平均法，先入先出法などによって計算できるようにする。工程別総合原価計算の出題が多いが，等級別総合原価計算や組別総合原価計算も理解しておく。なお，減損や仕損が発生している場合の計算もできるようにする。

問題5　千葉製造所では二つの工程を経て製品Xを連続生産しており，累加法による工程別総合原価計算を行っている。次の資料により工程別総合原価計算表を完成しなさい。ただし，原価投入額を完成品と月末仕掛品に配分するために，第1工程では平均法，第2工程では先入先出法を用いている。

（類題第140回，第142回，第144回）

［資　料］

	第1工程	第2工程
月初仕掛品	112kg （$\frac{1}{2}$）	160kg （$\frac{1}{2}$）
当月投入	648	640
合計	760kg	800kg
完成品	640kg	656kg
月末仕掛品	120 （$\frac{1}{3}$）	80 （$\frac{1}{2}$）
減損	—	64
合計	760kg	800kg

ただし，1．原料は，すべて第1工程の始点で投入されている。

2．（　）内の数値は，加工進捗度を示している。

3．第2工程の途中で減損が生じている。減損は正常減損であり，減損費は，すべて良品に負担させる。なお，減損は工程の途中で発生しているので，完成品のみに負担させず，月末仕掛品にも負担させること。

解法の手引　①　第1工程の月末仕掛品原価を計算し（平均法），完成品総合原価を算出。　②　第1工程の完成品総合原価を第2工程の前工程費の当月製造費用に記入。　③　第2工程の月末仕掛品原価を計算し（先入先出法），完成品総合原価を算出。　④　減損は，完成品のみに負担させず，月末仕掛品にも負担させるので，減損量を計算上無視することで当月製造費用を完成品と月末仕掛品に配分。

〈第2工程の算式〉

$$\text{前工程費の月末仕掛品原価}=\text{当月製造費用}\times\frac{\text{月末仕掛品数量}}{\text{完成品数量}-\text{月初仕掛品数量}+\text{月末仕掛品数量}}$$

$$\text{加工費の月末仕掛品原価}=\text{当月製造費用}\times\frac{\text{月末仕掛品数量}\times\frac{1}{2}}{\text{完成品数量}-\text{月初仕掛品数量}\times\frac{1}{2}+\text{月末仕掛品数量}\times\frac{1}{2}}$$

（注）$\frac{1}{2}$は加工進捗度

工程別総合原価計算表　（単位：円）

	第1工程			第2工程		
	原料費	加工費	合計	前工程費	加工費	合計
月初仕掛品原価	64,000	25,600	89,600	115,200	50,000	165,200
当月製造費用	344,880	294,000	638,880		400,400	
合計	408,880	319,600	728,480		450,400	
月末仕掛品原価						
完成品総合原価						

直接原価計算▶損益計算書

Point 直接原価計算は変動製造原価（原料費と変動加工費）で原価計算を行う方法。固定加工費と変動加工費に分けて計算し，固定加工費は期間費用として処理する。損益計算書の売上原価には販売した製品の製造原価を記入する。

問題６ 茨城製作所は，製品Ａを製造販売している。次の資料によって，全部原価計算による損益計算書と直接原価計算による損益計算書を作成しなさい。ただし，当製作所では加工費を予定配賦（正常配賦）し，配賦差異は当期の売上原価に賦課している。（類題第141回，第145回）

［資　　料］

１．製品Ａの販売単価……………………………… 8,000円

２．製品Ａの単位当たり製造原価

原材料……………………………………… 2,000円

加工費……………………………………… 2,400円

4,400円

（注１） 当製作所では，加工費発生額は，製品Ａの期間生産量が1,200単位のとき2,560,000円，期間生産量が600単位のとき2,080,000円と予定されている。

（注２） 製品単位当たり加工費2,400円は，基準操業度を1,000単位として，基準操業度における加工費予算2,400,000円を1,000単位で除して算出したものである。

３．販売費および一般管理費

変動販売費（製品単位当たり）…………………… 480円

固定販売費（期間総額）……………………… 720,000円

一般管理費　すべて固定費（期間総額）…… 560,000円

４．製品Ａの生産・販売に関する資料

	第１期	第２期
期首在庫量	0単位	0単位
当期生産量	1,000 〃	1,200 〃
当期販売量	1,000 〃	900 〃
期末在庫量	0 〃	300 〃

（注）各期首・期末に仕掛品は存在しない。

解法の手引 ① 単位当たりの変動加工費と固定加工費を計算。 ② 全部原価計算の売上原価は，単位当たりの（原料費＋変動加工費＋固定加工費）に販売量を掛けて計算。 ③ 直接原価計算の売上原価は，単位当たりの（原料費＋変動加工費）に販売量を掛けて計算。

損益計算書（全部原価計算）

（単位：円）

	第１期	第２期
売上高	（　　）	（　　）
売上原価	（　　）	（　　）
原価差異	（　　）	（　　）
計	（　　）	（　　）
売上総利益	（　　）	（　　）
販売費・一般管理費	（　　）	（　　）
営業利益	（　　）	（　　）

損益計算書（直接原価計算）

（単位：円）

	第１期	第２期
売上高	（　　）	（　　）
変動売上原価	（　　）	（　　）
変動製造マージン	（　　）	（　　）
変動販売費	（　　）	（　　）
貢献利益	（　　）	（　　）
固定費	（　　）	（　　）
営業利益	（　　）	（　　）

標準原価計算▶差異分析

Point 標準原価計算は科学的・統計的な調査にもとづいて設定・計算された標準原価によって製品の原価を計算する方法。実際原価と比較して差異を求め，これを分析。標準原価より実際原価のほうが大きい場合が不利差異。実際原価のほうが小さい場合が有利差異。

問題 7 大阪製作所は製品Xを製造しており，標準原価計算制度を採用している。下記の資料によって，(1)直接材料費，(2)直接労務費，(3)製造間接費の各差異を計算しなさい。金額のあとの（　　）内に，借方差異であれば（借），貸方差異であれば（貸）と記入しなさい。ただし，製造間接費は公式法変動予算を用いて分析すること。変動予算は，変動費率が680円/時，固定費が924,000円である。なお，能率差異は変動費と固定費からなるものとして計算する。（類題第140回，第142回）

標準原価カード

直接材料費	180円/個	15個	2,700円
直接労務費	1,000円/時	1時間	1,000円
製造間接費	1,480円/時	1時間	1,480円
製品X 1個当たり標準製造原価			5,180円

実際発生原価

直接材料費　2,760,000円（200円×13,800個）

直接労務費　1,176,000円（1,120円×1,050時間）

製造間接費　1,680,000円

実際生産量　1,000個（期首・期末仕掛品はない。）　実際原価　@5,616円

解法の手引 実際発生原価と標準原価とを比べて総差異を算出したのち，各差異を計算。

(1)	総差異	円(　　)	(2)	総差異	円(　　)	(3)	総差異	円(　　)
							予算差異	円(　　)
	材料数量差異	円(　　)		労働時間差異	円(　　)		能率差異	円(　　)
	材料価格差異	円(　　)		労働賃率差異	円(　　)		操業度差異	円(　　)

仕訳▶工場会計の独立

Point 工場会計が独立すると，工場に本社勘定，本社に工場勘定を設けて，取引を記録。

問題 8 長野製作所は川崎に工場があり，工場会計が独立しており，工場元帳には次の勘定が設定されている。

材料，賃金・給料，製造間接費，仕掛品，製品，本社

次の取引について，工場で行われる仕訳を示しなさい。

(1) 掛けで購入した材料2,000,000円を検品のうえ，工場の材料倉庫に受け入れた。
(2) 工場で材料1,000,000円を消費した。直接費800,000円，間接費200,000円であった。
(3) 本社の指示で，製品（原価1,500,000円）を得意先に発送した。
(4) 工場設備の減価償却費200,000円を計上した。
(5) 工場従業員に給与800,000円を支給した。（類題第141回，第147回）

解法の手引 工場元帳にない科目は，本社元帳にあるので，仕訳では本社とする。

	仕		訳	
	借方科目	金額	貸方科目	金額
(1)				
(2)				
(3)				
(4)				
(5)				

仕訳▶費目別計算

Point　費目別計算は材料費，労務費，経費を計算する段階。各費目を直接費と間接費に分類し，直接費は製造指図書に直課し，間接費は製造間接費勘定に集計した後に，製造指図書に配賦する。

問題 9　当月の次の取引について仕訳を示しなさい。なお，勘定は下記から選択すること。
材料，賃金，仕掛品，製造間接費，製品，買掛金，当座預金

(1) 製品用の素材4,000kg（購入価額900円/kg）を掛けで購入し倉庫に搬入した。なお，素材の購入に際しては40,000円の買入手数料を小切手を振り出して支払った。
(2) 材料の消費額を計上した。各製造指図書に跡付けられる素材の消費額が1,900,000円，製造指図書との関連が不明な消費額が32,000円であった。
(3) 賃金の消費額を計上した。直接工の作業時間の記録によれば，直接作業時間2,800時間，間接作業時間100時間であった。当工場で適用する予定総平均賃率は1,500円である。また，間接工については，前月賃金未払高300,000円，当月賃金支払高2,000,000円，当月賃金未払高250,000円であった。
(4) 直接作業時間を配賦基準として製造間接費を各製造指図書に予定配賦した。なお，当工場の年間製造間接費予算は30,240,000円，年間の予定総直接作業時間は33,600時間である。
(5) 当月に完成した製品を倉庫に搬入した。なお，製品に要した製造直接費は5,500,000円であり，完成品の直接作業時間は2,250時間であった。

解法の手引　費目別計算の仕訳を解く際には，勘定科目間での振替をイメージすることが重要である。

	仕		訳	
	借方科目	金額	貸方科目	金額
(1)				
(2)				
(3)				
(4)				
(5)				

CVP分析

Point　CVP分析は原価，操業度，利益の関係を分析する手法である。3つの関係を把握するには原価を変動費と固定費に分ける必要がある。

問題10　北関東食品は，群馬にレストランを展開している。現在，高崎店の9月の利益計画を作成している。8月の利益計画では，売上高は14,000,000円であり，変動費と固定費は次の［資料］のとおりであった。9月の利益計画は，変動費率と固定費額について8月と同じ条件で作成する。(1)〜(4)に答えなさい。

［資料］

変動費：		固定費：	
食材費	4,220,000円	水道光熱費	2,040,000円
アルバイト人件費	1,630,000円	支払家賃	2,200,000円
その他	450,000円	減価償却費	1,510,000円
		その他	850,000円

(1) 損益分岐点売上高を計算しなさい。
(2) 目標営業利益2,200,000円を達成するために必要な売上高を計算しなさい。
(3) 9月の売上高は15,000,000円と予想されている。9月の利益計画における営業利益を計算しなさい。
(4) これまで水道光熱費をすべて固定費としてきたが，精査してみると変動費部分もあることがわかった。過去6か月の売上高と水道光熱費の実績データは以下のとおりであった。高低点法により，売上高に対する水道光熱費の変動費率（%）を計算しなさい。

	2月	3月	4月	5月	6月	7月
売上高	15,050,000円	13,380,000円	15,100,000円	16,380,000円	15,280,000円	14,964,000円
水道光熱費	2,064,400円	2,036,000円	2,084,000円	2,108,000円	2,090,500円	2,064,700円

解法の手引　売上高に占める変動費の比率を求める。1－変動費率で貢献利益率を計算する。固定費を貢献利益率で割れば損益分岐点売上高が算定でき，固定費＋目標利益を貢献利益率で割れば目標利益達成のための売上高を算出できる。

(1)	円	(2)	円	(3)	円	(4)	%

2 級

第1回簿記検定模擬試験問題用紙

商 業 簿 記

第1問（20点）

下記の各取引について仕訳しなさい。ただし，勘定科目は，各取引の下の勘定科目から最も適当と思われるものを選び，記号で解答すること。

1．得意先埼玉商店に対して前期に償還請求をしていた不渡手形の額面￥1,000,000と償還請求費用￥124,000のうち，￥250,000を現金で回収したが，残額は回収の見込みがなく，貸倒れの処理をした。なお，貸倒引当金は￥800,000設定されている。

ア．現金　イ．不渡手形　ウ．貸倒引当金　エ．未収入金　オ．貸倒引当金戻入益
カ．貸倒引当金繰入　キ．貸倒損失

2．20X8年8月31日に旧車両（取得原価￥1,800,000）を下取りに出し，新車両を購入した。新車両の購入代金は￥2,000,000で，旧車両の下取代金￥500,000を差し引いた残額は小切手を振り出して支払った。なお，旧車両は20X6年4月1日に取得し，減価償却は定率法（償却率0.4，間接法により記帳）により行われている（会計期間は1年，決算日は3月31日）。なお，車両運搬具減価償却累計額については，複数に分けず，単一の金額を示す形で仕訳をすること。

ア．当座預金　イ．車両運搬具　ウ．未払金　エ．車両運搬具減価償却累計額
オ．固定資産売却益　カ．減価償却費　キ．固定資産売却損

3．英会話会社を営む当社は，本日，複数の顧客に対するサービス提供が完了したため，契約額￥900,000（代金は，サービス提供前に受取済み）を収益に計上した。これにともない，それまでに仕掛品で計上されていた諸費用￥400,000と追加発生した外注費￥230,000（支払いは翌月末）との合計額を原価で計上した。

ア．売掛金　イ．仕掛品　ウ．仮受金　エ．買掛金　オ．前受金　カ．役務収益
キ．役務原価

4．宇都宮興業株式会社（発行済株式200株，決算日3月31日）は，定時株主総会において繰越利益剰余金勘定の残高￥3,000,000を次のように処理することが承認された。

株主配当金：1株につき￥7,500　利益準備金：会社法で規定する額　別途積立金：￥500,000

現在の残高は資本金￥10,000,000，資本準備金￥400,000，利益準備金￥2,000,000である。

ア．現金　イ．未払配当金　ウ．資本金　エ．資本準備金　オ．利益準備金
カ．繰越利益剰余金　キ．別途積立金

5．4月1日に額面￥100につき￥98で京都商事株式会社の社債（額面総額￥8,000,000，年利2％，利払日：3月と9月の各末日）を売買目的で購入したが，本日12月12日に額面￥100につき￥97.5で売却し，代金は端数利息を含めて後日受け取ることとした。なお，端数利息は，前回の利払日の翌日から起算して取引日までとし，1年を365日として日割計算する。

ア．売買目的有価証券　イ．満期保有目的債券　ウ．未収入金　エ．未払金　オ．有価証券利息
カ．有価証券売却益　キ．有価証券売却損

第1回簿記検定模擬試験問題用紙

第2問（20点）

下記の資料から，次の各問に答えなさい。

(1)　答案用紙の銀行勘定調整表を作成しなさい。

(2)　［資料Ⅱ］および［資料Ⅲ］から判明する必要な決算整理仕訳等をしなさい。ただし，勘定科目は，次の中から最も適当と思われるものを選び，記号で答えなさい。

ア．現　　　金　イ．当座預金　ウ．受取手形　エ．売　掛　金　オ．未収入金

カ．満期保有目的債券　キ．支払手形　ク．買　掛　金　ケ．未　払　金　コ．繰越利益剰余金

サ．受取利息　シ．受取配当金　ス．雑　　　益　セ．支払利息　ソ．雑　　　損

(3)　貸借対照表に計上される現金および当座預金の金額を求めなさい。

［資料Ⅰ］

3月中における当座預金出納帳の記入は，次のとおりであった。なお，当座預金出納帳は，補助記入帳として利用している。

当　座　預　金　出　納　帳

X年		摘　　要	預　　入	引　　出	借または貸	残　　高
3	1	前　月　繰　越	300,000		借	300,000
	20	給　料　の　支　払　い		8,000	借	264,000
	23	未　払　金　の　支　払　い		23,000	〃	241,000
	25	売　掛　金　の　回　収	24,000		〃	265,000
	31	現　金　の　預　け　入　れ	23,700		〃	288,700

［資料Ⅱ］

決算手続に際し，取引銀行から銀行残高証明書を入手したところ，証明書残高は￥311,000であった。その後，当座預金勘定残高と照合したところ，次の事実が判明した。

①　3月23日に未払金を支払うために作成した小切手￥23,000が決算日現在未渡しのまま金庫に入っていた。

②　3月25日に得意先から他店振出小切手￥24,000を受け入れ，当座預金の増加として処理していたが，決算日現在金庫に入れたままであった。

③　3月26日に得意先から売掛金の回収として，当座預金口座に￥47,000が振り込まれていたが，通知が届いていなかった。

④　3月31日において，銀行の営業時間終了後に時間外入金￥23,700があった。

［資料Ⅲ］

決算日（3月31日）において金庫の中を実査したところ，次のものが入っていた。

紙幣・硬貨￥157,600　他店振出小切手￥24,000　自己振出の未渡小切手￥23,000

他店振出約束手形￥60,000　日本国債￥20,000　配当金領収証（未処理）￥16,000

なお，現金勘定の決算整理前残高は￥154,800であった。現金過不足が発生した場合には，決算整理仕訳として雑損または雑益に振り替える。

第1回簿記検定模擬試験問題用紙

第3問（20点）

次の［資料Ⅰ］および［資料Ⅱ］にもとづいて，答案用紙の精算表を完成しなさい。なお，会計期間は20X8年4月1日から20X9年3月31日までの1年間である。

［資料Ⅰ］ 決算日までに判明した未処理事項は次のとおりである。

1．期中に¥6,000の配当金領収証を受け取り金融機関で同額の現金を受け取っているが，未処理である。

2．掛け売りした商品¥50,000（原価¥40,000）が返品されたが，その受け入れに係る会計処理および商品有高帳への記入が行われていない。

3．得意先B社より，以前受け取っていた受取手形¥200,000について，手形の更改の申し入れを受け，これに同意し新手形と旧手形を交換し，支払期限を延長した。なお，これにともなう利息¥15,000は新手形の額面に含めたが，これらすべての取引が未処理である。

［資料Ⅱ］ 決算整理事項は次のとおりである。

1．商品の期末帳簿棚卸高は¥4,400,000であり，実地棚卸高（原価）は¥4,200,000であった。この差異は，棚卸減耗分である。なお，この金額には，上記の返品分の原価¥40,000は含まれておらず，この返品された商品の販売可能額が¥20,000であることも判明している。なお，棚卸減耗損および商品評価損は売上原価に含めない。

2．試算表上の売掛金のうち¥200,000は，当期に商品を2,000ドルで販売した代金である。なお，決算日の為替相場は1ドル＝¥105である。

3．受取手形と売掛金の期末残高に対して2％の貸倒れを見積もる。貸倒引当金は差額補充法により設定する。

4．有形固定資産の減価償却は次の要領で行う。

　建物：定額法　耐用年数30年，残存価額ゼロ　　備品：定率法　償却率0.2

① 減価償却費については，固定資産の期首の残高を基礎として，建物については¥10,000，備品については¥64,000を，4月から2月の11か月間に毎月計上してきており，これらの金額は精算表の減価償却費と減価償却累計額に含まれている。

② 建物の取得原価のうち¥3,000,000は，20X9年1月1日に取得したものであり，月次で減価償却を行っていないため，期末に一括して減価償却費を計上（月割償却）する。

5．長期借入金は，20X8年8月1日に借入期間5年，利率年3％，利払い年1回（7月末）の条件で借り入れたものである。決算にあたって利息の未払分を計上する。

6．保険料は，毎年6月1日に向こう1年分をまとめて支払っており，決算にあたって一部を前払費用に振り替える。

7．ソフトウェアは，期首に自社利用目的で取得したものであり，定額法により5年間で償却を行う。

8．通信費には未使用の切手¥150,000が含まれている。

9．従業員に対する退職給付を見積もった結果，当期の費用とすべき金額は¥200,000と計算された。

10．法人税，住民税及び事業税について決算整理を行い，中間納付控除後の金額¥98,600を未払法人税等として計上する。なお，仮払法人税等¥100,000は中間納付にかかわるものである。

2　級

第1回簿記検定模擬試験問題用紙

工　業　簿　記

第4問（28点）

⑴（12点）

次の一連の取引について仕訳しなさい。ただし，勘定科目は，各取引の下の勘定科目から最も適当と思われるものを選び，記号で解答すること。仕訳の金額はすべて円単位とする。

1．当月，買入部品を掛けで600,000円購入した。なお，購入にさいしては，購入代価の５％を材料副費として予定配賦している。

ア．材料　　イ．材料副費　　ウ．買掛金　　エ．未払金　　オ．仕掛品

2．当月の材料副費の実際発生額は38,000円であったので，１．の材料副費予定配賦額との差異を材料副費差異勘定に振り替える。

ア．材料　　イ．材料副費　　ウ．材料副費差異　　エ．製造間接費差異　　オ．製造間接費

3．当月の製造間接費の実際発生額は698,000円であったので，予定配賦額との差額について固定予算による差異分析を行い，予算差異勘定と操業度差異勘定に振り替える。なお，製造間接費の配賦基準は直接作業時間であり，予定配賦率を適用している。年間の製造間接費予算は8,160,000円（固定製造間接費予算5,440,000円，変動製造間接費予算2,720,000円），年間の予定直接作業時間は9,600時間である。当月の実際直接作業時間は780時間であった。

ア．仕掛品　　イ．予算差異　　ウ．操業度差異　　エ．能率差異　　オ．製造間接費

⑵（16点）

東京製作所は，同一工程で等級製品A，BおよびCを連続生産している。製品原価の計算方法は，１か月の完成品総合原価を製品１個当たりの重量によって定められた等価係数に完成量を乗じた積数の比で各等級製品に按分する方法を採用している。次の［資料］にもとづいて，当月の月末仕掛品原価，完成品総合原価，等級製品A，BおよびCの完成品単位原価を計算しなさい。なお，原価投入額合計を完成品総合原価と月末仕掛品原価に配分する方法として平均法を用い，正常仕損の処理は度外視法によること。

［資料］

1．生産データ

月初仕掛品	1,000個	（60％）
当月投入	5,500	
合　計	6,500個	
正常仕損	260	
月末仕掛品	1,040	（50％）
完成品	5,200個	

（注）完成品は，Aが1,500個，Bが1,800個，Cが1,900個である。また，材料は工程の始点で投入し，（　　）内は加工費の進捗度である。仕損は工程の途中で発生しており，仕損品の処分価額はゼロである。

2．原価データ

月初仕掛品原価	
直接材料費	300,000円
加工費	330,000
小　計	630,000円
当月製造費用	
直接材料費	2,820,000円
加工費	5,390,000
小　計	8,210,000円
合　計	8,840,000円

3．製品１個当たりの重量　（単位：g）

A　1,800　　B　1,200　　C　600

第5問（12点）

当社は製品Xを生産し，標準原価計算を採用している。次の［資料］にもとづいて，直接材料費差異と直接労務費差異を計算し，それぞれ差異分析を行いなさい。なお，直接材料は工程の始点で全量投入されている。

［資料Ⅰ］製品Xの原価標準（一部）

直接材料費	550円／kg	×	14kg	=	7,700円
直接労務費	1,300円／時間	×	6時間	=	7,800円

［資料Ⅱ］当月の生産データ

月初仕掛品	600個	（25%）
当 月 投 入	2,750	
合　計	3,350個	
月末仕掛品	750	（60%）
完 成 品	2,600個	

（注）（　）内は加工進捗度を示している。

［資料Ⅲ］当月の実際原価

直接材料費	570円／kg	×	38,200kg	=	21,774,000円
直接労務費	1,260円／時間	×	18,100時間	=	22,806,000円

2 級

第2回簿記検定模擬試験問題用紙

商業簿記

第1問（20点）

下記の各取引について仕訳しなさい。ただし，勘定科目は，各取引の下の勘定科目から最も適当と思われるものを選び，記号で解答すること。

1．東京商事株式会社は，同業の神奈川商事株式会社の一部事業を取得し，譲渡代金￥30,000,000を，小切手を振り出して支払った。この取引により譲り受けた資産の評価額は，建物￥10,000,000，土地￥25,000,000であり，また借入金￥8,000,000を引き受けた。

ア．当座預金　イ．建物　ウ．土地　エ．のれん　オ．借入金　カ．資本金
キ．負ののれん発生益

2．筑西株式会社は，高級家具￥450,000をクレジット払いの条件で顧客に販売した。信販会社へのクレジット手数料（販売代金の４％）を販売時に計上し，販売に係る消費税の税率は販売代金に対して10%として，税抜方式で処理する。なお，クレジット手数料には消費税は課税されない。

ア．商品　イ．クレジット売掛金　ウ．仮払消費税　エ．仮受消費税　オ．未払消費税
カ．売上　キ．支払手数料

3．富山株式会社から売掛金の決済のために受け取り，すでに奈良銀行で割引きに付していた，同店振出し，当店あての約束手形￥900,000が満期日に支払拒絶されたため，同銀行より償還請求を受け，小切手を振り出して決済した。また，満期日後の延滞利息￥3,600は現金で支払い，手形金額とともに富山商店に対して支払請求した。

ア．現金　イ．当座預金　ウ．売掛金　エ．不渡手形　オ．支払手形　カ．受取利息
キ．手形売却損

4．売買目的で所有していた株式1,200株（前年度に@￥700で購入）を，@￥800で売却し，売買手数料￥10,000を控除した代金を３日後に受け取ることとした。なお，前年度の決算日における株式の時価は@￥740であり，当社は，売買目的有価証券の会計処理方法として，時価法（切り放し法）を採用している。株式の売買手数料は，有価証券売却益または売却損に加減して処理すること。

ア．未収入金　イ．売買目的有価証券　ウ．その他有価証券　エ．有価証券売却益
オ．有価証券売却損　カ．支払手数料　キ．その他有価証券評価差額金

5．当社は，エレベーターの販売・設置と保守サービスを本業とする会社であり，鹿児島株式会社へエレベーターの販売・設置を￥4,600,000，および当該エレベーターの５年間の保守サービスを￥900,000で販売する契約を締結した。当社では，それぞれを別個の履行義務として識別しており，契約時にエレベーターの販売・設置が完了したため収益を認識する。保守サービスは設置時より開始するものとして時の経過（月割計算）に応じて履行義務を充足する。なお，代金はすべて来月末に当座預金口座に振り込まれる。

ア．当座預金　イ．売掛金　ウ．契約資産　エ．預り金　オ．契約負債　カ．売上
キ．保守費

第2回簿記検定模擬試験問題用紙

第2問（20点）

次の［資料］にもとづいて，答案用紙に示した（　　）に適切な金額を記入して，新宿商事株式会社の20X7年度（自20X7年4月1日　至20X8年3月31日）の株主資本等変動計算書（単位：千円）を完成しなさい。なお，減少については，金額の前に△にて示すこと。

［資料］

1．前期末の決算時に作成した貸借対照表によると，純資産の部に記載された項目の金額は次のとおりであった。なお，この時点における当社の発行済株式総数は10,000株である。

資　本　金　50,000千円　　資本準備金　6,000千円　　その他資本剰余金　2,700千円

利益準備金　6,400千円　　新築積立金　25,000千円　　繰越利益剰余金　20,000千円

2．20X7年6月28日に開催された株主総会において，剰余金の配当等が次のように承認された。

(1)　株主への配当金を，利益剰余金を財源として1株につき500円にて実施する。

(2)　会社法で規定する利益準備金を計上する。

(3)　新築積立金を5,000千円計上する。

3．20X7年8月23日に建築中であった建物の引渡しを受けて，10,000千円の小切手を振り出した。前期までの支払分の20,000千円を建設仮勘定に計上している。この建物の引渡しを受けて積立てておいた新築積立金は取崩しを行った。

4．20X7年10月10日に渋谷商事株式会社の株式30,000株（時価21,000千円）を取得し，同社を子会社とした。取得の対価として新宿商事株式会社の株式2,000株を渋谷商事の株主に交付したが，資本金増加額は10,500千円，資本準備金増加額は2,500千円，その他資本剰余金増加額は8,000千円とした。

5．20X8年3月31日，決算を行った結果，当期純利益は1,500千円であることが判明した。

第2回簿記検定模擬試験問題用紙

第3問（20点）

次の資料にもとづいて，損益計算書を完成しなさい。なお，会計期間は20X8年4月1日から20X9年3月31日までの1年である。

［資料Ⅰ］

決算整理前残高試算表

（単位：円）

借方	勘定科目	貸方
1,762,125	現金預金	
1,400,000	売掛金	
1,500,000	電子記録債権	
256,000	繰越商品	
320,000	仮払法人税等	
70,000	仮払金	
300,000	貸付金	
5,700,000	建物	
1,171,875	備品	
1,400,000	商標権	
3,600,000	ソフトウェア	
	買掛金	1,742,000
	貸倒引当金	66,000
	建物減価償却累計額	2,006,250
	備品減価償却累計額	681,875
	退職給付引当金	1,356,000
	資本金	7,000,000
	利益準備金	1,750,000
	任意積立金	250,000
	繰越利益剰余金	184,125
	売上	11,260,700
	受取利息	9,600
	受取家賃	258,700
	固定資産売却益	421,000
6,876,000	仕入	
975,000	給料	
469,000	旅費交通費	
284,000	水道光熱費	
546,000	研究開発費	
40,000	租税公課	
316,250	減価償却費	
26,986,250		26,986,250

［資料Ⅱ］ 決算にあたって調査したところ，次の事実が判明したため，適切な処理を行う。

1．得意先に対する売掛代金（前期販売分）の一部￥20,000が回収不能であることが判明したので，貸倒れとして処理する。

2．仮払金￥70,000は，研究開発に使用したものであったことが判明したので，研究開発費勘定に振り替える。

3．給料のうち￥200,000は，退職金として支払ったものであったことが判明したので，退職給付引当金から控除する。

4．当期中に，国から国庫補助金￥100,000を受け取り当座預金口座に振り込まれたが，未処理である。なお，［資料Ⅲ］4．②に記載されている建物は，受け取った国庫補助金に自己資金を加えて購入したものであり，購入の会計処理は行ったが圧縮記帳（直接減額方式）の会計処理は未だ行っていない。

［資料Ⅲ］ 決算整理事項

1．期末における売掛金残高，電子記録債権残高および貸付金残高について，売掛金と電子記録債権には過去の貸倒実績率1.5％にもとづき貸倒引当金を設定するが，貸付金には回収不能額を50％と見積もり貸倒引当金を差額補充法により設定する。貸倒引当金の残高は，売上債権については￥60,000，貸付金については￥6,000である。なお，電子記録債権は通常の販売活動にともない生じたものである。

2．期末商品棚卸高は，次のとおりである。棚卸減耗損および商品評価損は売上原価の内訳項目として表示する。

帳簿棚卸高：数量330個　取得原価@￥800　実地棚卸高：数量300個　正味売却価額@￥780

3．20X8年９月１日に自社利用目的でソフトウェアを購入し，代金￥3,600,000は小切手で支払った。決算にあたり，ソフトウェアの償却を行う。償却期間は５年の定額法による。

4．固定資産の減価償却を次のとおり行う。

建物　定額法20年　残存価額ゼロ

備品　定率法　償却率0.2

① 減価償却については，固定資産の期首の残高を基礎として，建物について月額￥18,750，備品については月額￥10,000を，４月から２月までの11か月間に毎月見積計上してきており，これらの金額は決算整理前残高試算表の減価償却費と減価償却累計額に含まれている。決算にあたり，当期に計上すべき減価償却費（②に係る額を除く）を算定したところ，建物について￥225,000，備品について￥120,000であった。

② 建物の取得原価（［資料Ⅱ］4．の未処理事項反映前）のうち￥1,200,000は，20X8年10月１日に取得したものであり，月次で減価償却を行っていないため，期末に一括して減価償却費を計上（月割償却）する。

5．商標権は20X3年４月１日に取得したものであり，定額法により10年間で減価償却を行っている。なお，商標権については，月次での減価償却費の見積計上は行っていない。

6．受取家賃のうち￥72,500は翌期の分である。

7．退職給付引当金の当期繰入額は￥180,000である。

8．租税公課には未使用の収入印紙￥17,600が含まれている。

9．税引前当期純利益の30％を法人税，住民税及び事業税に計上する。

2 級

第2回簿記検定模擬試験問題用紙

工 業 簿 記

第4問（28点）

(1)（12点）

次の一連の取引について仕訳しなさい。ただし，勘定科目は，各取引の下の勘定科目から最も適当と思われるものを選び，記号で解答すること。仕訳の金額はすべて円単位とする。

1．A社より材料200個（@500円）を掛けで購入した。購入するための運賃10,000円は現金で支払った。
ア．買掛金　イ．未払金　ウ．現金　エ．材料　オ．当座預金

2．直接材料として180個，間接材料として20個払い出した。なお，予定価格@515円を用いた。
ア．仕掛品　イ．製品　ウ．製造間接費　エ．材料　オ．予算差異

3．予定価格による消費額と実際価格による消費額との差額を材料消費価格差異に振り替える。月初に材料の在庫はなかったものとする。
ア．材料　イ．予算差異　ウ．賃率差異　エ．材料消費価格差異　オ．仕掛品

(2)（16点）

MH製作所では，第1工程と第2工程を経て，製品Aを連続生産している。原価部門には，製造部門である第1工程と第2工程の他に，補助部門として動力部門がある。次の［資料］にもとづいて，答案用紙の各勘定に適切な金額を記入しなさい。

［資料］

1．各部門に集計された製造間接費（補助部門費配賦前）は次のとおりである。
第1工程　80,000円　第2工程　50,000円　動力部門　100,000円

2．動力部門費は，第1工程70%，第2工程30%の割合で配賦する。

3．製造間接費は，直接作業時間を配賦基準として予定配賦している。各工程の予定配賦率は，第1工程400円／時間，第2工程250円／時間である。

4．実際直接作業時間は第1工程300時間，第2工程240時間であった。

5．製品Aの生産データは次のとおりである。月初仕掛品は第1工程・第2工程ともに存在しない。なお，原料は第1工程の始点のみで投入され，第1工程完成品はすべて第2工程に振り替えられている。
第1工程　完成品　3,000個　月末仕掛品は存在しない。
第2工程　完成品　2,400個　月末仕掛品　600個（加工進捗度30%）

6．当月製造費用は次のとおりである。

第1工程	直接材料費	72,000円	直接労務費	60,000円	製造間接費	？円
第2工程	前 工 程 費	？円	直接労務費	177,360円	製造間接費	？円

第2回簿記検定模擬試験問題用紙

第5問（12点）

下記の［資料］にもとづいて，⑴全部原価計算と直接原価計算によって損益計算書（略式）を作成しなさい。⑵次の各問に答えなさい。なお，全部原価計算においては，製造間接費は生産量を配賦基準として実際配賦している。また，製品の払出単価の計算は先入先出法による。

問1　第2期末の製品有高

問2　第4期首の製品有高

［資料］

第1期から第4期を通じて，①～③の実績に変化はなく，次のようであった。

①　販売単価　@24,000円

②　製品単位当たりの変動費（製造原価）

製造直接費　@4,000円　　製造間接費　@4,000円

③　固定費　製造原価　4,800,000円　　販売費・一般管理費　3,200,000円

④　生産・販売の実績は次のとおりである。

	第 1 期	第 2 期	第 3 期	第 4 期
期首製品在庫量	0個	0個	400個	400個
当期製品生産量	800個	1,200個	800個	400個
当期製品販売量	800個	800個	800個	800個
期末製品在庫量	0個	400個	400個	0個

各期首，期末に仕掛品の在庫量はなかった。

第3回簿記検定模擬試験問題用紙

第1問（20点）

下記の各取引について仕訳しなさい。ただし，勘定科目は，各取引の下の勘定科目から最も適当と思われるものを選び，記号で解答すること。

1．所有する建物の増改築工事が完了し，すでに支払済の工事代金￥9,000,000を，適切な勘定に振替処理を行った。なお，工事の内訳は，70％が建物の改良であり，30％が修繕となっていた。さらにこの工事に関連して不要となった備品（取得原価￥1,500,000，減価償却累計額￥1,350,000，除却資産の見積処分価額は￥90,000，なお間接法で記帳）の除却処理も行った。

ア．備品　イ．建物　ウ．建設仮勘定　エ．貯蔵品　オ．備品減価償却累計額
カ．修繕費　キ．固定資産除却損

2．20X2年３月31日になり，福岡商事株式会社は１回目のリース料を約定どおりに小切手を振り出して支払った。なお，リース料に含まれている利息相当額はリース期間中の各期に定額法により費用として配分する（利子抜き法)。福岡商事株式会社が当期首（４月１日）に九州リース株式会社と結んだ商業用機器のリース契約の内容は，以下のとおりである。このリース取引はファイナンス・リース取引に該当する。

・リース期間　５年間
・リ ー ス 料　年額￥840,000（毎年３月末日払い）
・リース資産　見積現金購入価額￥4,000,000

また，本日（20X2年３月31日）は決算日にあたるため，上記のリース機器を耐用年数５年，残存価額ゼロとして定額法（間接法により記帳）で減価償却を行う。

ア．当座預金　イ．リース資産　ウ．営業外支払手形　エ．リース債務
オ．リース資産減価償却累計額　カ．減価償却費　キ．支払利息

3．定期預金（１年満期，利率年1.2％，￥12,000,000）を銀行に預け入れていたが，この定期預金が満期となった。この満期額に，仮払法人税等に計上する源泉所得税（15％）控除後の受取利息手取額を加えた金額を，さらに１年満期の定期預金として継続した。

ア．当座預金　イ．定期預金　ウ．満期保有目的債券　エ．預り金　オ．仮払法人税等
カ．受取利息　キ．租税公課

4．青森株式会社は，山形株式会社の発行済株式の55％にあたる550株を@￥10,000で，長期利殖目的で岩手株式会社の株式2,000株を@￥450で，満期保有目的で秋田株式会社が発行した社債（額面金額￥1,000,000，利率は年7.3％，期間３年）を額面￥100につき￥98で取得し，代金は小切手を振り出して支払った。

ア．当座預金　イ．売買目的有価証券　ウ．子会社株式　エ．関係会社株式　オ．その他有価証券
カ．資本金　キ．満期保有目的債券

5．期末における売掛金残高は￥320,000，受取手形残高は￥280,000，貸付金残高は￥550,000であった。売掛金と受取手形については，過去の貸倒実績率３％にもとづき，貸倒引当金を設定するが，貸付金については，債務者の財政状態が悪化したため，その回収不能額を60％と見積もって貸倒引当金を設定する。期末における貸倒引当金の残高は￥20,000である。このうち￥12,000が営業債権，￥8,000が営業外債権に対する貸倒引当金である。

ア．売掛金　イ．受取手形　ウ．不渡手形　エ．貸付金　オ．貸倒引当金　カ．貸倒引当金繰入
キ．貸倒損失

第2問（20点）

次の［資料］にもとづいて，連結第1年度（X1年4月1日からX2年3月31日）の連結精算表を作成しなさい（P社，S社とも決算日は3月31日）。なお，連結精算表内の解答については，科目欄は［　　］で示した箇所に科目名を記入し，連結財務諸表欄に修正後の数値を記入すること。また，修正・消去欄は採点対象とせず，科目欄および連結財務諸表欄を採点対象とする。

［資料］

1．P社は，X1年3月31日にS社の発行済株式総数の80%を84,000千円で取得し，これ以降S社を連結子会社とし，連結財務諸表を作成している。X1年3月31日時点でのS社の純資産の部は，次のとおりであった。

資　本　金　　60,000千円
資本剰余金　　24,000千円
利益剰余金　　16,000千円

2．のれんは，支配権獲得時の翌年度から20年間にわたり定額法で償却を行っている。

3．S社は，支配権獲得後において配当を行っていない。

4．S社は商品をP社に販売しており，売上高総利益率40%ですべて商品販売を行っている。なお，当期におけるS社の売上高のうち，P社向けの売上高は54,000千円である。また，P社の期末商品のうち12,150千円はS社から仕入れたものである。

5．P社の保有している土地8,000千円を決算日の直前に10,000千円でS社に売却しており，S社はそのまま保有している。なお，売却代金の決済は決算日までに終了している。また，未実現利益は全額相殺消去すること。

6．連結会社（P社およびS社）間での当期末の債権債務残高は，次のとおりである。なお，P社・S社ともに，債権に対して，貸倒引当金を設定していない。

(1)　P社の支払手形のうち6,000千円，買掛金のうち11,000千円はS社に対するものである。

(2)　P社の貸付金のうち24,000千円は，X1年10月1日にS社に対して行ったものである。利率年2%，期間1年，利払いは返済日に行う条件となっており，利息の計算は月割計算により行われている。

第3問（20点）

次の［資料Ⅰ］決算整理前残高試算表および［資料Ⅱ］決算整理事項等にもとづいて，答案用紙の貸借対照表を完成しなさい。なお，会計期間は20X8年4月1日から20X9年3月31日までの1年である。

［資料Ⅰ］決算整理前残高試算表

決算整理前残高試算表
20X9年3月31日　（単位：円）

借方	勘定科目	貸方
85,700	現金	
?	当座預金	
280,000	受取手形	
170,000	売掛金	
150,500	売買目的有価証券	
398,000	繰越商品	
98,000	仮払法人税等	
258,500	仮払消費税	
100	仮払金	
2,500,000	建物	
1,020,000	備品	
40,000	リース資産	
	支払手形	222,000
	買掛金	277,000
	未払金	18,500
	仮受消費税	398,500
	リース債務	32,000
	退職給付引当金	373,250
	貸倒引当金	5,000
	建物減価償却累計額	1,016,250
	備品減価償却累計額	162,500
	資本金	?
	資本準備金	500,000
	任意積立金	60,800
	繰越利益剰余金	513,000
	売上	3,985,000
1,950,000	仕入	
430,000	給料	
45,000	広告宣伝費	
80,000	支払保険料	
221,000	支払家賃	
?		?

［資料Ⅱ］決算整理事項等

1．期中に現金過不足が¥100生じているが，その際に

（借方）仮　払　金　100　（貸方）現　　　金　100

と処理している。決算にあたり，原因が不明なままであるので雑損に振り替える。

2．当座預金勘定残高と銀行の残高証明書の残高¥924,000との不一致の原因は次のとおりである。

(1)　買掛金¥45,000の支払いのために振り出した小切手が未渡しであった。

(2)　買掛金¥82,000の支払いのために振り出した小切手が銀行に未呈示であった。

(3)　得意先から受け入れた小切手¥40,000の取立てを銀行に依頼していたが，いまだ取立てが完了していない。

3．受取手形および売掛金の期末残高に対して，2％の貸倒引当金を設定する（差額補充法）。

4．期末商品棚卸高の内訳は次のとおりである。

帳簿棚卸数量　750個　　原　価　@¥500

実地棚卸数量　740個　　時　価　@¥485

5．期末に保有している有価証券は，当期に売買目的で1株当たり@¥500で300株購入し期末までそのまま保有しているものである。なお，購入時に売買手数料¥500を支払っている。期末における時価は1株当たり@¥520である。

6．固定資産の減価償却を次のとおり行う。

建　物　定額法　耐用年数50年

残存価額　取得原価の10％

備　品　定率法　償却率0.25

なお，備品のうち¥370,000は，20X8年7月1日に取得したもので，減価償却は月割計算による。

7．決算整理前残高試算表のリース資産およびリース債務は，20X8年4月1日に，リース期間5年，見積現金購入価額¥37,450，年間のリース料は¥8,000で毎年3月末支払いの条件で締結した備品のリース契約によるものである。当該ファイナンス・リース取引開始時において計上するリース資産の計上金額は，支払リース料総額から利息相当額を控除しない方法（利子込み法）によっている。リース資産の減価償却方法はリース期間定額法であり，残存価額はゼロ，耐用年数はリース期間，記帳方法は間接法である。なお，当該ファイナンス・リース取引にかかる会計処理によって生じるリース債務については，重要性が低いと判断されたために固定負債として一括して表示する。

8．当期の退職給付費用（退職給付引当金の繰入額）は¥65,000である。

9．支払家賃は，5年前より毎年9月1日に1年契約を更新して毎年支払っているもので，当期も20X8年9月1日からの1年分を同日に支払っている。

10．20X9年2月1日から期間1年間の火災保険に加入したが，1年分の保険料は全額後払いである。なお，2か月分（2月・3月分）の保険料は¥60,000である。

11．消費税の処理（税抜処理）を行う。なお，他の決算整理等において消費税を考慮する必要はない。

12．当期の法人税等を¥211,300計上する。なお，中間納付した法人税等は仮払法人税等勘定に計上している。

2 級

第3回簿記検定模擬試験問題用紙

工 業 簿 記

第4問（28点）

⑴（12点）

次の一連の取引について仕訳しなさい。ただし，勘定科目は，各取引の下の勘定科目から最も適当と思われるものを選び，記号で解答すること。仕訳の金額はすべて円単位とする。

1．当月の労務費の消費高を計上する。なお，直接工の作業時間報告書によれば，製造指図書番号の記入された作業は250時間，記入されていない作業は15時間であった。このとき，当工場において適用する予定賃率は900円である。また，間接工については，前月賃金未払高230,000円，当月賃金支払高850,000円，当月賃金未払高190,000円であった。

ア．仕掛品　　イ．製品　　ウ．賃金・給与　　エ．製造間接費　　オ．賞与

2．当月の直接作業時間は250時間であったので，これにもとづき予定配賦率を適用して製造間接費を製造指図書に配賦する。なお，年間の製造間接費予算は23,800,000円であり，配賦基準となる年間の総直接作業時間は2,800時間を予定している。

ア．仕掛品　　イ．材料　　ウ．製品　　エ．製造間接費　　オ．賃率差異

3．当月，実際に発生した製造間接費は2,200,000円であったので，2．の予定配賦額との差額を製造間接費配賦差異勘定に振り替える。

ア．製造間接費配賦差異　　イ．賃率差異　　ウ．材料消費価格差異　　エ．製造間接費　　オ．製品

⑵（16点）

Ｊ工業は，同一工程でＸ，Ｙという２種類の異種製品を連続生産している。製造原価の計算は，ＸとＹを組別に計算する組別総合原価計算を採用している。すなわち，製造費用を原料費，直接労務費および製造間接費に分け，原料費と直接労務費は各組に直課し，製造間接費は直接労務費を配賦基準として各組に実際配賦している。なお，完成品と月末仕掛品に対する原価の配分は平均法を用い，正常減損の処理は度外視法によること。

次の［資料］により答案用紙の組別総合原価計算表を作成しなさい。

［資料］

1．生産データ

	Ｘ製品	Ｙ製品
月初仕掛品	200kg(20%)	100kg(40%)
当 月 投 入	800kg	900kg
合　計	1,000kg	1,000kg
月末仕掛品	150kg(40%)	120kg(50%)
減　　損	50kg	30kg
完 成 品	800kg	850kg

（注） 原料はすべて工程の始点で投入される。仕掛品の（　　）内の数値は加工費の進捗度を示している。なお，減損は工程の途中で発生し，正常なものであった。

2．原価データ

	Ｘ製品	Ｙ製品
月初仕掛品原価		
原 料 費	55,500円	12,000円
加 工 費	160,200円	64,400円
当月製造費用		
原 料 費	220,000円	85,000円
直接労務費	210,000円	120,000円
製造間接費	594,000円	

第5問（12点）

当社は製品Ｙを生産している企業であり，次月の利益計画を検討している。次の［資料］にもとづいて，下記の問に答えなさい。

［資料］

1．製品Ｙの販売価格	26,000円／個
2．製品Ｙの単位当たり変動費	
変動製造原価	16,900円／個
変動販売費	2,080円／個
3．固定費	
固定製造原価	2,640,000円
固定販売費及び一般管理費	308,400円

問1　変動費率を求めなさい。

問2　損益分岐点売上高を求めなさい。

問3　次月の販売計画における販売量は500個である。もしこの販売量を達成できるとしたら，損益分岐点比率は何％になるか。

問4　当社では原価削減に向けた検討も行っている。もし単位当たり変動製造原価を780円削減できるとしたら，損益分岐点売上高はいくらになるか。

問5　単位当たり変動製造原価は16,900円／個のままで，固定製造原価を280,800円削減できるとしたら，損益分岐点売上高はいくらになるか。

第4回簿記検定模擬試験問題用紙

第1問（20点）

下記の各取引について仕訳しなさい。ただし，勘定科目は，各取引の下の勘定科目から最も適当と思われるものを選び，記号で解答すること。

1．決算を行い，納付すべき消費税の額を算定した。なお，本年度の消費税の仮払分は￥490,000，仮受分は￥330,000であり，当社は税抜方式により消費税の記帳を行っている。

ア．現金　イ．仮払消費税　ウ．未収還付消費税　エ．仮受消費税　オ．未払消費税　カ．雑益
キ．租税公課

2．高円寺株式会社は，先に買掛金の支払いのために振り出した阿佐谷商店あての約束手形￥800,000の満期日が到来したが，資金繰りの都合がつかないため90日の支払延期を申し入れ，同店の承認を得て，新しい手形に書き換えた。なお，延期分の利息は年利率7.3％で計算し，新手形の額面に加えた。

ア．現金　イ．支払手形　ウ．不渡手形　エ．買掛金　オ．受取利息　カ．支払利息
キ．手形売却損

3．2008年7月1日に購入した業務用バス（取得原価￥7,000,000）を，当期末（2018年3月31日）に￥1,000,000で売却し，代金については6か月後を期日とする受取手形で受け取った。当該車両は生産高比例法で減価償却しており（総走行可能距離120,000km，残存価額ゼロ，記帳方法は直接法），前期末（2017年3月31日）時点の実際走行距離は90,000km，当期の実際走行距離は10,800kmである。決算にあたって当期の減価償却費を計上したうえで売却の処理を行う。

ア．現金　イ．営業外受取手形　ウ．車両運搬具　エ．未収入金　オ．固定資産売却益
カ．減価償却費　キ．固定資産売却損

4．決算にあたり，税引前当期純利益を￥2,500,000計上している。しかし，損金不算入部分が￥500,000あった。法定実効税率を40％として，当期の法人税，住民税及び事業税を計上する。なお，中間申告時に，前年度の納付額の合計￥1,000,000の50％を現金で納付している。

ア．現金　イ．仮払法人税等　ウ．未払法人税等　エ．未収還付法人税等　オ．繰越利益剰余金
カ．法人税，住民税及び事業税　キ．法人税等調整額

5．福岡に支店を開設することになり，本店から現金￥3,000,000，商品（原価：￥1,200,000，売価：￥1,900,000）および車両（取得原価：￥2,500,000，減価償却累計額：￥1,750,000）を移管した。支店独立会計制度を導入したときの支店側の仕訳を答えなさい。なお，当社は商品売買を「販売のつど売上原価勘定に振り替える方法」，有形固定資産の減価償却を「間接法」により記帳している。

ア．現金　イ．商品　ウ．車両運搬具　エ．車両運搬具減価償却累計額　オ．本店　カ．仕入
キ．売上原価

2　級

第4回簿記検定模擬試験問題用紙

商　業　簿　記

第2問（20点）

次の設問に答えなさい。

設問1　当社は，川崎商事（株）を当期首（20X8年4月1日）に合併し，川崎商事（株）の株式200,000株に対し，当社の株式120,000株（1株当たりの時価￥400）を交付した。よって各問に答えなさい。

問1　当社および川崎商事（株）の合併時貸借対照表は以下のとおりであり，いずれも時価と帳簿価額は一致していた。解答欄に示す合併後貸借対照表の各金額を答えなさい。なお，合併にさいし，資本金は1株につき￥200とし，残額は資本剰余金とした。

合 併 時 貸 借 対 照 表

20X8年4月1日　　　　（単位：円）

資　　産	当　　社	川崎商事(株)	負債・純資産	当　　社	川崎商事(株)
諸　資　産	91,000,000	60,000,000	諸　負　債	21,000,000	15,000,000
			資　本　金	50,000,000	40,000,000
			利益剰余金	20,000,000	5,000,000
	91,000,000	60,000,000		91,000,000	60,000,000

問2　のれん勘定への当年度の記帳を行い，締め切りなさい。勘定記入を行うにあたり最も適当と思われるものをア～オより選び，記号で答えなさい。なお，前期繰越は，前期首（20X7年4月1日）に横浜商事（株）を買収したさいに生じたのれんの未償却残高である。また，当社はのれんの償却期間を20年とし，毎期均等額を償却することにしている。

ア．次期繰越　イ．諸　　口　ウ．のれん償却　エ．の　れ　ん　オ．負ののれん発生益

設問2　当社は当期（20X8年4月1日から20X9年3月31日：決算年1回）よりアメリカの得意先に商品をドル建で輸出しており，下記の1～3の取引を行った。よって，各問に答えなさい。なお，当社は商品売買の記帳方法に三分法を用いている。また，解答に使用する勘定科目等は下記□より最も適切な記号をア～カより選び，「仕訳なし」の場合は借方科目欄に「キ」を記入しなさい。

ア．現　　金	イ．売 掛 金	ウ．前払費用	エ．為替予約	オ．売　　上
カ．為替差損益	キ．仕訳なし			

＜取引＞

1．20X8年9月1日に商品1,000ドルを輸出し，代金は掛けとした。輸出時の為替レートは1ドル＝￥102であり，掛代金の決済日は20X9年4月30日の予定である。

2．20X8年11月1日に取引銀行との間で，1．の売掛金1,000ドルについて1ドル＝￥105の為替予約を結んだ。また，振当処理を適用することとするが，重要性が乏しいため，9月1日の為替レートによる円への換算額と為替予約による円換算額との差額はすべて当期の損益として処理する。なお20X8年11月1日の為替レートは￥103である。

3．20X9年3月31日に決算をむかえた。この日の為替レートは￥106である。

問1　取引1～3の仕訳を答えなさい。

問2　20X9年4月30日において，掛代金1,000ドルを現金で受け取った場合の仕訳を答えなさい。なお，20X9年4月30日の為替レートは￥108である。

問3　仮に，1ドル＝￥105で為替予約を付したのが20X8年9月1日（輸出時）であった場合，その日の仕訳を答えなさい。なお，そのほかの条件に変更はないものとする。

第4回簿記検定模擬試験問題用紙

第3問（20点）

次に示した大分商事株式会社の［資料Ⅰ］，［資料Ⅱ］および［資料Ⅲ］にもとづいて，答案用紙の損益計算書を完成させなさい。会計期間は20X1年４月１日から20X2年３月31日までの１年間である。本問では，減価償却に関してのみ税効果会計を適用する。法定実効税率は30％であり，将来においても税率は変わらないと見込まれている。また，繰延税金資産は全額回収可能性があるものとする。なお，答案用紙の△はマイナスを意味している。

［資料Ⅰ］決算整理前残高試算表

決算整理前残高試算表

20X2年３月31日　（単位：円）

借方	勘定科目	貸方
36,700	現金	
950,000	当座預金	
250,000	受取手形	
400,000	売掛金	
	貸倒引当金	2,000
500,000	繰越商品	
110,000	仮払法人税等	
1,000,000	建物	
	建物減価償却累計額	390,000
800,000	備品	
	備品減価償却累計額	224,000
400,000	土地	
150,000	建設仮勘定	
285,000	満期保有目的債券	
	支払手形	220,000
	買掛金	380,000
	長期借入金	1,000,000
	退職給付引当金	440,000
	資本金	1,000,000
	繰越利益剰余金	341,000
	売上	4,000,000
	有価証券利息	3,000
2,400,000	仕入	
411,300	給料	
240,000	支払家賃	
57,000	保険料	
10,000	支払利息	
8,000,000		8,000,000

［資料Ⅱ］未処理事項等

1．建設仮勘定の全額は，当期中に完了した建物の増改築工事にかかわるものである。この増改築工事の対象部分は，当期の10月1日から事業の用に供されて使用されている。この工事代金のうち，￥60,000は修繕費として処理すべきものであるが，建設仮勘定に含まれている。

2．当期の期中に土地の一部（帳簿価額￥180,000）を売却し，売却代金￥200,000が当座預金口座に振り込まれているが，この取引は未記帳である。

［資料Ⅲ］決算整理事項

1．売上債権の期末残高に対して2％の貸倒れを見積もる。貸倒引当金は差額補充法によって設定する。

2．商品の期末棚卸高は次のとおりである。なお，棚卸減耗損の50％と商品評価損は売上原価の内訳科目とする。棚卸減耗損の残り50％は，原価性がないため営業外費用とする。

　帳簿棚卸高：数量300個，帳　簿　価　額　＠￥2,000

　実地棚卸高：数量260個，正味売却価額　＠￥1,950

3．有形固定資産の減価償却を行う。

　建物：耐用年数50年，残存価額ゼロ，定額法により計算する。この建物は，増改築工事の完了・使用開始直前に取得後ちょうど20年が経過している。なお，当期の増改築工事により建物勘定で処理される金額は，建物の残存耐用年数にわたり，残存価額をゼロとして定額法により月割りで減価償却を行う。

　備品：耐用年数10年，200％定率法により減価償却を行う。

4．満期保有目的債券は，T社社債（額面総額￥300,000，利率年1％，利払日3月末日および9月末日の年2回，発行日は20X1年4月1日，満期日は20X6年3月31日）を当期首に取得したものである。額面金額と取得価額との差額は金利調整差額としての性格を有しているものと判断されるため，償却原価法（定額法）により評価する。

5．買掛金のうち￥100,000はドル建ての買掛金1,000ドルであり，決算時の為替相場は1ドル＝￥98である。

6．期末時点において計上すべき退職給付引当金の残高は￥500,000である。

7．保険料は毎年11月1日に向こう1年分（毎年同額）を支払っている。

8．長期借入金は，前期の8月1日に借入期間3年，利率年3％，利払日は年1回（7月末）の条件で借り入れたものである。決算にあたり，借入利息の未払分を月割計算で計上する。

9．法人税，住民税及び事業税について決算整理を行い，仮払法人税等として計上している中間納付額を控除した後の残額￥100,000を未払法人税等として計上する。

10．当期の減価償却費のうち￥50,000は税務上の当期の損金算入限度額を超過しているものとする。

第4回簿記検定模擬試験問題用紙

2 級

工 業 簿 記

第4問（28点）

(1)（12点）

次の一連の取引について仕訳しなさい。ただし，勘定科目は，各取引の下の勘定科目から最も適当と思われるものを選び，記号で解答すること。仕訳の金額はすべて円単位とする。

1．当月（8月21日～9月20日）の給与を計算し，当座預金から支払った。支払賃金は1,620,000円，そして控除額合計200,000円（内訳：社会保険料150,000円，所得税50,000円）であった。

ア．賃金　イ．賞与　ウ．預り金　エ．現金　オ．当座預金

2．当月の賃金消費額（9月1日～9月30日）を予定賃率（@500円）を用いて計上した。当月の実際作業時間は3,000時間（内訳：直接作業時間2,500時間，間接作業時間500時間）であった。

ア．製品　イ．仕掛品　ウ．製造間接費　エ．賃金　オ．賃率差異

3．賃金勘定の差額を賃率差異へ振り替えた。前月末の未払賃金（8月21日～8月31日）は320,000円であり，当月末の未払賃金（9月21日～9月30日）は240,000円である。

ア．材料消費価格差異　イ．製造間接費　ウ．賃金　エ．賃率差異　オ．製品

(2)（16点）

大阪工業株式会社は実際単純総合原価計算を採用している。次の［資料］にもとづいて，問1の総合原価計算表の（　　）内に適切な金額を記入し，問2の売上原価を計算しなさい。ただし，原価投入額を完成品総合原価と月末仕掛品原価に配分する計算と，月末仕掛品と製品の売上原価の計算は先入先出法を用いている。

［資料］

1．当月の生産・販売実績データ

月初仕掛品数量	60個	$(\frac{1}{2})$	月初製品在庫量	50個
当月投入数量	480		当月完成数量	450
投入数量合計	540個		合　計	500個
正常減損数量	40	$(\frac{1}{4})$	当月販売数量	475個
月末仕掛品数量	50	$(\frac{4}{5})$	月末製品在庫量	25
当月完成数量	450個		合　計	500個

（　　）内の数値は加工進捗度を示している。

2．原価データ

月初仕掛品原価：	A材料費	122,220円
	加工費	124,440円
当月製造費用：	A材料費	1,034,880円
	B材料費	480,150円
	加工費	2,032,280円
月初製品原価		315,700円

3．A材料は工程の始点で投入し，B材料は工程の終点で投入されている。

4．正常減損は進捗度$\frac{1}{4}$の時点で発生しているので，正常減損費は完成品と月末仕掛品に負担させる。正常減損は最初から投入されなかったように考える度外視法による。なお，月初仕掛品から減損は発生しない。

第5問（12点）

日商産業株式会社は，A品を製造・販売しており，当期の業績は，次のとおりであった。次期の販売価格，製品単価，変動費および期間中の固定費は，当期と同一である。

下記の問に答えなさい。なお，仕掛品および製品の在庫は期首，期末ともにゼロである。

売　上　高			@1,000円×16,000個		16,000,000円
原　　価	変動費	変動売上原価	@　500円×16,000個	8,000,000円	
		変動販売費	@　100円×16,000個	1,600,000	
	固定費	固定製造原価		3,500,000	
		固定販売費・一般管理費		1,200,000	14,300,000
営 業 利 益					1,700,000円

問1　次期の損益分岐点の販売数量を求めなさい。

問2　次期の損益分岐点の売上高を求めなさい。

問3　次期の目標営業利益4,000,000円を達成するための販売数量を求めなさい。

問4　次期に販売価格を20%値下げするとして，当期と同額の営業利益を達成するのに必要な販売数量を求めなさい。

2　級

第５回簿記検定模擬試験問題用紙

商　業　簿　記

第１問（20点）

下記の各取引について仕訳しなさい。ただし，勘定科目は，各取引の下の勘定科目から最も適当と思われるものを選び，記号で解答すること。

１．20X8年７月10日に役員に対して届出をしておいた賞与総額￥500,000から源泉所得税￥20,000と社会保険料￥30,000を差し引き，残額は小切手を振り出して支払った。

ア．当座預金　イ．前受金　ウ．所得税預り金　エ．社会保険料預り金　オ．役員賞与
カ．支払保険料　キ．租税公課

２．アメリカの得意先に発送していた7,000ドルの商品が本日到着した旨の連絡を受けた。そのため，代金のうち3,000ドルは注文時に受け取った手付金と相殺し，残額は掛けとした。なお，注文時の処理は適切に行われており，注文時の為替相場は１ドル￥107，商品到着時の為替相場は１ドル￥103である。

ア．現金　イ．売掛金　ウ．仮受金　エ．前受金　オ．預り金　カ．売上　キ．為替差損益

３．当社は，商品Ｘ￥450,000および商品Ｙ￥300,000について弘前商事㈱と販売契約を結んだ。ただし，商品Ｘの引渡しと商品Ｙの引渡しは，それぞれ独立した履行義務として識別する。なお，代金の請求は商品Ｘと商品Ｙの両方を弘前商事㈱に引き渡した後に行う契約内容になっている。商品Ｙについては販売契約締結時に引き渡したが，商品Ｘについては在庫がなかったため後日引き渡すこととした。

ア．現金　イ．売掛金　ウ．契約資産　エ．契約負債　オ．返金負債　カ．売上　キ．仕入

４．建物の修繕を行い，代金￥2,600,000のうち￥1,700,000を小切手を振り出して支払い，残額は月末に支払うこととした。なお，修繕引当金の残高は￥1,300,000であり，今回の修繕のうち￥1,100,000については建物の耐震構造を強化する効果があると認められた。

ア．当座預金　イ．建物　ウ．営業外支払手形　エ．未払金　オ．修繕引当金　カ．修繕費
キ．修繕引当金繰入

５．当社は，保有する電子記録債権のうち￥120,000を割り引くために，取引銀行を通じて電子債権記録機関に当該債権の譲渡記録の請求を行ったところ，割引料￥6,000を差し引いた金額が当社の当座預金の口座に取引銀行から振り込まれた。

ア．当座預金　イ．電子記録債権　ウ．電子記録債務　エ．償却債権取立益　オ．支払手数料
カ．電子記録債権売却損　キ．有価証券売却損

第5回簿記検定模擬試験問題用紙

第2問（20点）

次に示す当社の当期（会計期間：20X8年4月1日から20X9年3月31日）の固定資産に関する［資料］にもとづき，下記の各問に答えなさい。なお，問題文以外に，解答上考慮する必要がある事項はない。また，問2から問4において仕訳や勘定記入を解答するにあたり，勘定科目等は各問の下の□から最も適当と思われるものを選び，記号で解答すること。

［資料］

1．建物Aは，20X8年4月1日に¥10,000,000で購入した。購入にさいし，国庫補助金¥3,000,000の交付を受け，残額は自己資金で支払い，国庫補助金相当額の圧縮記帳を直接減額方式により行った。なお，建物Aの減価償却方法は定額法で耐用年数20年，残存価額はゼロである。

2．備品Bは，20X8年4月1日に，リース期間5年，リース料支払日：毎年3月31日，年額リース料¥500,000，見積現金購入価額¥2,200,000でリース取引を開始した。なお，このリース取引はファイナンス・リース取引と判定され，減価償却はリース期間を耐用年数とする定額法で行う。また，会計処理は利子込み法で行っている。

3．車両Cは，20X9年1月1日に¥1,200,000で購入し，代金の支払いは毎月末で，1月末日を初回とする6枚の約束手形（1枚当たり¥205,000）とし交付した。なお，減価償却は生産高比例法により，残存価額ゼロ，総見込走行可能距離10万キロメートル，当期走行距離2千キロメートルである。また，利息相当額については，購入時に資産勘定で処理している。

4．ソフトウェアD（自社利用目的）は20X1年4月1日に¥2,000,000で，またソフトウェアE（自社利用目的）は20X8年10月1日に¥3,000,000で取得している。代金の支払いについては，ソフトウェアDは取得時（20X1年4月1日）に，ソフトウェアEは20X8年11月30日に，いずれも全額が当座預金口座から引き落とされている。なお，減価償却については，いずれも耐用年数は10年，定額法（月割）により行っている。

5．備品Fは，20X5年4月1日に取得原価¥1,200,000で取得し，前期まで適切に減価償却を行っている。耐用年数は5年，200％定率法，保証率は0.10800，改定償却率は0.5である。

問1　答案用紙に示す各固定資産の当期の減価償却費を答えなさい。

問2　備品B（リース資産勘定）の会計処理が利子抜き法であった場合の，リース債務勘定の記入を答えなさい。なお，利息の期間配分は定額法により行い，会計処理方法以外の条件は変わらないものとする。

ア．前期繰越　イ．前払利息　ウ．現金預金　エ．リース債務　オ．リース資産
カ．減価償却費

問3　車両Cの購入代金支払時（20X9年3月31日）の仕訳を答えなさい。

ア．現金預金　イ．前払利息　ウ．車両C　エ．営業外支払手形　オ．支払利息

問4　ソフトウェアE勘定の記入を答えなさい。

ア．現金預金　イ．ソフトウェアE　ウ．未払金　エ．ソフトウェア償却

第5回簿記検定模擬試験問題用紙

第3問（20点）

大分商事株式会社は，大分本店のほかに，神奈川支店を有している。次の［資料Ⅰ］～［資料Ⅲ］にもとづいて，各問に答えなさい。なお，会計期間は20X1年４月１日から20X2年３月31日までの１年間である。ただし，本問では，法人税，住民税及び事業税と税効果会計を考慮しないこととする。

［資料Ⅰ］　決算整理前残高試算表（本店・支店）

決算整理前残高試算表
20X2年３月31日
（単位：円）

借　方	本　店	支　店	貸　方	本　店	支　店
現金預金	1,062,000	40,000	買掛金	150,000	（　?　）
売掛金	200,000	100,000	未払金	24,500	—
有価証券	190,000	—	長期借入金	500,000	—
繰越商品	440,000	300,000	貸倒引当金	1,500	500
備品	500,000	150,000	備品減価償却累計額	140,000	30,000
投資有価証券	360,000	—	本店	—	（　?　）
支店	500,000	—	資本金	1,500,000	—
仕入	2,000,000	1,100,000	利益準備金	30,000	—
広告宣伝費	140,000	60,000	繰越利益剰余金	150,000	—
給料	600,000	350,000	売上	4,000,000	1,769,500
支払家賃	500,000	200,000	有価証券利息	4,000	—
支払利息	8,000	—			
	6,500,000	2,300,000		6,500,000	2,300,000

［資料Ⅱ］未処理事項（［資料Ⅲ］５．で示されているものを除く）

1．本店は支店に現金￥30,000を送付したが，支店における会計処理が未記帳である。

2．本店は支店の買掛金￥50,000を小切手で支払ったが，支店における会計処理が未記帳である。

3．本店は支店に商品￥40,000（原価）を送付したが，支店における会計処理が未記帳である。

4．支店は本店の売掛金￥20,000を小切手で回収したが，本店における会計処理が未記帳である。

5．当期の６月に株主総会で￥30,000の配当を決定し，ただちに株主に配当を預金口座から支払ったが未記帳である（会計処理は本店で行う）。なお，￥30,000の配当に加え，利益準備金は会社法規定の額を計上した。

［資料Ⅲ］決算整理事項等

1．本店・支店ともに，売上債権の期末残高の１％の貸倒れを見積もり，貸倒引当金を差額補充法により設定する。

2．有価証券はすべて売買目的で取得したものであり，当期末の時価は￥200,000である。

3．期末における商品の棚卸高は次のとおりである（本店・支店とも，［資料Ⅱ］3．の処理後の金額である）。売上原価は売上原価勘定で処理する。ただし，棚卸減耗損は，損益計算書では売上原価の内訳科目として表示するが，総勘定元帳では独立の勘定として処理する。

(1)　本店

帳簿棚卸数量　2,500個，実地棚卸数量　2,460個

帳　簿　価　額　@￥200，正味売却価額　@￥250

(2)　支店

帳簿棚卸数量　1,200個，実地棚卸数量　1,150個

帳　簿　価　額　@￥180，正味売却価額　@￥230

4．有形固定資産の減価償却は次のとおり行う。

本店・支店ともに，償却率0.2の定率法

5．投資有価証券は満期保有目的で保有している他社の社債である。購入日は前期の期首であり，額面総額￥400,000の社債を額面￥100につき￥87.5で取得している。額面総額と取得価額との差額は金利の調整と認められるため，償却原価法（定額法）を適用する。なお，クーポン利子率は年利2％であり，利払日は毎年9月末と3月末であるが，当期の3月末に現金で受け取った利息をいまだ計上していない。

6．次期において支払う従業員賞与を見積もった結果，当期の負担額は本店￥100,000，支店￥50,000である。

7．経過勘定項目

①　本店：家賃の前払分　￥50,000　　利息の未払分　￥1,000

②　支店：家賃の未払分　￥20,000

8．支店の当期純利益（各自算定）が本店に報告された。

問1　［資料Ⅰ］の決算整理前残高試算表における本店勘定の金額を答えなさい。

問2　答案用紙の本店の損益勘定を完成しなさい。

問3　当期末の貸借対照表における利益準備金の金額を答えなさい。

第4問（28点）

⑴（12点）

次の一連の取引について仕訳しなさい。ただし，勘定科目は，各取引の下の勘定科目から最も適当と思われるものを選び，記号で解答すること。仕訳の金額はすべて円単位とする。

1．製造間接費に関して直接労務費を基準にして予定配賦した。予定配賦率は70％で，当月の直接労務費は1,500,000円である。
　ア．仕掛品　　イ．製造間接費　　ウ．製品　　エ．売上原価　　オ．賃金

2．当月の製造間接費実際発生額は1,080,000円であったので，配賦差額を製造間接費配賦差異勘定に振り替えた。
　ア．製造間接費　　イ．製造間接費配賦差異　　ウ．材料消費価格差異　　エ．仕掛品　　オ．製品

3．会計期末に，製造間接費配賦差異の借方残高が15,000円だったので売上原価勘定に振り替えた。
　ア．売上原価　　イ．製品　　ウ．製造間接費配賦差異　　エ．製造間接費　　オ．賃金

⑵（16点）

東海製作所では，顧客からの注文に応じて素材を加工して完成品を製造する生産形態のため，実際個別原価計算を採用している。当月，製造指図書＃101，製造指図書＃102，製造指図書＃103および製造指図書＃104にかかわる作業が行われたが，このうち，製造指図書＃101，製造指図書＃102および製造指図書＃103が完成し，製造指図書＃104は月末に未完成であった。なお，製造指図書＃101のみ先月製造に着手し，その他は当月から着手した。次の［資料］にもとづいて，問１の仕掛品勘定を完成し，問２の当月売上原価を計算しなさい。

［資料］

1．当月払い出された素材のうち，製造指図書＃101向けの消費は24,000円，製造指図書＃102向けの消費は48,000円，製造指図書＃103向けの消費は39,000円，製造指図書＃104向けの消費は35,000円であった。
2．当月の直接工の実際直接作業時間は合計で135時間であり，そのうち，製造指図書＃101向けは45時間，製造指図書＃102向けは40時間，製造指図書＃103向けは35時間，製造指図書＃104向けは15時間であった。直接工賃金は，直接作業時間当たり1,600円の予定消費賃率を用いて消費額を計算している。
3．製造間接費は，直接作業時間にもとづく予定配賦率を用いて製品に正常配賦している。年間製造間接費予算額は5,060,000円，年間予定直接作業時間は2,300時間であった。
4．当月完成した製品のうち，製造指図書＃101および製造指図書＃102の製品が顧客に引き渡された。

第5問（12点）

当社の10月の生産および販売記録は次のとおりであった。直接原価計算方式の損益計算書を作成していることを前提に問1から問7に答えなさい。

生　産　量	6,000台
販　売　量	5,800台
月初在庫量	0台
販 売 単 価	5,000円
直接材料費	7,800,000円
直接労務費	4,140,000円
製造間接費	6,000,000円
変動販売費	2,320,000円
固定販売費及び一般管理費	4,382,000円

なお，直接材料費と直接労務費は変動費，製造間接費6,000,000円の内訳は，変動費が3,480,000円，固定費が2,520,000円である。また，月初・月末に仕掛品はなかった。変動販売費は当月の販売量に対して発生したものである。

問1　答案用紙の損益計算書を完成しなさい。

問2　損益分岐点売上高はいくらか。

問3　売上高営業利益率は何％か。ただし，1％未満は四捨五入のこと。（例）11.4％→11％

問4　安全余裕率は何％か。だだし，1％未満は四捨五入のこと。

問5　8,120,000円の営業利益を達成するための売上高はいくらか。

問6　売上高が3,000,000円増加すると営業利益はいくら増加するか。

問7　損益分岐点の売上高を1,000,000円引き下げるためには，固定費をいくら引き下げる必要があるか。

2 級

第6回簿記検定模擬試験問題用紙

商 業 簿 記

第1問（20点）

下記の各取引について仕訳しなさい。ただし，勘定科目は，各取引の下の勘定科目から最も適当と思われるものを選び，記号で解答すること。

1．決算にあたり，当期首に取得した備品（取得原価￥120,000，残存価額ゼロ，耐用年数3年，間接法で記帳）について，定額法により減価償却を行った。なお，税法で認められている耐用年数は4年であるために，税法で認められる償却額を超過した部分についての損金算入は認められない。そこで減価償却に関する仕訳と税効果に関する仕訳を示しなさい。法人税等の実効税率は40％とする。

ア．備品　イ．繰延税金資産　ウ．備品減価償却累計額　エ．繰延税金負債　オ．減価償却費
カ．租税公課　キ．法人税等調整額

2．雲仙株式会社は，他社に開発を依頼していた自社利用目的のソフトウェアが期首に完成したので，その使用を開始し，ソフトウェア勘定に振り替えた。なお，同ソフトウェアの開発費用は￥2,400,000であり，全額を支払済みであるが，この中には同ソフトウェアの運用に関する今後1年間の保守費用￥400,000が含まれていた。

ア．仕掛品　イ．ソフトウェア　ウ．ソフトウェア仮勘定　エ．建設仮勘定　オ．前払金
カ．ソフトウェア償却　キ．保守費

3．20X4年度末に，P社はS社の発行する株式の90％を￥1,000,000で取得して支配した。このときのS社の資本金は￥600,000，利益剰余金は￥200,000であった。この場合の連結仕訳を示しなさい。

ア．売買目的有価証券　イ．子会社株式　ウ．のれん　エ．資本金　オ．利益剰余金
カ．非支配株主持分　キ．負ののれん発生益

4．最新の機械装置の導入にあたり，先日，国から￥300,000の補助金を受け取っていたが，誤って借入金として処理していたことが判明した。これを修正するとともに，本日，上記の機械装置を予定どおり購入し，代金￥700,000は据付費￥10,000とともに現金で支払った。そのうえで，補助金に関する圧縮記帳を直接控除方式にて行った。なお，機械装置勘定は圧縮記帳した事実を示すように記入すること。

ア．現金　イ．機械装置　ウ．借入金　エ．固定資産受贈益　オ．国庫補助金受贈益
カ．支払手数料　キ．固定資産圧縮損

5．X年9月1日に取引銀行との間で，X年8月1日の取引の商品代金に係る買掛金に対するX年11月30日の支払いのために4,000ドルを1ドル￥100で購入する為替予約を結んだ。為替予約については振当処理を適用するが，商品の購入日であるX年8月1日の為替相場（1ドル￥97）による円への換算額と，為替予約による円換算額との差額はすべて当期の損益として処理する。なお，X年9月1日の為替相場は1ドル￥102であった。

ア．現金　イ．買掛金　ウ．雑益　エ．仕入　オ．雑損　カ．現金過不足　キ．為替差損益

第6回簿記検定模擬試験問題用紙

第2問（20点）

当社の当期（20X8年4月1日から20X9年3月31日）における有価証券などに関する［資料1］［資料2］にもとづいて，下記の各問に答えなさい。

［資料1］当社の保有する有価証券（銘柄別）　　　　（単位：円）

銘　柄	保有目的による分類など	取得原価	時　価	備考［資料2］の番号
A社株式	売買目的有価証券	676,000	767,000	
B社株式	売買目的有価証券	398,000	382,000	
C社社債	満期保有目的債券	1,950,000	1,965,000	(1)
D社株式	子会社株式	3,500,000	3,600,000	
E社株式	関連会社株式	251,000	254,000	
F社株式	その他有価証券	1,320,000	1,260,000	
G社社債	その他有価証券	970,000	1,050,000	(2)

［資料2］決算整理事項等

［資料1］に示した銘柄は，すべて当期中に取得したものである。なおその他有価証券については，全部純資産直入法を採用している。また受払いは，すべて現金預金勘定を用いている。

(1)　当期10月1日に額面総額2,000,000円を額面100円につき97.5円で発行時に取得したものである。なお，償還期限は5年，表面利率は年1％，利払日は毎年3月末日と9月末日であり，取得原価と額面金額との差額は金利の調整と認められるため，償却原価法（定額法）により処理を行う。また3月末日の期限が到来した利札の処理が未処理であった。

(2)　当期首に額面総額1,000,000円を額面100円につき97円で取得したものである。なお，償還期限は3年，表面利率は年1％，利払日は毎年3月末日であり，取得原価と額面金額との差額は金利の調整と認められるため，償却原価法（定額法）により処理を行う。また3月末日の期限が到来した利札の処理が未処理であった。

問1　［資料2］(1)，(2)の決算整理仕訳等を答えなさい。なお，決算整理仕訳等については次の勘定科目の中から選んで答え，仕訳が必要ない場合は借方科目欄に「シ」を記入しなさい。

ア．現金預金	イ．売買目的有価証券	ウ．満期保有目的債券	エ．子会社株式
オ．関連会社株式	カ．その他有価証券	キ．その他有価証券評価差額金	ク．子会社株式評価損
ケ．関連会社株式評価損	コ．有価証券評価損益	サ．有価証券利息	シ．仕訳なし

問2　答案用紙に示す貸借対照表の各金額を答えなさい。

問3　次に示す有価証券に関する文章が正しければ○，誤っていれば×を記入しなさい。

(1)　満期保有目的の債券であっても，決算日において1年以内に満期の到来する債券は貸借対照表の流動資産に分類される。

(2)　決算時に保有しているその他有価証券については時価で評価し，その評価差額は洗替方式または切放方式により記帳する。

第3問（20点）

次に示した［資料Ⅰ］，［資料Ⅱ］および［資料Ⅲ］にもとづいて，答案用紙の貸借対照表を完成させなさい。会計期間は20X1年4月1日から20X2年3月31日までの1年間である。本問では，その他有価証券の時価評価差額に関してのみ税効果会計を適用する。法定実効税率は30％であり，将来においても税率は変わらないと見込まれている。

［資料Ⅰ］決算整理前残高試算表

決算整理前残高試算表

20X2年3月31日　（単位：円）

借　　方	勘定科目	貸　　方
82,000	現金	
414,000	当座預金	
800,000	売掛金	
636,000	商品	
140,000	仮払法人税等	
50,000	仮払金	
105,000	前払費用	
	貸倒引当金	6,000
2,400,000	建物	
	建物減価償却累計額	805,500
612,000	備品	
	備品減価償却累計額	179,000
（ ? ）	リース資産	
	リース資産減価償却累計額	52,250
235,000	ソフトウェア	
125,000	その他有価証券	
	買掛金	520,000
	リース債務（固定負債）	（ ? ）
	退職給付引当金	510,000
	資本金	（ ? ）
	繰越利益剰余金	745,000
	売上	6,500,000
3,900,000	売上原価	
980,000	給料	
110,000	退職給付費用	
165,000	通信費	
330,000	支払家賃	
178,750	減価償却費	
55,000	ソフトウェア償却	
（ ? ）		（ ? ）

［資料Ⅱ］未処理事項

1．決算にあたり，取引銀行から入手した当座預金の残高証明書の金額と当社の当座預金勘定の帳簿残高とが不一致であった。原因を調査したところ，当期の3月に請求書が届いた広告宣伝費の支払いとして振り出した小切手¥66,000が未渡しであったことが判明した。なお，小切手を振り出したさいに当座預金勘定を減少させる記帳がなされている。

2．20X2年3月30日に出荷し，20X2年4月2日に取引先の検収を受ける商品30個について，20X2年3月30日に売上と売掛金¥100,000を計上している。なお，当社は売上計上基準として検収基準を，商品売買の会計処理方法として売上原価対立法を用いているが，この商品に関する売上原価はいまだ計上していない。

3．仮払金は，すべて当期中に退職した従業員に対する退職金の支払額であり，対応する引当金の取崩しの会計処理が行われていないため，適切な処理を行う。

4．20X1年4月1日にファイナンス・リース取引の契約を行っている。期間は同日から5年間であり，毎年3月31日（初回は20X2年3月31日）に年間のリース料¥60,000を現金で支払うことになっているが，3月31日における支払いが未処理である。なお，リース物件の見積現金購入価額は¥285,000であり，リース取引開始時において計上するリース資産の計上金額は支払リース料総額から利息相当額を控除する方法により，利息相当額は定額法によって計算して費用化している。

［資料Ⅲ］決算整理事項等

1．売上債権の期末残高に対して1％の貸倒れを見積もる。貸倒引当金は差額補充法によって設定する。

2．商品の期末棚卸高は次のとおりである。

　　帳簿棚卸高：数量500個，帳　簿　価　額@¥1,200

　　実地棚卸高：数量480個，正味売却価額@¥1,500

　なお，［資料Ⅱ］2．で述べた出荷済み未検収の商品30個は，帳簿棚卸高・実地棚卸高に含まれていない。

3．有形固定資産の減価償却については，建物¥4,500，備品¥7,000，リース資産¥4,750を当期の2月分まで毎月計上している。減価償却は次の要領で行う。

　　建　　　物：残存価額は取得原価の10％，耐用年数40年，定額法により計算

　　備　　　品：耐用年数12年，200％定率法により計算

　　リース資産：残存価額ゼロ，耐用年数はリース期間，定額法により計算

4．決算整理前残高試算表に計上されているソフトウェアは，前期の2月1日に購入した自社利用のソフトウェアであり，耐用年数を5年として償却を行っている。なお，当期の2月分まで月割計算によって毎月¥5,000のソフトウェアの償却額を計上済みである。

5．その他有価証券は時価のある株式であり，当期末の時価は¥145,000である。なお，全部純資産直入法を用いており，税効果会計を適用する。

6．買掛金にはドル建ての買掛金1,000ドルが含まれており，帳簿価額は¥98,000であるが，決算時の為替相場は1ドル＝¥102である。

7．リース債務のうち，決算日の翌日から起算して1年以内に支払われる分を流動負債に振り替える。

8．期首における退職給付引当金の残高は¥400,000であり，以降，毎月¥10,000を2月分まで計上しているが，期末時点において計上すべき退職給付引当金の残高は¥468,000である。

9．決算整理前残高試算表における前払費用の残高は，20X1年10月1日に1年分の通信費¥180,000を前払いしたものである。その後，20X1年10月～20X2年2月まで毎月¥15,000を通信費に振り替えている。

10．法人税，住民税及び事業税について決算整理を行い，法人税，住民税及び事業税を¥185,000計上する。なお，仮払法人税等として計上している金額は中間納付額である。

2 級

第6回簿記検定模擬試験問題用紙

工業簿記

第4問（28点）

(1)（12点）

当社は本社会計から工場会計を独立させている。そのさい，工場従業員の賃金や外部業者への支払いは本社が行い，工場は本社からの指示で得意先に製品を発送している。次の一連の取引について工場側の仕訳をしなさい。なお，当社は実際単純個別原価計算を採用している。ただし，勘定科目は，各取引の下の勘定科目から最も適当と思われるものを選び，記号で解答すること。仕訳の金額はすべて円単位とする。

1．直接工賃金2,800,000円と間接工賃金1,200,000円を現金で支払った。
　ア．仕掛品　　イ．製造間接費　　ウ．賃金・給料　　エ．本社　　オ．現金

2．当月に行われた外部業者による工場空調点検料金240,000円が当座預金の口座から引き落とされた。
　ア．当座預金　　イ．本社　　ウ．製品　　エ．製造間接費　　オ．仕掛品

3．販売した製品の製造原価は16,000,000円であった。
　ア．本社　　イ．仕掛品　　ウ．売上　　エ．製品　　オ．工場

(2)（16点）

HIT製作所では，直接作業時間を配賦基準として，製造間接費を予定配賦している。下記の［資料］から，次の問1から問3に答えなさい。ただし，補助部門費の配賦は直接配賦法によっている。

問1　部門費配賦表を作成しなさい。
問2　製造指図書No.30に対する製造間接費配賦額を計算しなさい。
問3　第2製造部の原価差異（部門費差異）を計算しなさい。

［資料］

(a) 年間製造間接費予算　第1製造部　6,900,000円　第2製造部　4,400,000円
(b) 年間予定直接作業時間　第1製造部　15,000時間　第2製造部　10,000時間
(c) 当月直接作業時間

	合計	第1製造部	第2製造部
製造指図書No.30	1,450時間	800時間	650時間
製造指図書No.31	1,000時間	600時間	400時間

(d) 補助部門費の配賦資料

	配賦基準	合計	第1製造部	第2製造部	動力部	工場事務部
動力部	電力消費量	750kWh	400kWh	300kWh	――	50kWh
工場事務部	従業員数	100人	55人	30人	5人	10人

第5問（12点）

当社は製品Aを量産しており，標準原価計算を採用している。次の［資料］にもとづき，下記の問に答えなさい。

［資料］

標準原価カードの一部

製造間接費	標準配賦率	6,000 円 / 時間	標準直接作業時間	0.6 時間	3,600 円

製造間接費は直接作業時間を配賦基準として配賦される。当月の製品Aの生産量は1,500 個であった。なお，月初，月末に仕掛品はなかった。

また，製造間接費については公式法変動予算を採用している。月間正常直接作業時間は1,000 時間であり，そのときの固定費予算は2,250,000 円，変動費予算は3,750,000 円の合計6,000,000 円である。なお，当月の実際直接作業時間は920 時間であり，製造間接費実際発生額は5,835,000 円であった。

問1　製造間接費総差異はいくらか。

問2　問1で計算した製造間接費総差異を予算差異，能率差異，操業度差異に分析しなさい。ただし能率差異は変動費のみからなるものとして計算する。

第7回簿記検定模擬試験問題用紙

第1問（20点）

下記の各取引について仕訳しなさい。ただし，勘定科目は，各取引の下の勘定科目から最も適当と思われるものを選び，記号で解答すること。

1．当社は売買目的で保有している林株式会社の株式2,000株のうち1,500株を@￥1,055で売却し，代金は翌月末に受け取ることにした。なお，当社は，林株式会社株式をこれまで@￥1,080で700株，@￥1,050で800株，@￥1,020で500株を順次購入しており，平均原価法による記帳を行っている。

ア．現金　イ．売買目的有価証券　ウ．未収入金　エ．仮受金　オ．有価証券利息
カ．有価証券売却益　キ．有価証券売却損

2．山梨株式会社は新潟商店に商品100個（原価@￥500，売価@￥750）を売り上げ，代金は掛けとした。なお，同店では商品仕入時に商品勘定に記入し，販売のつどその原価を売上原価勘定に振り替える方法で記帳している。

ア．売掛金　イ．商品　ウ．売上　エ．商品売買益　オ．仕入　カ．売上原価　キ．売上割引

3．X2年3月31日決算において，X1年7月1日に満期保有目的で取得した宇土株式会社の社債（額面総額￥2,000,000，満期日は5年後，利払日は6月末日と12月末日の年2回，利率は年利率2.5%，額面￥100につき￥99で購入，この差額は金利調整差額とする）について，償却原価法（定額法）により評価し，また利息の未収分を処理する。過去の社債の利息は適正に処理されている。

ア．現金　イ．売買目的有価証券　ウ．満期保有目的債券　エ．未収利息　オ．支払利息
カ．有価証券利息　キ．受取配当金

4．決算にあたって，取引銀行から取り寄せた当座預金の残高証明書と当社の当座預金勘定の残高とを確認したところ，これらの残高は一致していなかった。調査の結果，決算日の前日に，仕入先に買掛金支払いのため振り出した小切手￥130,000と，広告宣伝費支払いのために振り出した小切手￥50,000が，ともに先方に未渡しであり，当社の金庫に保管されていることが判明した。なお，いずれの取引も帳簿上は支払い済みとして処理されている。

ア．当座預金　イ．前払金　ウ．買掛金　エ．未払金　オ．仕入　カ．広告宣伝費　キ．雑損

5．事業規模の縮小に伴い前期末をもって使用を中止した備品A（取得原価￥600,000，当期首減価償却累計額￥285,000）を当期首に除却した。なお備品Aの処分価値は￥120,000と見積もられている。また備品B（取得原価￥300,000，当期首減価償却累計額￥200,000）が滅失していることが判明し，前期末の帳簿価額にもとづき除却処理を当期首に行うことにした。なお，間接法で記帳している。

ア．備品　イ．仕掛品　ウ．貯蔵品　エ．備品減価償却累計額　オ．減価償却費
カ．固定資産除却損　キ．固定資産圧縮損

2 級

第7回簿記検定模擬試験問題用紙

商 業 簿 記

第2問（20点）

下記の(1)～(6)の文章の空欄のうち①～⑩に入る語句あるいは数値を答えなさい。ただし，語句については次の［語群］の中から最も適当なものを選び，記号で答えなさい。

［語群］

ア．洗替	イ．一取引	ウ．移動平均	エ．切放
オ．子会社株式	カ．固定資産	キ．先物	ク．時価
ケ．直物	コ．支店独立	サ．支店分散	シ．取得原価
ス．償却原価	セ．総平均	ソ．土地	タ．二取引
チ．のれん	ツ．本店集中	テ．流動資産	

(1) 貸借対照表の資産の部は，（　　）と（ ① ）に区分され，（ ① ）はさらに有形固定資産，無形固定資産，投資その他の資産に区分される。（ ② ）は，投資その他の資産に区分される勘定科目である。

(2) 売買目的有価証券は，前期末に計上した評価差額について，翌期首に（　　）処理または（ ③ ）処理を行う。（ ③ ）処理を行うことにより，翌期首の帳簿価額は加減算され（ ④ ）の金額に戻ることになる。

(3) 株主資本等変動計算書は，貸借対照表の純資産の部の期中における変動を明らかにするために作成される。例えば，株主総会において，配当金500,000円，利益準備金の積み立て50,000円が決議された場合は，株主資本等変動計算書の純資産合計は（ ⑤ ）円減少することになる。

(4) （　　）会計制度とは，会社が支店を設ける場合に，支店において本店とは別に主要簿を設ける場合をいい，その会計を本支店会計という。また，支店が複数ある場合に（ ⑥ ）計算制度を採用する場合，２つの支店間で現金100円の送金・入金が行われた場合は，本店において仕訳を行わないことになる。

(5) 外貨建取引において商品を掛仕入した場合，原則として仕入取引が発生した時点の為替相場である（ ⑦ ）為替相場による円価額で記帳しなければならない。また外貨建取引等会計処理基準では（ ⑧ ）基準が採用されており，その後の為替相場変動の影響を売上総利益の計算には含めず，為替差損益として把握することになる。

(6) 商品売買における払出単価の決定方法はいくつかあるが，（ ⑨ ）法は，例えば１か月など，一定期間に受け入れた総額を受け入れ数量の合計で割って求めた平均単価をその期間の払出単価とする方法である。次に示す４月中の商品売買（スーツ）に関する資料を（ ⑨ ）法で払出単価を計算した場合，４月末の売上原価は（　　）円，売上総利益は（ ⑩ ）円となる。なお，消費税については考慮する必要はない。

〈スーツ〉

4月1日	前月繰越	5着	@¥35,000	
6日	仕入	3着	@¥38,000	
14日	売上	6着	@¥49,800	
15日	売上戻り	1着		14日売上分
22日	仕入	4着	@¥39,000	
23日	仕入戻し	2着		22日仕入分

第7回簿記検定模擬試験問題用紙

第3問（20点）

次に示した［資料Ⅰ］および［資料Ⅱ］にもとづいて，答案用紙の精算表を完成させなさい。会計期間は20X1年4月1日から20X2年3月31日までの1年間である。本問では，問題文に記載された将来減算一時差異に関してのみ税効果会計を適用する。法定実効税率は前期・当期とも25%であり，将来においても税率は変わらないと見込まれている。また，繰延税金資産は全額回収可能性があるものとする。なお，解答にあたり，決算整理前残高試算表では金額がある勘定科目について，損益計算書欄または貸借対照表欄における金額がゼロである場合には「－」を記入すること。

［資料Ⅰ］未処理事項等

1．前期の販売から生じた売掛金のうち￥50,000が回収不能であることが判明した。

2．期中に電子記録債権￥100,000を割り引き，取引銀行から割引料￥2,000を差し引いた手取金が当座預金口座に振り込まれたが未処理である。

3．期首に火災によって焼失した有形固定資産があり，その帳簿価額を火災未決算勘定に振り替える処理を行った。その後，保険会社から保険金￥500,000が当座預金口座に振り込まれているが，未処理である。

4．仮払金は，当期に配当を行ったさいに，「(借) 仮払金　200,000　(貸) 当座預金　200,000」と処理したものである。なお，配当決議の処理は適正になされている。

5．20X2年2月1日に，研究・開発のみに使用する器具を￥120,000で購入し，その代金を備品として計上している。

6．20X2年3月1日に，売掛金300ドル（帳簿価額￥31,500）について，1ドル＝￥110にてドルを売却して円を購入する為替予約を行っているが未処理である。なお，当該売掛金の帳簿価額と為替予約による円換算額との差額はすべて当期の損益として振当処理を行う。

［資料Ⅱ］決算整理事項

1．売上債権（電子記録債権を含む）の期末残高に対して2％の貸倒れを見積もる。貸倒引当金は差額補充法によって設定する。

2．商品の期末棚卸高は次のとおりである。なお，売上原価は仕入勘定の行で計算する。ただし，棚卸減耗損と商品評価損は，独立の科目として示すこと。

　帳簿棚卸高：数量400個，帳 簿 価 額　@￥1,800
　実地棚卸高：数量390個，正味売却価額　@￥1,850

3．有形固定資産の減価償却を行う。

　建物：耐用年数30年，残存価額ゼロ，定額法により計算する。
　備品：耐用年数8年，200%定率法により計算する。

4．売買目的有価証券の内訳は次のとおりである。いずれも時価評価を行う。

	帳簿価額	時　価
X社株式	￥180,000	￥200,000
Y社株式	￥115,000	￥105,000

5．期末時点において計上すべき退職給付引当金の残高は￥200,000である。

6．支払家賃は毎年8月1日に向こう1年分（毎年同額）を支払っている。

7．仮払消費税と仮受消費税を相殺して未払消費税等を計上する。なお，上記の未処理事項等や決算整理事項による仮払消費税・仮受消費税の変動はないものとみなす。

8．法人税，住民税及び事業税について決算整理を行い，法人税，住民税及び事業税を￥100,000計上する。なお，仮払法人税等として計上している金額は中間納付額である。

9．将来減算一時差異は次のとおりである。

　期　首：￥120,000　　期　末：￥140,000

2　級

第7回簿記検定模擬試験問題用紙

工　業　簿　記

第4問（28点）

(1)（12点）

次の一連の取引について仕訳しなさい。実際単純個別原価計算を採用している。ただし，勘定科目は，各取引の下の勘定科目から最も適当と思われるものを選び，記号で解答すること。仕訳の金額はすべて円単位とする。

1．当月の直接工の実際直接作業時間は160時間であった。直接工の1時間当たりの予定賃率は1,200円である。また，間接工の前月賃金未払額50,000円，当月賃金支払額120,000円，当月賃金未払額40,000円であった。

ア．仕掛品　　イ．製品　　ウ．製造間接費　　エ．賃金　　オ．賞与

2．当月の実際直接作業時間にもとづき，予定配賦率により製造間接費を製造指図書に配賦する。なお，製造間接費の予定配賦率は1時間当たり800円である。

ア．仕掛品　　イ．製造間接費　　ウ．製品　　エ．賃金　　オ．賃率差異

3．製造間接費の実際発生額と予定配賦額との差額を製造間接費配賦差異勘定に振り替える。1．と2．の他に間接材料費が25,000円ある。

ア．製造間接費配賦差異　　イ．賃率差異　　ウ．製造間接費　　エ．仕掛品　　オ．材料

(2)（16点）

当社は2つの工程を経て製品Xを製造している。原価計算の方法は，累加法による工程別総合原価計算を採用している。なお，原価投入額合計を完成品総合原価と月末仕掛品原価とに配分する方法として，2つの工程とも先入先出法を用い，正常仕損の処理は度外視法によっている。次の［資料］にもとづいて，答案用紙の（　　）にあてはまるもっとも適切な用語または数字を記入しなさい。なお，用語の解答にあたっては，可能な限り以下の資料内にある語句を用いること。

［資料］

Ⅰ　生産データ

	第1工程	第2工程
月初仕掛品	40個（$\frac{1}{2}$）	60個（$\frac{1}{3}$）
当月投入	160	130
合　計	200個	190個
月末仕掛品	60個（$\frac{1}{3}$）	40個（$\frac{1}{2}$）
正常仕損	10	30
完成品	130	120
合　計	200個	190個

（注）原料はすべて第1工程の始点で投入している。（　　）内は加工費の進捗度である。仕損は第1工程では工程の終点で，第2工程では工程の途中で発生している。なお，仕損品の処分価額はゼロである。

Ⅱ　原価データ

		第1工程	第2工程
月初仕掛品原価	原料費	40,000円	−
	前工程費	−	209,400円
	加工費	55,000円	84,950円
当月製造費用	原料費	176,000円	−
	前工程費	−	?
	加工費	322,000円	655,500円
		593,000円	?

第5問（12点）

平成製作所は製品Aを製造しているが，標準原価計算制度を採用し，原価管理に役立てるために原価要素別に差異分析を行っている。下記の［資料］によって(1)〜(3)の各差異を計算しなさい。解答の金額にはプラスまたはマイナスの符号を付す必要はない。金額のあとの（　　）内に，借方差異であれば（借），貸方差異であれば（貸）と記入すること。なお，製造間接費は変動予算を用いて分析すること。なお，能率差異は変動費と固定費からなるものとして計算する。

(1)　直接材料費の総差異と，材料数量差異および材料価格差異
(2)　直接労務費の総差異と，労働時間差異および労働賃率差異
(3)　製造間接費の総差異と，予算差異，能率差異および操業度差異

［資料］

1．製品A標準原価カード

直接材料費	200円／個	25個	5,000円
直接労務費	2,500円／時	2時間	5,000円
製造間接費	3,000円／時	2時間	6,000円
製品A1個当たり標準製造原価			16,000円

2．当月実際原価発生額
　直接材料費　9,856,000円（＝220円×44,800個）
　直接労務費　10,660,000円（＝2,600円×4,100時間）
　製造間接費　12,500,000円

3．製造間接費予算
　変動費率　1,600円　　基準操業度における直接作業時間（月）　4,500時間
　固 定 費　6,300,000円（月額）

4．生産データ
　月初仕掛品　600個(50％)　　当月着手量　1,800個
　月末仕掛品　200個(50％)　　完 成 品　2,200個
　材料は，すべて工程の始点で投入されている。また，（　　）内は加工進捗度である。

第8回簿記検定模擬試験問題用紙

第1問（20点）

下記の各取引について仕訳しなさい。ただし，勘定科目は，各取引の下の勘定科目から最も適当と思われるものを選び，記号で解答すること。

1．20X8年9月30日，建物（取得原価￥3,500,000，期首の減価償却累計額￥800,000）が火災で焼失した。この建物には火災保険￥3,000,000が掛けられていたので，当期の減価償却費を月割りで計上するとともに，保険会社に保険金の支払いを直ちに請求した。建物の減価償却は定額法（耐用年数20年，残存価額は取得原価の10%，間接法により記帳）により行っており，また決算日は3月31日（会計期間は1年）である。なお，建物減価償却累計額については，複数に分けず，単一の金額を示す形で仕訳をすること。

ア．未収入金　イ．建物　ウ．建物減価償却累計額　エ．未決算　オ．保険差益
カ．減価償却費　キ．火災損失

2．繰越利益剰余金が￥600,000の借方残高となっているため，株主総会の決議によって，利益準備金￥700,000，資本準備金￥500,000を取り崩すこととした。なお，利益準備金の取崩額は，繰越利益剰余金とした。

ア．現金　イ．資本準備金　ウ．その他資本剰余金　エ．利益準備金　オ．資本金
カ．繰越利益剰余金　キ．非支配株主持分

3．建物の設計を請け負っている株式会社岡山設計事務所は，給料￥1,700,000および出張旅費￥550,000を現金にて支払い，記帳もすでに行っていたが，そのうち給料￥720,000および出張旅費￥230,000が特定の設計サービスの案件のために直接，費やされたものであることが明らかになったので，これらを仕掛品勘定に振り替えた。

ア．現金　イ．仕掛品　ウ．買掛金　エ．役務収益　オ．役務原価　カ．給料
キ．旅費交通費

4．当月の研究開発部門の人件費￥1,000,000と研究開発目的のみに使用する実験装置￥500,000を小切手を振り出して支払った。また，研究開発用の材料￥250,000を購入し，その支払いは翌月末払いとした。

ア．当座預金　イ．備品　ウ．買掛金　エ．未払金　オ．材料費　カ．研究開発費　キ．給料

5．松山酒店株式会社は，20X4年8月6日，額面総額￥25,000,000の社債（年利率7.3%，利払日は6月末と12月末，満期日は20X7年12月末）を，額面￥100につき￥98.5で購入し，代金は端数利息とともに当座預金から支払った。この社債は，満期まで保有する目的で購入している。

ア．当座預金　イ．売買目的有価証券　ウ．満期保有目的債券　エ．未払利息　オ．有価証券利息
カ．支払手数料　キ．有価証券評価損

第8回簿記検定模擬試験問題用紙

2 級

商業簿記

第2問（20点）

次の資料にもとづいて，Ｐ社の連結精算表を作成しなさい。なお，当期は20X8年４月１日から20X9年３月31日である。

［資料］

1．Ｐ社は20X7年３月31日にＳ社株式の70％を¥63,010で取得した。Ｓ社の20X7年３月31日現在の資本状況は，資本金¥70,000，利益剰余金¥14,300であった。

2．20X7年４月１日～20X8年３月31日において，Ｓ社は¥20,000の当期純利益を計上しており，配当は行っていない。なお，Ｐ社のＳ社に対する持分比率の変動など，Ｐ社の持分に影響する取引は行われていない。また，のれんについては，支配獲得時の翌年度から20年間で均等償却を行っている。

3．当期のＰ社（親会社）およびＳ社（Ｐ社の子会社）の個別財務諸表は次のとおりである。

損　益　計　算　書

（単位：円）

費　　用	Ｐ　社	Ｓ　社	収　　益	Ｐ　社	Ｓ　社
売上原価	585,000	430,000	売上高	900,000	600,000
販売費	47,000	39,500	受取利息	250	—
貸倒引当金繰入	1,800	860	受取配当金	2,800	—
一般管理費	66,000	41,200	固定資産売却益	—	1,200
減価償却費	38,000	20,800			
支払利息	250	340			
法人税，住民税及び事業税	50,500	21,500			
当期純利益	114,500	47,000			
	903,050	601,200		903,050	601,200

貸　借　対　照　表

（単位：円）

資　　産	Ｐ　社	Ｓ　社	負債・純資産	Ｐ　社	Ｓ　社
現金預金	26,000	8,650	支払手形	41,000	28,000
受取手形	80,000	30,000	買掛金	79,500	82,000
売掛金	60,000	65,000	借入金	70,000	50,000
商品	48,000	37,000	未払法人税等	25,000	10,100
貸付金	50,000	—	前受収益	250	50
前払費用	800	500	資本金	200,000	70,000
貸倒引当金	△　2,800	△　1,600	利益剰余金	244,260	77,300
建物	300,000	100,800			
減価償却累計額	△　85,000	△　27,600			
土地	120,000	104,700			
Ｓ社株式	63,010	—			
	660,010	317,450		660,010	317,450

（△が付されている数値はマイナスの数値である。）

株主資本等変動計算書

（単位：円）

	P　社		S　社	
	資　本　金	利益剰余金	資　本　金	利益剰余金
当期首残高	200,000	129,760	70,000	34,300
当期変動額				
当期純利益		114,500		47,000
剰余金の配当		—		△　4,000
当期変動額合計	—	114,500	—	43,000
当期末残高	200,000	244,260	70,000	77,300

（△が付されている数値はマイナスの数値である。）

4．S社は前期よりP社から商品の一部を仕入れている。P社の当期の売上高のうち¥300,000はS社に対するものである。なお，P社のS社に対する商品販売の売上利益率は毎期35%である。

5．P社の当期の損益計算書における受取利息は，全額S社への貸付金に係る利息である。

6．P社の当期の貸借対照表における受取手形のうち¥24,800，売掛金のうち¥30,300，貸付金全額は，S社に対するものである。ただし，P社はS社に対する債権には貸倒引当金を計上していない。

7．S社の前期末および当期末の商品棚卸高に含まれるP社からの仕入分はそれぞれ¥15,000と¥21,000である。

2 級

第8回簿記検定模擬試験問題用紙

商業簿記

第3問（20点）

荻窪商店㈱の20X8年４月１日～20X9年３月31日の資料にもとづいて，次の各問に答えなさい。

問１　本支店合併の損益計算書（営業利益まで）と貸借対照表を作成しなさい。

問２　翌期に繰り越される本店勘定の金額を答えなさい。

［資料Ⅰ］　20X9年３月31日現在の決算整理前残高試算表

決算整理前残高試算表

（単位：円）

借方科目	本店	支店	貸方科目	本店	支店
現金預金	100,000	100,000	電子記録債務	80,000	50,000
電子記録債権	100,000	50,000	支払手形	115,000	68,000
受取手形	180,000	130,000	買掛金	120,000	80,000
売掛金	120,000	120,000	短期借入金	100,000	−
繰越商品	120,000	60,000	貸倒引当金	3,500	2,000
その他有価証券	100,000	−	減価償却累計額	78,000	−
支店	176,500	−	本店	−	176,500
建物	300,000	−	資本金	1,000,000	−
土地	1,200,000	−	繰越利益剰余金	335,000	−
仕入	1,200,000	246,500	売上	1,500,000	1,000,000
本店より仕入	−	500,000	支店へ売上	500,000	−
給料	150,000	120,000	受取地代	20,000	−
販売費	120,000	50,000	受取配当金	15,000	−
	3,866,500	1,376,500		3,866,500	1,376,500

［資料Ⅱ］　決算整理事項等

１．期末商品棚卸高　本店　¥180,000　　支店　¥40,000
　繰越商品および期末商品には内部利益が含まれていない。

２．建物の減価償却は定額法（耐用年数40年，残存価額ゼロ）で計算する。
　建物のうち３分の１は支店の管理のために使用されているものである。

３．貸倒引当金は売上債権（電子記録債権，受取手形，売掛金）の１％を差額補充法で計上する。

４．給料の未払い（未払金勘定を用いる）　本店　¥20,000　　支店　¥30,000

５．本店の広告費の未払いが¥35,000ある（未払金勘定を用いる）。このうち¥12,000は支店にかかわるものである。

６．その他有価証券はＢ社の株式であり，期末の評価額は¥115,000である。全部純資産直入法により評価替えを行うが，税法上では，その他有価証券の評価替えは認められていない。なお，法人税等の実効税率は40％とする。これについて税効果会計を適用する。

７．販売費の前払い　本店　¥10,000　　支店　¥15,000

８．税引前当期純利益の30％相当額を法人税，住民税及び事業税として計上する。

第8回簿記検定模擬試験問題用紙

第4問（28点）

⑴（12点）

次の取引について仕訳しなさい。ただし，勘定科目は，各取引の下の勘定科目から最も適当と思われるものを選び，記号で解答すること。仕訳の金額はすべて円単位とする。

1．外注先に加工を依頼し，現金で外注加工賃を300,000円支払った。
　ア．普通預金　　イ．現金　　ウ．仕掛品　　エ．製造間接費　　オ．材料

2．材料倉庫の棚卸をし，材料の減耗5,000円を発見したので，棚卸減耗損を計上した。
　ア．製造間接費　　イ．材料　　ウ．仕掛品　　エ．商品評価損　　オ．工場消耗品

3．当月の機械減価償却費を計上した。機械減価償却費の年間見積額は1,800,000円である。
　ア．製造間接費　　イ．仕掛品　　ウ．機械減価償却累計額　　エ．消耗品費　　オ．製品

⑵（16点）

平和製作所では，2つの工程を経て製品Xを連続生産しており，累加法による工程別総合原価計算を行っている。次の［資料］にもとづいて，答案用紙の工程別の仕掛品勘定の（　　）内に適当な金額を記入しなさい。ただし，原価投入額を完成品総合原価と月末仕掛品原価に配分するために，第1工程では平均法，第2工程では先入先出法を用いること。

［資料］

1．当月の生産実績

	第 1 工 程	第 2 工 程
月初仕掛品	200台（$\frac{1}{2}$）	200台（$\frac{1}{2}$）
当月投入	4,200	3,920
合　計	4,400台	4,120台
完成品	4,320台	3,940台
月末仕掛品	80（$\frac{1}{2}$）	120（$\frac{1}{3}$）
仕　損	—	60
合　計	4,400台	4,120台

2．原料は，すべて第1工程の始点で投入され，（　　）内の数値は，加工進捗度を示している。

3．仕損は第2工程の終点で発生している。仕損は通常に発生する程度のもの（正常仕損）であり，仕損費はすべて完成品に負担させる。なお，仕損品の評価額は0（ゼロ）である。

4．第1工程完成品のうち一部は製品T（半製品）として，外部販売のため倉庫に保管される。

第5問（12点）

当社は製品Ｚを製造販売する企業である。次の［資料］にもとづき，全部原価計算による損益計算書と直接原価計算による損益計算書の空欄にあてはまる適切な数値を記入しなさい。なお，当社では加工費に予算を設定し，実際生産量にもとづく予定配賦を行っている。また，配賦差異は売上原価に含めている。

［資料］

1．加工費予算

年間予定生産量	3,800個
変動費予算	2,432,000円
固定費予算	3,344,000円

2．実際製造原価，実際販売費及び一般管理費

直接材料費（すべて変動費）	760円／個
加　工　費　うち変動費	640円／個
固定費	3,344,000円
販　売　費　うち変動費	80円／個
固定費	384,000円
一般管理費（すべて固定費）	886,000円

3．生産・販売実績

期首製品有高	0個
当期製品生産量	3,600個
当期製品販売量	3,200個
期末製品有高	400個

※なお，期首および期末に仕掛品はなかった。

4．販売価格　3,050円／個

第9回簿記検定模擬試験問題用紙

第1問（20点）

下記の各取引について仕訳しなさい。ただし，勘定科目は，各取引の下の勘定科目から最も適当と思われるものを選び，記号で解答すること。

1．当社は，販売した商品について一定期間の品質保証を行っているが，決算にあたり，保証期間が過ぎた過去の販売商品について設定した引当金の残高￥50,000を取り崩し，また今期に販売した商品のうち品質保証の対象となるものについて，修繕や取り換えの費用の総額を￥760,000と見積もった。ここで洗替法による引当金の設定の処理を行うこと。

ア．商品保証引当金　イ．商品保証引当金戻入　ウ．修繕費　エ．商品保証引当金繰入
オ．商品保証損失　カ．商品評価損　キ．雑費

2．当社は，1か月前のX年2月15日ドイツに商品を輸出したことによって生じた売掛金5,000ユーロ（決済日はX年4月15日）について，為替リスクを避けるため1ユーロ￥130で5,000ユーロを売却する為替予約を取引銀行と契約した。この取引について，振当処理を行い，為替予約による円換算額との差額はすべて当期の損益として処理する。なお，商品輸出時のX年2月15日の為替相場では，1ユーロ￥132であり，為替予約時のX年3月15日の為替相場は，1ユーロ￥131である。

ア．現金　イ．為替差損　ウ．売上　エ．売掛金　オ．為替差益　カ．買掛金　キ．仕入

3．株式会社三重精錬所（年1回3月末日決算）は，X5年4月1日に取得した備品（取得原価￥600,000）を，X8年4月1日に除却し，除却費￥20,000を小切手で支払った。なお除却した備品の処分価値は￥100,000と見積もられた。この備品は，耐用年数5年，200％定率法で償却し，間接法で記帳している。

ア．備品　イ．当座預金　ウ．貯蔵品　エ．固定資産除却損　オ．減価償却費
カ．備品減価償却累計額　キ．固定資産売却損

4．当社は，福島農林株式会社に対する電子記録債権￥750,000を新潟水産株式会社に売却することを決定し，電子債権記録機関に譲渡記録を依頼した。なお，売却代金￥735,000は，以前に当社が新潟水産株式会社に振り出した小切手で受け取った。

ア．現金　イ．電子記録債権　ウ．支払手形　エ．電子記録債務　オ．買掛金
カ．電子記録債権売却損　キ．当座預金

5．当座預金勘定の残高￥650,000と銀行の残高証明書の金額￥790,000との不一致の原因について，銀行勘定調整表を作成して調べたところ，広告宣伝費の支払いとして振り出した小切手￥95,000が未渡しのまま金庫に保管されていることと，預け入れた小切手（得意先により売掛金の回収として受け取ったもの）￥172,000が￥127,000と記帳されていたことが判明したので，必要な修正仕訳を行う。

ア．広告宣伝費　イ．売掛金　ウ．現金　エ．当座預金　オ．未払金　カ．買掛金
キ．前払金

2　級

第9回簿記検定模擬試験問題用紙　商　業　簿　記

第2問（20点）

次に示した新宿商事株式会社の［資料］にもとづいて，答案用紙の株主資本等変動計算書を作成しなさい。なお記入にあたっては金額がマイナスとなる場合は数値の先頭にマイナスの符号（－）を付すこと。なお当会計期間はX2年4月1日からX3年3月31日までの1年間である。

［資料］

1．X2年3月31日（前期末）の決算にあたり作成した貸借対照表における純資産の部の各科目の金額は次のとおりであった。なお，前期末における発行済株式総数は10,000株である。

資　本　金	￥30,000,000	資本準備金	￥6,000,000	その他資本剰余金	￥1,050,000
利益準備金	￥ 1,350,000	別途積立金	￥1,050,000	繰越利益剰余金	￥2,400,000

2．X2年6月25日に株主総会を開催し，(1)～(3)を決議した。

(1)　株主への配当として，繰越利益剰余金を財源として￥1,200,000の配当を行う。

(2)　(1)の配当にともなう利益剰余金の積立ては，会社法の定めにもとづき行う。

(3)　繰越利益剰余金￥150,000を処分し，別途積立金の積立てを行う。

3．X2年10月10日に，新株2,000株を1株につき￥5,000で発行し，増資を行った。全額の払込みを受け当座預金とした。なお，会社法に定める最低限度額を資本金に計上した。

4．X3年1月31日に，池袋物産株式会社を吸収合併した。これにより，同社の諸資産（時価総額￥24,000,000）および諸負債（時価総額￥10,500,000）を引き継ぐとともに，合併の対価として新株3,000株（1株当たりの時価￥4,800）を同社の株主に交付した。なお，この吸収合併にともなう株主資本の増加額のうち，￥7,500,000を資本金に組み入れ，残額はその他資本剰余金とした。

5．X3年3月31日（当期末）の決算にあたり，当期純利益￥2,800,000を計上した。

第9回簿記検定模擬試験問題用紙

第3問（20点）

札幌商事株式会社は，札幌本店のほかに，大阪支店を有している。次の［資料Ⅰ］～［資料Ⅲ］にもとづいて，当期（20X1年4月1日～20X2年3月31日）の本支店合併損益計算書および本支店合併貸借対照表を完成させなさい。ただし，本問では，法人税，住民税及び事業税と税効果会計を考慮しないこととする。

［資料Ⅰ］決算整理前残高試算表（本店・支店）

決算整理前残高試算表

20X2年3月31日　　　　（単位：円）

借方	本店	支店	貸方	本店	支店
現金預金	1,270,000	（ ? ）	買掛金	800,000	625,500
売掛金	1,300,000	600,000	長期借入金	3,000,000	—
商品	1,000,000	500,000	貸倒引当金	3,000	2,000
備品	800,000	560,000	備品減価償却累計額	150,000	122,500
車両運搬具	1,500,000	900,000	車両運搬具減価償却累計額	375,000	150,000
投資有価証券	200,000	—	本店	—	（ ? ）
支店	1,730,000	—	資本金	2,000,000	—
売上原価	4,200,000	2,300,000	利益準備金	50,000	—
広告宣伝費	60,000	30,000	繰越利益剰余金	1,122,000	—
給料	750,000	280,000	売上	6,000,000	3,300,000
支払家賃	650,000	330,000			
支払利息	40,000	—			
	13,500,000	（ ? ）		13,500,000	（ ? ）

［資料Ⅱ］未処理事項

1．本店は支店に現金¥50,000を送付したが，支店における会計処理が未記帳である。

2．支店は本店の買掛金¥100,000を現金で支払ったが，支店における会計処理が未記帳である。

3．本店は支店に商品¥80,000（原価）を送付したが，支店における会計処理が未記帳である。

4．本店は支店の売掛金¥100,000を現金で回収したが，支店における会計処理が未記帳である。

5．20X1年6月に，繰越利益剰余金をもとに¥100,000の配当を行い預金口座から振り込むとともに，必要な準備金の計上を行ったが未処理である。

［資料Ⅲ］決算整理事項

1．期末商品について，棚卸減耗損や商品評価損は生じていない。また，期首においては，本店が¥800,000，支店が¥550,000の商品（原価）を保有していた。

2．本店・支店ともに，売上債権の期末残高の1％の貸倒れを見積もり，貸倒引当金を差額補充法により設定する。

3．有形固定資産の減価償却

① 備　　品：本店・支店ともに，残存価額ゼロ，耐用年数8年の定額法

② 車両運搬具：本店・支店ともに，残存価額ゼロ，耐用年数6年の200％定率法

4．投資有価証券はすべてその他有価証券であり，期末における時価は¥220,000である。

5．経過勘定項目

① 本店：家賃の前払分　¥50,000　　利息の未払分　¥20,000

② 支店：家賃の未払分　¥30,000

第4問（28点）

(1)（12点）

当社は標準原価計算を採用しており，記帳はシングル・プランにより行っている。また，能率差異は標準配賦率を用いて計算している。次の取引について仕訳しなさい。ただし，勘定科目は，各取引の下の勘定科目から最も適当と思われるものを選び，記号で解答すること。仕訳の金額はすべて円単位とし，同一の勘定科目は相殺して表示するものとする。

1．当月の製造間接費の実際発生額は698,000円であったので，公式法変動予算により予算差異勘定と操業度差異勘定と能率差異勘定に振り替える。なお，製造間接費の配賦基準は直接作業時間であり，標準配賦率を適用している。年間の製造間接費予算は8,160,000円（固定製造間接費予算5,376,000円，変動製造間接費予算2,784,000円），年間の予定直接作業時間は9,600時間である。当月の直接作業時間は780時間，標準作業時間は750時間であった。

ア．仕掛品　　イ．予算差異　　ウ．操業度差異　　エ．能率差異　　オ．製造間接費

2．当月の実際直接材料費は7,800,000円（520円／kg×15,000kg）であった。標準価格は500円／kg，標準材料消費量が15,500kgであった時の差異を振り替える。

ア．価格差異　　イ．仕掛品　　ウ．数量差異　　エ．時間差異　　オ．材料

3．当月の実際直接労務費は12,600,000円（900円／時間×14,000時間）であった。標準賃率は910円／時間であり，標準作業時間が13,500時間であった時の差異を振り替える。

ア．仕掛品　　イ．賃率差異　　ウ．賃金　　エ．時間差異　　オ．数量差異

(2)（16点）

京都製作所は，実際個別原価計算を採用していて，直接作業時間を配賦基準として製造間接費の予定配賦（正常配賦）を行っている。次の［資料］によって，下記の問に答えなさい。（計算上，千円の単位まで求めること。）

［資料］

1．年間製造間接費予算額　　5,760万円　　年間正常直接作業時間　　19,200時間
2．1月の製造間接費実際発生額　472万円　　1月の実際直接作業時間　　1,440時間

解答欄の（借方・貸方）の箇所では，いずれかを○で囲むこと。

問1　1月における製造間接費配賦差異は，借方・貸方のいずれにいくら生じるか。

問2　1月における製造間接費配賦差異を固定予算を前提として予算差異と操業度差異に分解しなさい。借方差異か貸方差異かを判断して，記入すること。

問3　公式法の変動予算を設定していた場合，1月の製造間接費配賦差異を予算差異と操業度差異とに分解しなさい。借方差異か貸方差異かを判断して，記入すること。

ただし，変動費率が1時間当たり0.1万円で，月間固定費予算が320万円であったとする。

第5問（12点）

当社は製品Tを製造・販売する企業である。当期の全部原価計算による損益計算書，および当期の原価の構成は以下のとおりであった。なお期首および期末に，仕掛品や製品の在庫は無いものとする。これらにもとづいて，下記の問に答えなさい。

1．全部原価計算による損益計算書（単位：円）

売上高	2,800,000
売上原価	2,100,000
売上総利益	700,000
販売費及び一般管理費	665,000
営業利益	35,000

2．当期の原価の構成

	変動費	固定費
製造原価	1,400,000円	700,000円
販売費	420,000円	40,000円
一般管理費		205,000円

問1　直接原価計算による損益計算書を作成した場合，貢献利益はいくらになるか。

問2　変動費率を計算しなさい。

問3　経営レバレッジ係数を計算しなさい。

問4　次期の売上高営業利益率の目標を10％にすることを検討している。他の条件を一定とすると，これを達成するために必要な売上高はいくらか。

問5　固定費を35,000円削減した場合，他の条件を一定とすると，損益分岐点売上高はいくらになるか計算しなさい。

2　級

第10回簿記検定模擬試験問題用紙

商　業　簿　記

第1問（20点）

下記の各取引について仕訳しなさい。ただし，勘定科目は，各取引の下の勘定科目から最も適当と思われるものを選び，記号で解答すること。

1．岐阜商事株式会社は，取締役会の決議により，増資を実施し，新たに株式400株を１株当たり￥50,000で発行し，払込金額を当座預金とした。そのさい，株式発行費用￥100,000は現金で支払った。なお払込金額のうち会社法で認められる最低限度額を資本金とする。

ア．株式交付費　イ．資本準備金　ウ．資本金　エ．当座預金　オ．現金　カ．利益準備金
キ．創立費

2．当社は，リース会社と空気清浄機20台について，リース期間５年，リース料月額￥40,000でリース契約を結び，ただちに空気清浄機を使い始め，第１回目のリース料を小切手を振り出して支払った。このリースは，ファイナンス・リースであったため，利子込み法により処理することとした。なお，リース契約時と第１回目のリース料の支払い時の処理をまとめて行うこと。

ア．リース資産　イ．当座預金　ウ．支払利息　エ．備品　オ．支払リース料　カ．リース債務
キ．現金

3．人材派遣サービス業を営む当社は，大分商事と人材派遣に関する契約を結んでいる。契約書には，「当社は，大分商事に人材を紹介し，当社が紹介した人材が入社した時点で業務を完了する。紹介料は１人当たり￥30,000であるが，当社が紹介した人材が３か月以内に退職した場合には紹介料の40％を返金する。」と記載されている。今回，大分商事へ当社が紹介した人材15名が入社し，紹介料が当社の当座預金に全額振り込まれたため収益を認識する。なお，過去の実績から，この15名のうち３か月以内に退職する人数は，３名と見積もっている。

ア．当座預金　イ．契約資産　ウ．仕掛品　エ．返金負債　オ．役務収益　カ．受取手数料
キ．役務原価

4．高知農林株式会社は，営業用自動車（現金販売価額￥2,200,000）を，月末に支払期限の到来する額面￥500,000の約束手形５枚を振り出して割賦契約で購入した。なお利息相当分は資産勘定として処理すること。

ア．前払金　イ．営業外支払手形　ウ．車両運搬具　エ．支払利息　オ．前払利息
カ．当座預金　キ．支払手形

5．当社は，取引先の岡山商会株式会社の株式2,500株を，取引関係の維持強化から長期保有目的で１株当たり￥10,000で取得した（処理済）が，決算にあたり，同社の株式は１株当たり￥10,500となっており，全部純資産直入法により評価替えを行う。なお，税法上，このような評価替えは認められておらず税効果会計を適用するが，法人税等の実効税率は30％とする。

ア．繰延税金資産　イ．その他有価証券　ウ．その他有価証券評価差額金　エ．繰延税金負債
オ．有価証券評価益　カ．法人税等調整額　キ．有価証券評価損

2 級

第10回簿記検定模擬試験問題用紙

商 業 簿 記

第2問（20点）

次の［資料1］［資料2］にもとづいて，連結第2年度（X1年4月1日からX2年3月31日）の連結貸借対照表および連結損益計算書を作成しなさい（P社・S社ともに決算日は3月31日）。

［資料1］

1．P社は，X0年3月31日にS社の発行済株式総数20,000株のうち12,000株を480,000千円で取得し，これ以降S社を連結子会社とし，連結財務諸表を作成している。X0年3月31日時点でのS社の純資産の部は，資本金400,000千円，資本剰余金120,000千円，利益剰余金200,000千円であった。

2．のれんは，支配権獲得時の翌年より10年間にわたり定額法で償却を行っている。

3．連結第1年度（X0年4月1日からX1年3月31日）において，S社は当期純利益80,000千円を計上している。なおS社は，P社の支配権獲得後の各会計期間に配当を行っていない。

4．連結第1年度S社はP社に対して商品を販売しており，連結第2年度におけるS社の売上高にはP社に対するものが1,040,000千円含まれている。連結第2年度において，P社のS社からの仕入高が，期首商品のうち67,600千円，期末商品のうち52,000千円含まれている。S社がP社に対して商品を販売する際，仕入原価に30%の利益を付加しており，利益率は各期とも同じである。

5．連結第2年度末におけるS社の売掛金残高のうち56,000千円はP社に対するものである。

6．P社はX2年3月25日にS社へ土地（帳簿価額24,000千円）を28,000千円で売却しているが，代金の決済は行われていないため，売却代金は諸資産（S社は諸負債）に計上されている。

［資料2］　P社とS社の連結第2年度末の貸借対照表および損益計算書は，次のとおりである。

貸借対照表

X2年3月31日

（単位：千円）

資産	P社	S社	負債・純資産	P社	S社
諸資産	3,064,000	936,000	諸負債	1,360,000	560,000
売掛金	608,000	200,000	買掛金	320,000	96,000
商品	440,000	128,000	資本金	1,920,000	400,000
土地	800,000	160,000	資本剰余金	480,000	120,000
S社株式	480,000	—	利益剰余金	1,312,000	248,000
	5,392,000	1,424,000		5,392,000	1,424,000

損益計算書

X1年4月1日～X2年3月31日

（単位：千円）

費用・利益(損失)	P社	S社	収益	P社	S社
売上原価	4,120,000	1,680,000	売上高	7,040,000	2,520,000
販売費及び一般管理費	2,040,000	640,000	土地売却益	5,600	—
その他費用	437,600	232,000			
当期純利益(△は純損失)	448,000	△32,000			
	7,045,600	2,520,000		7,045,600	2,520,000

第3問（20点）

次に示した姫路製菓株式会社の［資料Ⅰ］，［資料Ⅱ］および［資料Ⅲ］にもとづいて，答案用紙の損益計算書を作成しなさい。なお，会計期間はX5年４月１日からX6年３月31日までの１年である。なお，金額がマイナスになる場合は，△で示すこと。

［資料Ⅰ］決算整理前残高試算表

決算整理前残高試算表
X6年３月31日　（単位：円）

借方	勘定科目	貸方
698,210	現金預金	
606,600	受取手形	
1,527,700	売掛金	
391,300	繰越商品	
7,680	仮払法人税等	
	貸倒引当金	4,900
250,000	備品	
30,000	車両運搬具	
	備品減価償却累計額	90,000
	車両運搬具減価償却累計額	14,400
182,800	土地	
43,000	特許権	
	支払手形	683,200
	買掛金	693,500
	借入金	300,000
	未払金	20,800
	未払費用	12,100
	退職給付引当金	63,400
	資本金	919,800
	利益準備金	120,400
	繰越利益剰余金	676,927
	売上	6,077,400
	受取利息	100
5,551,000	仕入	
327,622	給料	
35,315	支払家賃	
7,900	水道光熱費	
10,800	消耗品費	
7,000	支払利息	
9,676,927		9,676,927

［資料Ⅱ］未処理事項

1．期首に，特許権￥43,000（帳簿価額）を売却し，約束手形￥60,000を受け取ったが，未処理であった。

2．買掛金の中には，X6年2月1日に海外の取引相手から商品4,000ドルを輸入したものを，当時の為替レート1ドル＝105円で換算したものが含まれている。代金は，3か月後に支払うことになっている。この買掛金について，X6年3月1日に為替予約を付したが未処理となっている。為替予約時の直物為替相場は1ドル＝106円であり，先物為替相場は1ドル＝104円である。為替予約については振当処理を適用するが，輸入時点の為替相場による円への換算額と，為替予約による円換算額との差額はすべて当期の損益として処理する。

［資料Ⅲ］決算整理事項

1．営業債権および営業外債権の期末残高に対して2％の貸倒引当金を差額補充法により設定する。

2．期末商品棚卸高は以下のとおりである。なお，商品評価損は売上原価の内訳項目として，棚卸減耗損は販売費及び一般管理費として損益計算書上表示すること。

帳簿棚卸高：数量　2,500個，取 得 原 価　@￥150

実地棚卸高：数量　2,460個，正味売却価額　@￥148

3．未払費用の残高は前期末の決算整理により計上されたものであり，期首の再振替仕訳は行われておらず，その内訳は従業員の給料￥11,000および電力料￥1,100であった。また今期の未払額は給料￥12,000および電力料￥980であった。

4．銀行との取引残高には，以下が含まれており，利息の未収分と未払分を月割計算で計上する。

定期預金：	残高￥ 50,000	期間6か月	満期日X6年6月30日	利率年0.6％
	残高￥150,000	期間1年	満期日X6年9月30日	利率年0.9％
借 入 金：	残高￥300,000	利払日6月30日および12月31日（後払い）		利率年2.4％

5．従業員に対する退職給付を見積もった結果，当期の負担に属する金額は￥9,700と計算された。

6．固定資産の減価償却を次のとおり行う。

備　　品：200％定率法，耐用年数10年

車両運搬具：生産高比例法，残存価額はゼロ，総走行可能距離は15万キロメートル，当期の走行距離4万5千キロメートル

7．法人税，住民税及び事業税￥17,000を計上する。なお，課税所得の算定にあたり貸倒引当金繰入のうち￥10,000が損金不算入となったので税効果会計を行う。法人税等の実効税率は40％である。なお，仮払法人税等に計上された金額は，前年の納付額の2分の1を中間納付したものである。

第10回簿記検定模擬試験問題用紙

第4問 (28点)

(1) (12点)

次の一連の取引について仕訳しなさい。実際単純個別原価計算を採用している。ただし，勘定科目は，各取引の下の勘定科目から最も適当と思われるものを選び，記号で解答すること。仕訳の金額はすべて円単位とする。

1．当月製品が完成し，製品倉庫に入庫した。完成品の製造原価合計は300,000円であった。
ア．製品　イ．仕掛品　ウ．製造間接費　エ．売上原価　オ．材料

2．当月の製品の掛売上は400,000円である。販売した製品の製造原価は250,000円であった。
ア．売掛金　イ．未収入金　ウ．売上　エ．売上原価　オ．製品

3．製造間接費差異勘定の借方に5,000円の残高があるため，売上原価勘定に振り替えた。
ア．製品　イ．製造間接費差異　ウ．製造間接費　エ．売上　オ．売上原価

(2) (16点)

平成製作所では，実際原価計算を行っている。次に示した同社の［資料］にもとづいて，11月の仕掛品勘定および製品勘定について答案用紙の（　　）内にそれぞれ適当な金額を記入しなさい。

［資料］

1．各製造指図書に関するデータは，次のとおりである。

製造指図書	着　手	完　成	引　渡	直接材料費	直接労務費	直接作業時間
#2301	10/5	10/20	11/5	480,000円	360,000円	112時間
#2302	10/20	11/20	11/28	前月400,000円	480,000円	60時間
				当月559,520円	540,000円	140時間
#2303	11/15	11/30	入庫	750,880円	450,000円	120時間
#2304	11/16	未完成		?	?	50時間

2．直接材料の当月の増減は次のとおりである。なお，消費価格は平均法を用いて計算している。
月初在庫量 200個 @2,000円　当月購入量 800個 @2,100円　当月消費量 900個　月末在庫量 100個

3．賃金に関するデータは，次のとおりである。
前月未払高　260,000円　当月支払高　1,250,000円　当月未払高　390,000円

4．製造間接費は，直接作業1時間5,000円の配賦率で各製造指図書に予定配賦している。

2 級

第10回簿記検定模擬試験問題用紙

工 業 簿 記

第5問（12点）

Ｚ工業は，製品Ａを製造・販売している。従来は，全部原価計算により損益計算書を作成してきたが，短期の利益計画に活用するため，過去２期分のデータをもとに直接原価計算による損益計算書を作成することとした。次の［資料］にもとづいて，答案用紙の直接原価計算による損益計算書を完成しなさい。

［資料］

⑴　製品Ａ１個当たり全部製造原価

	前々期	前　期
直接材料費	590円	570円
変動加工費	？円	？円
固定加工費	？円	？円
	950円	840円

⑵　固定加工費は前々期，前期とも300,000円であった。固定加工費は各期の実際生産量にもとづいて実際配賦している。

⑶　販売費及び一般管理費（前々期・前期で変化なし）

変動販売費　80円／個　　　　固定販売費及び一般管理費　？円

⑷　生産・販売状況（期首・期末の仕掛品は存在しない）

	前々期	前　期
期首製品在庫量	0 個	0 個
当期製品生産量	1,000個	1,500個
当期製品販売量	1,000個	1,000個
期末製品在庫量	0 個	500個

⑸　全部原価計算による損益計算書（単位：円）

	前々期	前　期
売　上　高	1,400,000	1,400,000
売　上　原　価	950,000	840,000
売上総利益	450,000	560,000
販売費及び一般管理費	340,000	340,000
営業利益	110,000	220,000

2　級

第11回簿記検定模擬試験問題用紙

商　業　簿　記

第1問（20点）

下記の各取引について仕訳しなさい。ただし，勘定科目は，各取引の下の勘定科目から最も適当と思われるものを選び，記号で解答すること。

1．京都工業株式会社は，決算日に福井木材株式会社を吸収合併し，株式500株（時価@¥6,000）を発行し，増加する株主資本は全額資本金とした。福井木材株式会社から，現金¥1,000,000，売掛金¥1,500,000，商品¥1,000,000，土地¥2,000,000，買掛金¥1,000,000，借入金¥3,000,000を受け入れている。なお，このうち土地の時価は¥3,000,000であった。

ア．買掛金　イ．資本金　ウ．商品　エ．のれん　オ．現金　カ．借入金　キ．売掛金
ク．負ののれん発生益　ケ．土地

2．株式会社山梨製作所は，昨日火災により営業用の車両を焼失したが，¥2,000,000の火災保険契約を結んでいたので，本日保険会社に保険金の支払いを請求した。なお，車両は，当期首に購入したもので，取得原価¥2,000,000，償却方法は生産高比例法，見積総走行距離10万km，火災発生時までの走行距離2万km，残存価額は取得原価の10％，記帳方法は間接法である。

ア．車両運搬具減価償却累計額　イ．未決算　ウ．火災損失　エ．車両運搬具　オ．減価償却費
カ．未収入金　キ．保険損失

3．決算にあたり，本店は調布支店より「当期純利益¥420,000を計上した」との連絡を受けた。なお，当社は支店独立会計制度を導入している。このとき，調布支店側の仕訳を答えなさい。

ア．繰越利益剰余金　イ．損益　ウ．調布支店　エ．当期純利益　オ．資本金　カ．本店
キ．利益準備金

4．当社は，以前取引銀行で割引を行った約束手形¥700,000について，約束手形の振出人である静岡開発株式会社が支払いできず不渡りとなったという連絡を受け，手形金額，拒絶証書作成費用その他¥15,000および遅延利息¥4,000を当座預金口座から銀行に支払い，同時にこれらの金額について静岡開発株式会社に支払いを請求した。

ア．受取手形　イ．不渡手形　ウ．支払手形　エ．当座預金　オ．支払利息　カ．貸倒損失
キ．立替金

5．会社の設立にあたり，発行可能株式総数2,500株のうち750株を1株あたり¥3,000で発行し，その全額について引受けと払込みを受け，払込金は当座預金とした。なお，会社法が規定する最低限度額を資本金に計上する。また，その際に発起人が立て替えて支払っていた登記費用¥210,000およびこの株式の発行にかかる費用¥40,000を現金で支払った。

ア．現金　イ．当座預金　ウ．資本金　エ．資本準備金　オ．支払手数料　カ．創立費
キ．株式交付費

第11回簿記検定模擬試験問題用紙

第2問（20点）

次の資料にもとづき，当期末の貸借対照表および損益計算書の一部を完成させなさい。当会計期間は2X28年4月1日から2X29年3月31日の1年間である。なお，期中から使用を開始している固定資産については，月割計算により減価償却を行う。また，本問では備品Cについてのみ，税効果会計を適用する。法定実効税率は30%であり，将来においても税率は変わらないと見込まれており，繰延税金資産は全額回収可能性があるものとする。

2X28年4月1日現在の固定資産に関する資料

固定資産	取得原価	残存価額	償却方法	使用開始日
建物A	¥21,000,000	取得原価の10%	定額法（耐用年数：40年）	2X16年8月1日
建物B	¥12,000,000	ゼロ	定額法（耐用年数：25年）	2X25年9月1日
備品C	¥800,000	ゼロ	定額法（耐用年数：5年）	2X28年4月1日
車両D	¥3,000,000	ゼロ	定額法（耐用年数：5年）	2X26年2月1日

各固定資産に関する期中取引等

固定資産	備考
建物A	2X29年2月1日に完了した建物Aの修繕費¥1,500,000のうち，¥1,000,000は資本的支出として認められたため，これを固定資産に計上した。なお，資本的支出部分に係る減価償却は，建物Aと同様の方法により月割計算で行う。
建物B	2X28年7月31日に発生した火災により，建物Bが全焼した。建物Bには¥11,000,000の火災保険が掛けられていたので，保険会社に支払いを請求したところ，保険査定金額¥8,000,000の支払いを行う旨の連絡を受けた。
備品C	2X28年4月1日（当期首）に取得，使用開始した。減価償却は定額法により，耐用年数5年により行うが，税務上の法定耐用年数は8年であるため，税務上認められる償却額を超過した額について税効果会計を適用する。
車両D	2X28年9月30日に下取りに出し（下取価額¥750,000），新車両（車両E）に買い替えた。
車両E	2X28年9月30日に購入代金¥3,300,000から旧車両（車両D）の下取価額を差し引いた残額を現金で支払い，取得した。なお，新車両は2X28年10月1日より使用を開始しており，減価償却は定額法（残存価額：ゼロ，耐用年数5年）により月割計算で行う。

第11回簿記検定模擬試験問題用紙

第3問（20点）

次に示した佐田岬製缶株式会社の［資料Ⅰ］，［資料Ⅱ］および［資料Ⅲ］にもとづいて，答案用紙の貸借対照表を作成しなさい。なお，会計期間はX2年4月1日からX3年3月31日までの1年間である。

［資料Ⅰ］決算整理前残高試算表

決算整理前残高試算表

X3年3月31日　（単位：円）

借方	勘定科目	貸方
264,700	現金預金	
359,000	売掛金	
59,000	受取手形	
704,000	繰越商品	
11,000	仮払法人税等	
	貸倒引当金	800
8,100,000	建物	
155,000	備品	
	建物減価償却累計額	5,400,000
	備品減価償却累計額	75,640
2,248,000	土地	
53,000	その他有価証券	
	買掛金	719,000
	支払手形	179,000
	未払金	103,500
	長期借入金	3,900,000
	資本金	969,000
	資本準備金	79,000
	利益準備金	85,000
	繰越利益剰余金	419,000
	売上	7,215,660
5,699,000	仕入	
773,900	給料	
35,000	租税公課	
161,000	水道光熱費	
47,000	通信費	
88,000	保険料	
299,000	修繕費	
89,000	支払利息	
19,145,600		19,145,600

［資料Ⅱ］決算整理前の未処理事項

１．当期に得意先から受け取った手形のうち¥4,000が不渡りとなったが，その処理が行われていない。

２．X2年９月30日に完了した備品の修繕費の中に，資本的支出として処理すべきもの¥200,000が含まれていたが，その処理が行われていない。なお，当該修繕費について修繕引当金は取り崩されていない。

［資料Ⅲ］決算整理事項

１．受取手形および売掛金の期末残高に対して３％の貸倒引当金を差額補充法により設定する。また不渡手形に対しては，50％の貸倒引当金を設定する。

２．期末商品棚卸高は以下のとおりである。

帳簿棚卸高：数量　800個，取 得 原 価　@¥980

実地棚卸高：数量　770個，正味売却価額　@¥990

３．固定資産の減価償却を行う。なお期中の固定資産の変動に関する減価償却費は，月割りで計算する。

① 建物について，減価償却（定額法，耐用年数30年，残存価額ゼロ）を行う。

② 備品について，減価償却（定率法，償却率0.2）を行う。なお，資本的支出については，既存の備品とは別に減価償却を行う。

４．その他有価証券については，以下のとおりである。なお，評価差額は全部純資産直入法により処理している。ただし税効果会計は考慮しない。

銘　柄	取得原価	時　価
Ａ社株式	¥27,000	¥32,000
Ｂ社株式	¥26,000	¥25,000

５．未使用の郵便切手¥7,000と収入印紙¥12,000があった。

６．買掛金の中には，X3年３月１日に海外の取引相手から商品4,000ドルを輸入したものを，当時の為替レート１ドル＝@¥105で換算したものが含まれている。代金は，３か月後に支払うことになっている。決算日の為替レートは，１ドル＝@¥106となっている。

７．保険料は毎年同額を12月１日に１年分の損害保険料を支払ったものであり，前払分の再振替処理は期首に行っている。保険期間の前払分について処理する。

８．修繕引当金を，¥100,000計上する。

９．法人税，住民税及び事業税として¥29,000を計上する。なお，仮払法人税等に計上された金額は，前年の納付額の２分の１を中間納付したものである。

第4問（28点）

(1)（12点）

当社は，製品原価の計算には実際個別原価計算を採用している。次の取引について仕訳しなさい。ただし，勘定科目は，各取引の下の勘定科目から最も適当と思われるものを選び，記号で解答すること。仕訳の金額はすべて円単位とする。

1．当月払い出したX材料は1,500個であり，製造指図書№101の消費には750個，製造指図書№102の消費には500個，製造指図書№103の消費は250個であった。材料の計算には先入先出法にもとづく実際払出価格を用いている。なお，月初材料は0個，当月に購入した材料は2,000個（@1,500円），月末材料は500個であった。

ア．材料　　イ．製造間接費　　ウ．仕掛品　　エ．製品　　オ．商品評価損

2．直接工賃金の計算には，直接作業時間当たり500円の予定消費賃率を使用している。製造指図書№101の実際直接作業時間は500時間，製造指図書№102の実際直接作業時間は700時間，製造指図書№103の実際直接作業時間は200時間，すべての製造指図書に共通する実際間接作業時間は800時間であった。

ア．製造間接費　　イ．製品　　ウ．仕掛品　　エ．賃金　　オ．賃率差異

3．製造間接費の計算には，部門別の実際機械運転時間にもとづく予定配賦率を用いている（第1製造部門の予定配賦率は300円，第2製造部門の予定配賦率は800円である）。第1製造部門の実際機械運転時間は製造指図書№102が450時間，製造指図書№103が650時間であり，第2製造部門の実際機械運転時間は製造指図書№101は700時間，製造指図書№102は550時間，製造指図書№103は450時間であった。

ア．仕掛品　　イ．製造間接費配賦差異　　ウ．製造間接費　　エ．材料　　オ．製品

(2)（16点）

岐阜製作所では，当月から受注生産を行っており，製品原価の計算には実際個別原価計算を採用している。次の［資料］にもとづいて，下記の問に答えなさい。ただし，製造間接費は公式法変動予算を用いて分析すること。

［資料］

1．各製造指図書に関するデータ

	＃101	＃102	＃103
直接材料費	660,000円	840,000円	500,000円
直接労務費	340,000円	400,000円	250,000円
直接作業時間	540時間	640時間	370時間

（注）製造間接費は直接作業時間を用いて予定配賦している。

2．製造間接費月間予算

変動費640,000円と固定費960,000円の合計1,600,000円で，月間正常直接作業時間は1,600時間である。

3．当月の生産状況と製造間接費の実際発生額

(a) 製造指図書＃101，＃102，＃103は当月製造に着手し，当月末までに＃101，＃102は完成し，＃103は未完成であった。

(b) 当月の製造間接費実際発生額は1,620,000円である。

問1　答案用紙の仕掛品勘定を完成させなさい。

問2　予算差異と操業度差異を求めなさい。

第5問（12点）

当社は製品Sを製造・販売する企業であり，標準原価計算を採用している。また，製造間接費の配賦基準は直接作業時間であり，公式法変動予算を用いている。次の［資料］にもとづいて，以下の問に答えなさい。

［資料］

1．標準原価カードの一部

製造間接費	780円／時間×6時間＝4,680円

2．製造間接費予算（月間）

変動費率	360円／時間
固 定 費	1,344,000円
予定直接作業時間	3,200時間

3．当月の実績値

(1) 生産数量

月初仕掛品	100個	（40％）
当 月 投 入	550	
合　　計	650個	
月末仕掛品	200	（25％）
完 成 品	450個	

（注）（　　）内の数値は加工進捗度を示している。

(2) 原価・その他

製造間接費実際発生額	2,343,000円
実際直接作業時間	2,850時間

問1　当月の製造間接費標準配賦額を求めなさい。

問2　製造間接費配賦差異を，予算差異，変動費能率差異，固定費能率差異，操業度差異の4つに分析しなさい。

採点欄	
第1問	

第1回簿記検定模擬試験答案用紙

年　組　番

氏名

2級 ①

商業簿記

第1問（20点）

	仕		訳	
	借方科目	金額	貸方科目	金額
1				
2				
3				
4				
5				

採点欄	
第2問	

第1回簿記検定模擬試験答案用紙

年　　組　　番

氏名

2級②

商業簿記

第2問（20点）

（1）

銀行勘定調整表
X年3月31日

当座預金勘定の残高			（　　　）
（加算）	［　　］	（　　　）	
	［　　］	（　　　）	（　　　）
（減算）	［　　］	（　　　）	
	［　　］	（　　　）	（　　　）
銀行残高証明書の残高			（　　　）

※［　　　］には，資料Ⅱにおける番号①～④を記入しなさい。
（　　　）には，金額を記入しなさい。

（2）資料Ⅱおよび資料Ⅲから判明する必要な決算整理仕訳等

借方科目	金額	貸方科目	金額

※決算整理仕訳等は，各行に1組ずつ記入しなさい。
借方科目欄・貸方科目欄には，記号を入れること。

（3）

現金	当座預金

採点欄
第3問

第1回簿記検定模擬試験答案用紙

年　　組　　番

氏名

2 級 ③

商 業 簿 記

第3問（20点）

精　　算　　表

（単位：円）

勘定科目	試算表		修正記入		損益計算書		貸借対照表	
	借方	貸方	借方	貸方	借方	貸方	借方	貸方
現金預金	3,400,000							
受取手形	800,000							
売掛金	1,800,000							
繰越商品	4,500,000							
仮払法人税等	100,000							
建物	6,600,000							
備品	4,800,000							
ソフトウェア	3,000,000							
買掛金		2,400,000						
貸倒引当金		52,000						
建物減価償却累計額		1,600,000						
備品減価償却累計額		1,664,000						
長期借入金		12,500,000						
退職給付引当金		1,200,000						
資本金		2,000,000						
利益準備金		800,000						
繰越利益剰余金		1,000,000						
売上		24,035,000						
受取利息		304,000						
仕入	17,500,000							
給料	3,000,000							
通信費	500,000							
減価償却費	814,000							
雑費	496,000							
保険料	245,000							
	47,555,000	47,555,000						
受取配当金								
棚卸減耗損								
商品評価損								
為替差損益								
貸倒引当金（　　　）								
支払利息								
未払費用								
前払費用								
ソフトウェア償却								
貯蔵品								
退職給付費用								
法人税，住民税及び事業税								
未払法人税等								
当期純（　　　　）								

第1回簿記検定模擬試験答案用紙

年　　組　　番

氏名

2 級 ④

工 業 簿 記

採 点 欄	
第4問	
第5問	

第4問（28点）

⑴（12点）

	仕		訳	
	借 方 科 目	金 額	貸 方 科 目	金 額
1				
2				
3				

⑵（16点）

月 末 仕 掛 品 原 価 ＝ 　　　　　円

完 成 品 総 合 原 価 ＝ 　　　　　円

等級製品Aの完成品単位原価 ＝ 　　　　　円／個

等級製品Bの完成品単位原価 ＝ 　　　　　円／個

等級製品Cの完成品単位原価 ＝ 　　　　　円／個

第5問（12点）

直接材料費差異	円 （ 有利差異 ・ 不利差異 ）
価 格 差 異	円 （ 有利差異 ・ 不利差異 ）
数 量 差 異	円 （ 有利差異 ・ 不利差異 ）
直接労務費差異	円 （ 有利差異 ・ 不利差異 ）
賃 率 差 異	円 （ 有利差異 ・ 不利差異 ）
時 間 差 異	円 （ 有利差異 ・ 不利差異 ）

（注）有利差異または不利差異のいずれかあてはまる方を○で囲みなさい。

第2回簿記検定模擬試験答案用紙

採点欄
第1問

年　　組　　番

氏名

2 級 ①

商業簿記

第1問（20点）

	仕		訳	
	借方科目	金額	貸方科目	金額
1				
2				
3				
4				
5				

第2回簿記検定模擬試験答案用紙

採点欄	
第2問	

年　　組　　番

氏名

2級 ②

商業簿記

第2問（20点）

株主資本等変動計算書

自20X7年4月1日　至20X8年3月31日

（単位：千円）

	株主資本			
	資本金	資本剰余金		
		資本準備金	その他資本剰余金	資本剰余金合計
当期首残高	50,000	6,000	2,700	8,700
当期変動額				
剰余金の配当等				
任意積立金取崩				
新株の発行	(　　)	(　　)	(　　)	(　　)
当期純利益				
当期変動額合計	(　　)	(　　)	(　　)	(　　)
当期末残高	(　　)	(　　)	(　　)	(　　)

下段へ続く

上段より続く

	株主資本				
	利益剰余金				株主資本合計
	利益準備金	その他利益剰余金		利益剰余金合計	
		新築積立金	繰越利益剰余金		
当期首残高	6,400	25,000	20,000	(　　)	(　　)
当期変動額					
剰余金の配当等	(　　)	(　　)	(　　)	(　　)	(　　)
任意積立金取崩		(　　)	(　　)	(　　)	(　　)
新株の発行					21,000
当期純利益			(　　)	(　　)	(　　)
当期変動額合計	(　　)	(　　)	(　　)	(　　)	(　　)
当期末残高	(　　)	(　　)	(　　)	(　　)	(　　)

第2回簿記検定模擬試験答案用紙

採点欄
第3問

年　組　番

氏名

2級 ③

商業簿記

第3問（20点）

損益計算書

自20X8年4月1日　至20X9年3月31日　（単位：円）

Ⅰ 売上高		（　）
Ⅱ 売上原価		
1．期首商品棚卸高	（　）	
2．当期商品仕入高	（　）	
合計	（　）	
3．期末商品棚卸高	（　）	
差引	（　）	
4．棚卸減耗損	（　）	
5．（　）	（　）	（　）
（　）		（　）
Ⅲ 販売費及び一般管理費		
1．給料	（　）	
2．旅費交通費	（　）	
3．水道光熱費	（　）	
4．研究開発費	（　）	
5．租税公課	（　）	
6．（　）	（　）	
7．退職給付費用	（　）	
8．減価償却費	（　）	
9．商標権償却	（　）	
10．（　）	（　）	（　）
（　）		（　）
Ⅳ 営業外収益		
1．受取利息	（　）	
2．受取家賃	（　）	（　）
Ⅴ 営業外費用		
1．（　）	（　）	（　）
（　）		（　）
Ⅵ 特別利益		
1．固定資産売却益	（　）	
2．（　）	（　）	（　）
Ⅶ 特別損失		
1．（　）	（　）	（　）
税引前当期純利益		（　）
法人税，住民税及び事業税		（　）
（　）		（　）

第2回簿記検定模擬試験答案用紙

2級 ④

工業簿記

採点欄	
第4問	
第5問	

年　組　番

氏名

第4問（28点）

(1)（12点）

	仕		訳	
	借方科目	金額	貸方科目	金額
1				
2				
3				

(2)（16点）

製造間接費－第1工程　（単位：円）

諸口	80,000	仕掛品－第1工程	(　　)
製造間接費－動力部門	(　　)	配賦差異	(　　)
	(　　)		(　　)

製造間接費－第2工程　（単位：円）

諸口	50,000	仕掛品－第2工程	(　　)
製造間接費－動力部門	(　　)	配賦差異	(　　)
	(　　)		(　　)

仕掛品－第1工程　（単位：円）

材料	72,000	仕掛品－第2工程	(　　)
賃金	(　　)		
製造間接費－第1工程	(　　)		
	(　　)		(　　)

仕掛品－第2工程　（単位：円）

仕掛品－第1工程	(　　)	製品	(　　)
賃金	177,360	月末有高	(　　)
製造間接費－第2工程	(　　)		
	489,360		489,360

第5問（12点）

(1)　全部原価計算

損益計算書

（単位：円）

	第1期	第2期	第3期	第4期
売上高				
売上原価				
売上総利益				
販売費・一般管理費				
営業利益				

直接原価計算

損益計算書

（単位：円）

	第1期	第2期	第3期	第4期
売上高				
変動売上原価				
変動製造マージン				
固定費				
営業利益				

(2)　問1　第2期末の製品有高	全部原価計算　　　　円	直接原価計算　　　　円
問2　第4期首の製品有高	全部原価計算　　　　円	直接原価計算　　　　円

第3回簿記検定模擬試験答案用紙

採点欄	
第1問	

年　組　番

氏名

2級 ①

商業簿記

第1問（20点）

	仕		訳	
	借方科目	金額	貸方科目	金額
1				
2				
3				
4				
5				

採点欄	
第2問	

第3回簿記検定模擬試験答案用紙

2級 ②

年　組　番

氏名

商業簿記

第2問 (20点)

連結第1年度　　　　連　結　精　算　表　　　　(単位：千円)

科目	個別財務諸表		修正・消去		連結財務諸表
	P社	S社	借方	貸方	
貸借対照表					連結貸借対照表
現金預金	149,320	68,220			
受取手形	30,000	20,000			
売掛金	61,000	47,500			
商品	21,600	16,220			
貸付金	40,000	—			
未収収益	400	—			
土地	72,000	34,000			
建物	172,800	108,000			
減価償却累計額	△ 34,830	△ 58,320			
[　　　　]					
S社株式	84,000	—			
資産合計	596,290	235,620			
支払手形	51,300	27,720			
買掛金	63,000	29,360			
借入金	72,000	54,000			
未払費用	810	540			
資本金	200,000	60,000			
資本剰余金	86,000	24,000			
利益剰余金	123,180	40,000			
非支配株主持分					
負債・純資産合計	596,290	235,620			
損益計算書					連結損益計算書
売上高	270,000	162,000			
売上原価	162,000	97,200			
販売費及び一般管理費	58,820	39,800			
[　　　　]償却					
受取利息	1,600	—			
支払利息	1,480	1,000			
土地売却益	2,000	—			
当期純利益	51,300	24,000			
非支配株主に帰属する当期純利益	—	—			
親会社株主に帰属する当期純利益	51,300	24,000			

第3回簿記検定模擬試験答案用紙

採点欄	
第3問	

年　組　番

氏名

2級 ③

商業簿記

第3問（20点）

貸借対照表

20X9年3月31日　（単位：円）

資産の部			負債の部		
I 流動資産			I 流動負債		
1．現金預金		( )	1．支払手形		( )
2．受取手形	( )		2．買掛金		( )
( )	( )	( )	3．未払金		( )
3．売掛金	( )		4．未払費用		( )
( )	( )	( )	5．未払法人税等		( )
4．有価証券		( )	6．未払消費税		( )
5．商品		( )	流動負債合計		( )
6．前払費用		( )	II 固定負債		
流動資産合計		( )	1．リース債務		( )
II 固定資産			2．退職給付引当金		( )
1．建物	( )		固定負債合計		( )
( )	( )	( )	負債合計		( )
2．備品	( )		純資産の部		
( )	( )	( )	I 資本金		( )
3．リース資産	( )		II 資本剰余金		
( )	( )	( )	1．資本準備金		( )
固定資産合計		( )	III 利益剰余金		
			1．任意積立金	( )	
			2．繰越利益剰余金	( )	( )
			純資産合計		( )
資産合計		( )	負債及び純資産合計		( )

採　点　欄	
第4問	
第5問	

第3回簿記検定模擬試験答案用紙

年　　組　　番

氏名

2　級　④

工　業　簿　記

第4問（28点）

(1)（12点）

	仕		訳	
	借　方　科　目	金　　額	貸　方　科　目	金　　額
1				
2				
3				

(2)（16点）

組別総合原価計算表　　　　（単位：円）

	X　製　品		Y　製　品	
	原　料　費	加　工　費	原　料　費	加　工　費
月初仕掛品原価	55,500	160,200	12,000	64,400
当月製造費用	220,000	（　　）	85,000	（　　）
合　　計	275,500	（　　）	97,000	（　　）
月末仕掛品原価	（　　）	（　　）	（　　）	（　　）
完成品総合原価	（　　）	（　　）	（　　）	（　　）
完成品単位原価	（　　）	（　　）	（　　）	（　　）

第5問（12点）

問1 ［　　　　］ %

問2 ［　　　　］ 円

問3 ［　　　　］ %

問4 ［　　　　］ 円

問5 ［　　　　］ 円

採点欄	
第1問	

第4回簿記検定模擬試験答案用紙

年　　組　　番

氏名

2 級 ①

商 業 簿 記

第1問 (20点)

	仕		訳	
	借方科目	金額	貸方科目	金額
1				
2				
3				
4				
5				

採点欄
第2問

第4回簿記検定模擬試験答案用紙

年　　組　　番

氏名

2級 ②

商業簿記

第2問（20点）

設問1

問1　合併後貸借対照表の各金額

資本金	円
資本剰余金	円
利益剰余金	円

問2　のれん勘定への当年度の記帳（英米式）

総勘定元帳（抄）

のれん　　33

日付			摘要	仕丁	借方	日付			摘要	仕丁	貸方
X8	4	1	前期繰越	✓	4,560,000	X9	3	31	（　　　）	21	
		1	（　　　）	1					（　　　）		

設問2

問1

番号	借方科目	金額	貸方科目	金額
1				
2				
3				

問2

借方科目	金額	貸方科目	金額

問3

借方科目	金額	貸方科目	金額

採点欄	
第3問	

第4回簿記検定模擬試験答案用紙

年　　組　　番

氏名

2級 ③

商業簿記

第3問（20点）

損益計算書

自20X1年4月1日　至20X2年3月31日　（単位：円）

Ⅰ 売上高		4,000,000
Ⅱ 売上原価		
1. 期首商品棚卸高	（　　）	
2. 当期商品仕入高	（　　）	
合計	（　　）	
3. 期末商品棚卸高	（　　）	
差引	（　　）	
4. 棚卸減耗損	（　　）	
5. 商品評価損	（　　）	（　　）
売上総利益		（　　）
Ⅲ 販売費及び一般管理費		
1. 給料	411,300	
2. 支払家賃	240,000	
3. 保険料	（　　）	
4. 修繕費	（　　）	
5. 貸倒引当金繰入	（　　）	
6. 減価償却費	（　　）	
7.（　　）	（　　）	（　　）
営業利益		（　　）
Ⅳ 営業外収益		
1. 有価証券利息	（　　）	
2. 為替差損益	（　　）	（　　）
Ⅴ 営業外費用		
1. 支払利息	（　　）	
2.（　　）	（　　）	（　　）
経常利益		（　　）
Ⅵ 特別利益		
1. 土地売却益		（　　）
税引前当期純利益		（　　）
法人税,住民税及び事業税	（　　）	
（　　）	（△　　）	（　　）
当期純利益		（　　）

第4回簿記検定模擬試験答案用紙

2 級 ④

年　組　番

氏名

工 業 簿 記

採点欄	
第4問	
第5問	

第4問（28点）

(1)（12点）

	仕		訳	
	借方科目	金額	貸方科目	金額
1				
2				
3				

(2)（16点）

問1　総合原価計算表

（単位：円）

	数量	A材料費	B材料費	加工費	合計
月初仕掛品	60個($\frac{1}{2}$)	122,220	—	124,440	246,660
当月投入	480個	1,034,880	480,150	2,032,280	3,547,310
合計	540個	1,157,100	480,150	2,156,720	3,793,970
正常減損	40個($\frac{1}{4}$)	—	—	—	—
差引	500個	1,157,100	480,150	2,156,720	3,793,970
月末仕掛品	50個($\frac{4}{5}$)	(　　　)	(　　　)	(　　　)	(　　　)
完成品	450個	(　　　)	(　　　)	(　　　)	(　　　)
完成品単位原価		@(　　　)	@(　　　)	@(　　　)	@(　　　)

問2　売上原価＝［　　　　］円

第5問（12点）

問1		個
問2		円
問3		個
問4		個

採点欄	
第1問	

第5回簿記検定模擬試験答案用紙

年　　組　　番

氏名

2　級　①

商　業　簿　記

第1問（20点）

	仕		訳	
	借　方　科　目	金　　額	貸　方　科　目	金　　額
1				
2				
3				
4				
5				

採点欄
第2問

第5回簿記検定模擬試験答案用紙

2級②

年　組　番

氏名

商業簿記

第2問（20点）

問1

固定資産名	当期の減価償却費
建　物　A	¥
備　品　B	¥
車　両　C	¥
ソフトウェアD	¥
備　品　F	¥

問2

リース債務

年	月	日	摘要	借方	年	月	日	摘要	貸方
X9	3	31	(　　　)		X8	4	1	(　　　)	
X9	3	31	次期繰越						

問3

借方科目	金額	貸方科目	金額

問4

ソフトウェアE

年	月	日	摘要	借方	年	月	日	摘要	貸方
X8	10	1	(　　　)		X9	3	31	(　　　)	
					X9	3	31	次期繰越	

採点欄
第3問

第5回簿記検定模擬試験答案用紙

年　　組　　番

氏名

2　級　③

商　業　簿　記

第3問（20点）

問1　［資料Ⅰ］の決算整理前残高試算表における本店勘定の金額　￥

問2　　損　　益　　（単位：円）

日付		摘要	金額	日付		摘要	金額
3	31	売上原価	（　　）	3	31	売上高	（　　）
3	31	棚卸減耗損	（　　）	3	31	（　　）	（　　）
3	31	広告宣伝費	（　　）	3	31	有価証券利息	（　　）
3	31	給料	（　　）				
3	31	支払家賃	（　　）				
3	31	貸倒引当金繰入	（　　）				
3	31	（　　）	（　　）				
3	31	減価償却費	（　　）				
3	31	支払利息	（　　）				
3	31	支店	（　　）				
3	31	（　　）	（　　）				
			（　　）				（　　）

問3　当期末の貸借対照表における利益準備金の金額　￥

第5回簿記検定模擬試験答案用紙

2級 ④

工業簿記

年　組　番

氏名

採点欄	
第4問	
第5問	

第4問（28点）

(1)（12点）

	仕		訳	
	借方科目	金額	貸方科目	金額
1				
2				
3				

(2)（16点）

問1　仕掛品　（単位：円）

月初有高	46,000	完成高	(　　)
直接材料費	(　　)	月末有高	(　　)
直接労務費	(　　)		
製造間接費	(　　)		
	(　　)		(　　)

問2　売上原価 ＝ 　　円

第5問（12点）

問1　損益計算書

（単位：円）

売上高	(　　)
変動費	
月初製品有高	(　　)
当月製品変動製造原価	(　　)
計	(　　)
月末製品有高	(　　)
変動売上原価	(　　)
変動販売費	(　　)
貢献利益	(　　)
固定費	(　　)
営業利益	(　　)

問2	円
問3	%
問4	%
問5	円
問6	円
問7	円

採点欄	
第1問	

第6回簿記検定模擬試験答案用紙

年　　組　　番

氏名

2 級 ①

商 業 簿 記

第1問 (20点)

	仕		訳	
	借方科目	金額	貸方科目	金額
1				
2				
3				
4				
5				

第6回簿記検定模擬試験答案用紙

採点欄	
第2問	

年　組　番

氏名

2級 ②

商業簿記

第2問（20点）

問1

	仕		訳	
	借方科目	金額	貸方科目	金額
(1)				
(2)				

問2

貸借対照表の各金額　（単位：円）

有価証券	
投資有価証券	
関係会社株式	
その他有価証券評価差額金 ＊（借方残高・貸方残高）	

＊借方残高・貸方残高いずれかに○をすること。

問3

(1)	
(2)	

採点欄	
第3問	

第6回簿記検定模擬試験答案用紙

年　組　番

氏名

2級 ③

商業簿記

第3問（20点）

貸借対照表

20X2年3月31日現在　　（単位：円）

資産の部		負債の部	
Ⅰ 流動資産		Ⅰ 流動負債	
現金	(　　)	買掛金	(　　)
当座預金	(　　)	未払金	(　　)
売掛金	(　　)	未払法人税等	(　　)
商品	(　　)	リース債務	(　　)
前払費用	(　　)	流動負債合計	(　　)
貸倒引当金	(　　)	Ⅱ 固定負債	
流動資産合計	(　　)	リース債務	(　　)
		退職給付引当金	(　　)
		繰延税金負債	(　　)
		固定負債合計	(　　)
Ⅱ 固定資産		負債合計	(　　)
建物	2,400,000	純資産の部	
減価償却累計額	(　　)	Ⅰ 株主資本	
備品	612,000	資本金	(　　)
減価償却累計額	(　　)	繰越利益剰余金	(　　)
リース資産	(　　)	株主資本合計	(　　)
減価償却累計額	(　　)	Ⅱ 評価・換算差額等	
ソフトウェア	(　　)	その他有価証券評価差額金	(　　)
その他有価証券	(　　)	評価・換算差額等合計	(　　)
固定資産合計	(　　)	純資産合計	(　　)
資産合計	(　　)	負債及び純資産合計	(　　)

第6回簿記検定模擬試験答案用紙

2級 ④

工業簿記

年　組　番

氏名

採点欄	
第4問	
第5問	

第4問（28点）

(1)（12点）

	仕		訳	
	借方科目	金額	貸方科目	金額
1				
2				
3				

(2)（16点）

問1　部門費配賦表の作成

部門費配賦表

（単位：円）

費目	配賦基準	合計	製造部門		補助部門	
			第1製造部	第2製造部	動力部	工場事務部
部門費		1,109,000	505,000	379,000	140,000	85,000
動力部費	電力消費量					
工場事務部費	従業員数					
製造部門費						

問2	製造指図書No.30に対する製造間接費配賦額	円
問3	第2製造部の原価差異（部門費差異）　借方・貸方	円

（注）問3は借方差異のときは借方に，貸方差異のときは貸方に（　）をつける。

第5問（12点）

問1

円（　有利差異　・　不利差異　）

（有利差異・不利差異）のいずれかを○で囲みなさい。

問2

予算差異	円（　有利差異　・　不利差異　）
能率差異	円（　有利差異　・　不利差異　）
操業度差異	円（　有利差異　・　不利差異　）

（有利差異・不利差異）のいずれかを○で囲みなさい。

採点欄	
第1問	

第7回簿記検定模擬試験答案用紙

年　　組　　番

氏名

2 級 ①

商業簿記

第1問（20点）

	仕		訳	
	借方科目	金額	貸方科目	金額
1				
2				
3				
4				
5				

採　点　欄	
第2問	

第7回簿記検定模擬試験答案用紙

年　　組　　番

氏名

2　級　②

商　業　簿　記

第2問（20点）

①	②	③	④	⑤
				円

⑥	⑦	⑧	⑨	⑩
				円

採点欄
第3問

第7回簿記検定模擬試験答案用紙

年　組　番

氏名

2級 ③

商業簿記

第3問（20点）

精算表

（単位：円）

勘定科目	残高試算表		修正記入		損益計算書		貸借対照表	
	借方	貸方	借方	貸方	借方	貸方	借方	貸方
現金	131,500						131,500	
当座預金	1,000,000							
売掛金	748,500							
電子記録債権	300,000							
繰越商品	600,000							
売買目的有価証券	295,000							
仮払金	200,000							
仮払法人税等	46,500							
仮払消費税	280,000							
火災未決算	550,000							
建物	750,000							
備品	600,000							
繰延税金資産	30,000							
買掛金		550,000						
未払配当金		200,000						
仮受消費税		350,000						
退職給付引当金		185,000						
貸倒引当金		40,000						
建物減価償却累計額		312,500						
備品減価償却累計額		180,000						
資本金		2,000,000						2,000,000
利益準備金		100,000						
繰越利益剰余金		1,082,500						
売上		4,000,000						
仕入	2,500,000							
給料	600,000							
支払家賃	200,000							
その他販管費	168,500				168,500			
	9,000,000	9,000,000						
（　　　　）損失								
電子記録債権売却（　　　）								
火災（　　　　）								
（　　　　）費								
（　　　　）差損益								
貸倒引当金繰入								
棚卸減耗損								
減価償却費								
有価証券評価（　　　）								
退職給付費用								
（　　　　）家賃								
未払消費税								
法人税，住民税及び事業税								
未払法人税等								
法人税等調整額								
当期純（　　　　）								

第7回簿記検定模擬試験答案用紙

2級 ④

工業簿記

年　組　番

氏名

採点欄	
第4問	
第5問	

第4問（28点）

(1)（12点）

	仕訳			
	借方科目	金額	貸方科目	金額
1				
2				
3				

(2)（16点）

問1　通常不可避的に生ずる仕損は，（　①　）と呼ばれる。（　②　）は製品原価性をもつために良品が負担すべきであるが，それがいつ発生したかによって，その負担先が異なる。②は，第1工程では（　③　）のみが負担するが，第2工程では③と（　④　）とに負担させる。

問2　第1工程の月末仕掛品原価は（　⑤　）円，完成品総合原価は（　⑥　）円である。

問3　第2工程当月製造費用の前工程費は（　⑦　）円，第2工程の月末仕掛品原価は（　⑧　）円，完成品総合原価の内訳は前工程費が（　⑨　）円，加工費が（　⑩　）円である。

①		②		③		④	
⑤		⑥		⑦			
⑧		⑨		⑩			

第5問（12点）

(1)	総差異	円（　　）
	材料数量差異	円（　　）
	材料価格差異	円（　　）
(2)	総差異	円（　　）
	労働時間差異	円（　　）
	労働賃率差異	円（　　）
(3)	総差異	円（　　）
	予算差異	円（　　）
	能率差異	円（　　）
	操業度差異	円（　　）

（注）（　　）内には，借または貸と記入すること。

採点欄	
第1問	

第8回簿記検定模擬試験答案用紙

年　　組　　番

氏名

2級①

商業簿記

第1問（20点）

	仕		訳	
	借方科目	金額	貸方科目	金額
1				
2				
3				
4				
5				

採点欄
第2問

第8回簿記検定模擬試験答案用紙

年　　組　　番

氏名

2　級　②

商　業　簿　記

第2問（20点）　　　　　　　　　　　　　　　　　　　　（単位：円）

科目	個別財務諸表		修正・消去		連結財務諸表
	P　社	S　社	借　方	貸　方	
貸借対照表					連結貸借対照表
現金預金	26,000	8,650			
受取手形	80,000	30,000			
売掛金	60,000	65,000			
商品	48,000	37,000			
貸付金	50,000	—			
前払費用	800	500			
貸倒引当金	△　2,800	△　1,600			
建物	300,000	100,800			
減価償却累計額	△　85,000	△　27,600			
土地	120,000	104,700			
のれん					
S社株式	63,010	—			
資産合計	660,010	317,450			
支払手形	41,000	28,000			
買掛金	79,500	82,000			
借入金	70,000	50,000			
未払法人税等	25,000	10,100			
前受収益	250	50			
資本金	200,000	70,000			
利益剰余金	244,260	77,300			
非支配株主持分	—	—			
負債純資産合計	660,010	317,450			
損益計算書					連結損益計算書
売上高	900,000	600,000			
売上原価	585,000	430,000			
販売費	47,000	39,500			
貸倒引当金繰入	1,800	860			
一般管理費	66,000	41,200			
減価償却費	38,000	20,800			
のれん償却					
受取利息	250	—			
受取配当金	2,800	—			
支払利息	250	340			
固定資産売却益	—	1,200			
法人税,住民税及び事業税	50,500	21,500			
当期純利益	114,500	47,000			
非支配株主に帰属する当期純利益					
親会社株主に帰属する当期純利益	114,500	47,000			
株主資本等変動計算書					連結株主資本等変動計算書
資本金					
当期首残高	200,000	70,000			
当期末残高	200,000	70,000			
利益剰余金					
当期首残高	129,760	34,300			
当期純利益	114,500	47,000			
剰余金の配当	—	△　4,000			
当期末残高	244,260	77,300			
非支配株主持分					
当期首残高	—	—			
当期変動額	—	—			
当期末残高	—	—			

採点欄
第3問

第8回簿記検定模擬試験答案用紙

年　組　番

氏名

2級 ③

商業簿記

第3問（20点）

問1

損益計算書（一部）

自20X8年4月1日　至20X9年3月31日　（単位：円）

Ⅰ 売上高		(　)
Ⅱ 売上原価		
1. 期首商品棚卸高	(　)	
2. 当期商品仕入高	(　)	
合計	(　)	
3. 期末商品棚卸高	(　)	(　)
売上総利益		(　)
Ⅲ 販売費及び一般管理費		
1. 給料	(　)	
2. 販売費	(　)	
3. 減価償却費	(　)	
4. 貸倒引当金繰入	(　)	
5.(　)	(　)	(　)
営業利益		(　)

貸借対照表

20X9年3月31日　（単位：円）

資産の部			負債の部	
Ⅰ 流動資産			Ⅰ 流動負債	
1. 現金預金		(　)	1. 電子記録債務	(　)
2. 電子記録債権	(　)		2. 支払手形	(　)
3. 受取手形	(　)		3. 買掛金	(　)
4. 売掛金	(　)		4. 短期借入金	(　)
計	(　)		5. 未払金	(　)
貸倒引当金	(　)	(　)	6. 未払法人税等	(　)
5. 商品		(　)	流動負債合計	(　)
6. 前払費用		(　)	Ⅱ 固定負債	
流動資産合計		(　)	1. 繰延税金負債	(　)
Ⅱ 固定資産			固定負債合計	(　)
(1) 有形固定資産			負債合計	(　)
1. 建物	(　)		純資産の部	
減価償却累計額	(　)	(　)	Ⅰ 株主資本	
2. 土地		(　)	(1) 資本金	(　)
有形固定資産合計		(　)	(2) 利益剰余金	
(2) 投資その他の資産			1. 繰越利益剰余金	(　)
1. 投資有価証券		(　)	株主資本合計	(　)
投資その他の資産合計		(　)	Ⅱ 評価・換算差額等	
固定資産合計		(　)	(1) その他有価証券評価差額金	(　)
			評価・換算差額等合計	(　)
			純資産合計	(　)
資産合計		(　)	負債及び純資産合計	(　)

問2　翌期に繰り越される本店勘定　￥

採点欄	
第4問	
第5問	

第8回簿記検定模擬試験答案用紙

年　　組　　番

氏名

2　級　④

工　業　簿　記

第4問（28点）

(1)（12点）

	仕		訳	
	借方科目	金額	貸方科目	金額
1				
2				
3				

(2)（16点）

仕掛品－第1工程　（単位：千円）

月初有高		第1工程完成高	
原料費	110,000	次工程振替高	（　　　）
加工費	36,000	製品T	（　　　）
小計	146,000	小計	（　　　）
当月製造費用		月末有高	
原料費	4,400,000	原料費	（　　　）
加工費	2,580,000	加工費	（　　　）
小計	6,980,000	小計	（　　　）
合計	7,126,000	合計	（　　　）

仕掛品－第2工程　（単位：千円）

月初有高		当月完成高	
前工程費	326,000	前工程費	（　　　）
加工費	99,100	加工費	（　　　）
小計	425,100	小計	（　　　）
当月製造費用		月末有高	
前工程費	（　　　）	前工程費	（　　　）
加工費	3,940,000	加工費	（　　　）
小計	（　　　）	小計	（　　　）
合計	（　　　）	合計	（　　　）

第5問（12点）

（単位：円）

全部原価計算における損益計算書

売上高		（　　　）
売上原価	（　　　）	
配賦差異	（　　　）	（　　　）
売上総利益		（　　　）
販売費及び一般管理費		（　　　）
営業利益		（　　　）

直接原価計算における損益計算書

売上高	（　　　）
変動売上原価	（　　　）
変動製造マージン	（　　　）
変動販売費	（　　　）
貢献利益	（　　　）
固定費	（　　　）
営業利益	（　　　）

採点欄	
第1問	

第9回簿記検定模擬試験答案用紙

年　組　番

氏名

2 級 ①

商業簿記

第1問（20点）

	仕		訳	
	借方科目	金額	貸方科目	金額
1				
2				
3				
4				
5				

第9回簿記検定模擬試験答案用紙

2 級 ②

年　組　番

氏名

採点欄	
第2問	

商 業 簿 記

第2問 (20点)

株主資本等変動計算書

自X2年4月1日　至X3年3月31日

(単位：円)

	株主資本			
	資本金	資本剰余金		
		資本準備金	その他資本剰余金	資本剰余金合計
当期首残高	30,000,000	(　　)	(　　)	(　　)
当期変動額				
剰余金の配当				
別途積立金の積立て				
新株の発行	(　　)	(　　)		(　　)
吸収合併	(　　)		(　　)	(　　)
当期純利益				
当期変動額合計	(　　)	(　　)	(　　)	(　　)
当期末残高	(　　)	(　　)	(　　)	(　　)

下段へ続く

上段から続く

	株主資本				
	利益剰余金				株主資本合計
	利益準備金	その他利益剰余金		利益剰余金合計	
		別途積立金	繰越利益剰余金		
当期首残高	1,350,000	(　　)	(　　)	(　　)	(　　)
当期変動額					
剰余金の配当	(　　)		(　　)	(　　)	(　　)
別途積立金の積立て		(　　)	(　　)	—	—
新株の発行					(　　)
吸収合併					(　　)
当期純利益			(　　)	(　　)	(　　)
当期変動額合計	(　　)	(　　)	(　　)	(　　)	(　　)
当期末残高	(　　)	(　　)	(　　)	(　　)	(　　)

採点欄
第3問

第9回簿記検定模擬試験答案用紙

年　　組　　番

氏名

2級 ③

商業簿記

第3問（20点）

損益計算書
自20X1年4月1日　至20X2年3月31日　（単位：円）

費用	金額	収益	金額
期首商品棚卸高	（　）	売上高	（　）
当期商品仕入高	（　）	期末商品棚卸高	（　）
広告宣伝費	（　）	当期純損失	（　）
給料	（　）		
支払家賃	（　）		
（　）	（　）		
（　）費	（　）		
支払利息	（　）		
	（　）		（　）

貸借対照表
20X2年3月31日　（単位：円）

資産	金額	負債及び純資産	金額
現金預金	（　）	買掛金	（　）
売掛金	（　）	（　）費用	（　）
商品	（　）	長期借入金	（　）
（　）費用	（　）	貸倒引当金	（　）
備品	（　）	備品減価償却累計額	（　）
車両運搬具	（　）	車両運搬具減価償却累計額	（　）
投資有価証券	（　）	資本金	（　）
		利益準備金	（　）
		繰越利益剰余金	（　）
		（　）	（　）
	（　）		（　）

第9回簿記検定模擬試験答案用紙

年　組　番

氏名

2級 ④

工業簿記

採点欄	
第4問	
第5問	

第4問（28点）

(1)（12点）

	仕		訳	
	借方科目	金額	貸方科目	金額
1				
2				
3				

(2)（16点）

問1	万円（借方・貸方）

	予算差異	操業度差異
問2	万円（借方・貸方）	万円（借方・貸方）

	予算差異	操業度差異
問3	万円（借方・貸方）	万円（借方・貸方）

第5問（12点）

問1		円
問2		%
問3		
問4		円
問5		円

第10回簿記検定模擬試験答案用紙

採点欄	
第1問	

年　　組　　番

氏名

2 級 ①

商業簿記

第1問（20点）

	仕		訳	
	借方科目	金額	貸方科目	金額
1				
2				
3				
4				
5				

採点欄
第2問

第10回簿記検定模擬試験答案用紙

年　組　番

氏名

2 級 ②

商業簿記

第2問（20点）

連結貸借対照表

X2年3月31日　（単位：千円）

【資産の部】	
諸資産	（　）
売掛金	（　）
商品	（　）
土地	（　）
（　）	（　）
資産合計	（　）
【負債の部】	
諸負債	（　）
買掛金	（　）
負債合計	（　）
【純資産の部】	
資本金	（　）
資本剰余金	（　）
利益剰余金	（　）
非支配株主持分	（　）
純資産合計	（　）
負債・純資産合計	（　）

連結損益計算書

X1年4月1日～X2年3月31日　（単位：千円）

売上高		（　）
売上原価		（　）
販売費及び一般管理費		（　）
（　）償却		（　）
土地売却益		（　）
その他費用		（　）
当期純利益（＊純損失は△）	（　）	（　）
非支配株主に帰属する当期純利益（＊純損失は△）	（　）	（　）
親会社株主に帰属する当期純利益		（　）

＊純損失の場合は，数字の前に△を付すこと。

採点欄
第3問

第10回簿記検定模擬試験答案用紙

年　組　番

氏名

2級 ③

商業簿記

第3問（20点）

損益計算書

自X5年4月1日　至X6年3月31日　（単位：円）

Ⅰ 売上高		6,077,400
Ⅱ 売上原価		
1. 期首商品棚卸高	(　　)	
2. 当期商品仕入高	5,551,000	
合計	(　　)	
3. 期末商品棚卸高	(　　)	
差引	(　　)	
4. 商品評価損	(　　)	(　　)
売上総利益		(　　)
Ⅲ 販売費及び一般管理費		
1. 給料	(　　)	
2. 棚卸減耗損	(　　)	
3. 貸倒引当金繰入	(　　)	
4. 退職給付費用	(　　)	
5. 減価償却費	(　　)	
6. 水道光熱費	(　　)	
7. 消耗品費	10,800	
8. 支払家賃	35,315	(　　)
営業利益		(　　)
Ⅳ 営業外収益		
1. 受取利息	(　　)	
2. 為替差益	(　　)	(　　)
Ⅴ 営業外費用		
1. 貸倒引当金繰入	(　　)	
2. 支払利息	(　　)	(　　)
経常利益		(　　)
Ⅵ 特別利益		
1. 特許権売却益		(　　)
税引前当期純利益		(　　)
法人税,住民税及び事業税	(　　)	
法人税等調整額	(　　)	(　　)
当期純利益		(　　)

採点欄	
第4問	
第5問	

第10回簿記検定模擬試験答案用紙

2 級 ④

工 業 簿 記

年　組　番

氏名

第4問（28点）

(1)（12点）

	仕		訳	
	借方科目	金額	貸方科目	金額
1				
2				
3				

(2)（16点）

仕掛品　（単位：円）

月初有高	（　　）	当月完成高	（　　）
当月製造費用：		月末有高	（　　）
直接材料費	（　　）		
直接労務費	（　　）		
製造間接費	（　　）		
計	（　　）		
	（　　）		（　　）

製品　（単位：円）

月初有高	（　　）	売上原価	（　　）
当月完成高	（　　）	月末有高	（　　）
	（　　）		（　　）

第5問（12点）

直接原価計算による損益計算書　（単位：円）

	前々期	前期
売上高	（　　）	（　　）
変動売上原価	（　　）	（　　）
変動製造マージン	（　　）	（　　）
変動販売費	（　　）	（　　）
貢献利益	（　　）	（　　）
固定費	（　　）	（　　）
営業利益	（　　）	（　　）

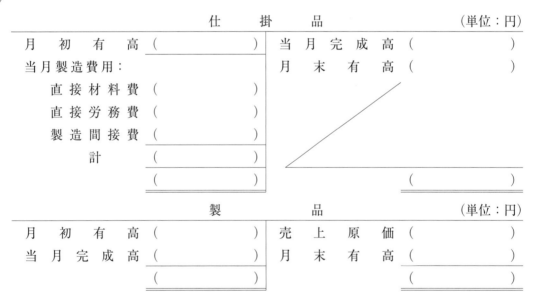

採　点　欄	
第1問	

第11回簿記検定模擬試験答案用紙

年　　組　　番

氏名

2　級　①

商　業　簿　記

第1問（20点）

	仕		訳	
	借　方　科　目	金　　額	貸　方　科　目	金　　額
1				
2				
3				
4				
5				

第11回簿記検定模擬試験答案用紙

採点欄	
第2問	

年　　組　　番

氏名

2級 ②

商業簿記

第2問（20点）

貸借対照表　（単位：円）

Ⅱ 固定資産		
建物	(　　)	
減価償却累計額	(　　)	(　　)
備品	(　　)	
減価償却累計額	(　　)	(　　)
車両運搬具	(　　)	
減価償却累計額	(　　)	(　　)

損益計算書（単位：円）

Ⅲ 販売費及び一般管理費	
減価償却費	(　　)
⋮	
Ⅳ 特別損失	
固定資産売却損	(　　)
火災損失	(　　)
⋮	
法人税等調整額※	(　　)

※法人税等調整額については，金額の前に，「法人税，住民税及び事業税」に加算する場合は「＋」，減算する場合は「△」を付すこと。

第11回簿記検定模擬試験答案用紙

2　級　③

採点欄	
第3問	

年　組　番

氏名

商　業　簿　記

第3問（20点）

貸　借　対　照　表

X3年3月31日　　　　　　　　　　　（単位：円）

資産の部			負債の部	
Ⅰ　流動資産			Ⅰ　流動負債	
現金預金		264,700	買掛金	(　　)
売掛金	359,000		支払手形	179,000
受取手形	(　　)		未払金	103,500
貸倒引当金	(　　)	(　　)	未払法人税等	(　　)
商品		(　　)	修繕引当金	(　　)
貯蔵品		(　　)	Ⅱ　固定負債	
前払費用		(　　)	長期借入金	3,900,000
Ⅱ　固定資産			負債合計	(　　)
（1）有形固定資産			純資産の部	
建物	(　　)		Ⅰ　株主資本	
減価償却累計額	(　　)	(　　)	資本金	969,000
備品	(　　)		資本準備金	79,000
減価償却累計額	(　　)	(　　)	利益準備金	85,000
土地		2,248,000	繰越利益剰余金	(　　)
（2）投資その他の資産			Ⅱ　評価・換算差額等	
投資有価証券		(　　)	その他有価証券評価差額金	(　　)
不渡手形	(　　)			
貸倒引当金	(　　)	(　　)	純資産合計	(　　)
資産合計		(　　)	負債・純資産合計	(　　)

採点欄	
第4問	
第5問	

第11回簿記検定模擬試験答案用紙

年　組　番

氏名

2級 ④

工業簿記

第4問（28点）

⑴（12点）

	仕		訳	
	借方科目	金額	貸方科目	金額
1				
2				
3				

⑵（16点）

問1

仕掛品（単位：円）

直接材料費	（　　）	完成品	（　　）
直接労務費	（　　）	月末有高	（　　）
製造間接費	（　　）		
	（　　）		（　　）

問2

予算差異	円（ 有利差異 ・ 不利差異 ）
操業度差異	円（ 有利差異 ・ 不利差異 ）

（注）（有利差異・不利差異）のいずれかを○で囲みなさい。

第5問（12点）

問1　　　　円

問2

予算差異	円（ 有利差異 ・ 不利差異 ）
変動費能率差異	円（ 有利差異 ・ 不利差異 ）
固定費能率差異	円（ 有利差異 ・ 不利差異 ）
操業度差異	円（ 有利差異 ・ 不利差異 ）

（注）（有利差異・不利差異）のいずれかを○で囲みなさい。

解　答　編

解答編はこの紙を残したまま
ていねいに抜き取りご利用頂けます。

※模擬試験問題集の**答案用紙**ならびに
CBT 試験体験用の**プログラム**
本書の**関連データ**は弊社 webサイトから
ダウンロードできます。
https://www.jikkyo.co.jp　で
本書を検索してご利用ください。

日商簿記検定

模擬試験問題集 2級

解答編

出題形式別重要問題 ―――――― 解答・解説

模擬試験問題 ―――――――――― 解答・解説・採点基準

＊解答欄に記入する勘定科目で，特に指示のないものについては
「許容勘定科目表」によること。
解答例・採点基準は，当社編修部で作成したものである。

実教出版

解　答　　商業簿記

問題 1　仕訳▶収益認識に関する項目

	借方科目	金額	貸方科目	金額
(1)	契約資産	*80,000*	売上	*80,000*
(2)	売掛金	*130,000*	売上 契約資産	*50,000* *80,000*
(3)	現金	*30,000*	契約負債	*30,000*
(4)	当座預金	*1,680,000*	売上 契約負債	*1,440,000* *240,000*
(5)	契約負債	*60,000*	役務収益	*60,000*
(6)	売掛金	*75,000*	売上 返金負債	*67,500* *7,500*
(7)	売掛金 返金負債	*125,000* *20,000*	売上 返金負債 未払金	*112,500* *12,500* *20,000*
(8)	未払金	*20,000*	現金	*20,000*

(注) 下記のとおり，別解が認められる。なお，問題文や勘定科目の指定により，どちらかの解答しか認められない場合があるので注意すること。
(3)・(4)・(5)「契約負債」は，「前受金」でもよい。
(5)「役務収益」は，「売上」または「営業収益」でもよい。
(7) 返金負債勘定を相殺して，次の仕訳でもよい。
(借) 売掛金 *125,000*　(貸) 売上 *112,500*
　　 返金負債 *7,500*　　　 未払金 *20,000*

解　説　　第1問　出題形式別重要問題

問題 1　仕訳▶収益認識に関する項目

(1)・(2)　契約資産に関する問題

契約資産は，主に一部の役務収益および複数の履行義務を含む顧客との契約において，すでに収益を計上したが権利が無条件ではない場合（対価を受け取るために時の経過以外の条件が必要なもの）に用いられる勘定科目である。

(1)では，A商品を引き渡し，A商品についての履行義務を充足したため売上を計上するが，代金はB商品を引き渡した後に請求する契約であり，「顧客との契約から生じた債権」とはなっていないため売掛金ではなく契約資産を計上する。

(2)では，B商品を引き渡したことにより，B商品についての履行義務を充足したため売上を計上するとともに，A商品について代金を請求したため契約資産を取り崩し，A商品・B商品ともに売掛金（顧客との契約から生じた債権）を計上する。

(3)　契約負債に関する問題

契約負債は，主に収益を計上する前に対価を受け取った場合に用いられる勘定科目である。当社はまだ商品の引き渡しという履行義務を充足していないので，収益を計上する前に受け取った対価を契約負債として計上する。

(4)・(5)　複数の履行義務を含む取引に関する問題

1つの契約の中に2つ以上の複数の履行義務が含まれている場合には，原則として別々に収益を認識する。

(4)において，ソフトウェアの販売という履行義務は充足されているので売上*¥1,440,000*を計上するが，サポートサービスについては，時の経過に応じて履行義務を充足することが示されているため，販売時点では売上を計上せず，契約負債として計上する。

(5)において，販売時点から3か月が経過しているため，時の経過に応じたサポートサービスの収益*¥60,000*（$= ¥240,000 \times \frac{3か月}{12か月}$）を計上し，契約負債を取り崩す。

(6)・(7)・(8)　変動対価を伴う取引に関する問題

変動対価とは，顧客と約束した対価のうち変動する可能性のある部分を指す。変動対価を伴う取引には，値引き，リベート，返金，インセンティブ，ペナルティーなどにより対価の額が変動する場合や，返品権付きの販売が含まれる。

(6)において，リベートとして支払う可能性が高い部分については，売上から控除して返金負債として計上する。7月中は商品150個を@*¥500*で販売したため，返金負債は*¥7,500*（＝150個×@*¥500*×10%）となる。

(7)においても，8月中に商品250個を@*¥500*で販売したため，返金負債*¥12,500*（＝250個×@*¥500*×10%）を計上する。また，リベートの条件が達成されたため，これまでの返金負債を取り崩し，9月末に支払うリベート代金を未払金とする。

最後に(8)において，リベート代金支払いの仕訳を行う。

問題 2　仕訳▶商品売買・サービス業などに関する項目

	借方科目	金額	貸方科目	金額
(1)	売掛金 売上原価	*30,000* *20,000*	売上 商品	*30,000* *20,000*
(2)	前受金 役務原価	*350,000* *200,000*	役務収益 当座預金	*350,000* *200,000*
(3)	仕掛品	*50,000*	給料 旅費交通費	*45,000* *5,000*

問題 3　仕訳▶債権に関する項目

	借方科目	金額	貸方科目	金額
(1)	貸倒引当金 貸倒損失	*250,000* *150,000*	不渡手形	*400,000*
(2)	当座預金 手形売却損	*99,500* *500*	受取手形	*100,000*
(3)	現金 電子記録債権売却損	*77,500* *2,500*	電子記録債権	*80,000*
(4)	当座預金 債権売却損	*355,000* *15,000*	売掛金	*370,000*

(注) (2)は次の仕訳でもよい。

（借）当座預金海南銀行　*99,500*　（貸）受取手形　*100,000*
　　　手形売却損　*500*

標準勘定科目表（問題集背表紙裏）には，「当座預金○○銀行」，「普通預金○○銀行」，「定期預金○○銀行」が記載されている。問題文に取引銀行名が記されている場合には，勘定科目に注意すること。

問題 2　仕訳▶商品売買・サービス業などに関する項目

(1)　商品売買の記帳法として，三分法のほかに，売上原価対立法がある。これは，商品を仕入れた段階では商品勘定に記入し，販売を行った時点でそのつど，売上原価を商品勘定から売上原価勘定に振り替えるものである。

(2)　サービス業においては，商品売買業の売上勘定や売上原価勘定の代わりに，役務収益勘定と役務原価勘定を用いる。なお，サービス業において役務収益が発生する時点よりも先行して発生した役務原価は，役務提供の完了時に役務原価勘定に計上するので，それまでは仕掛品勘定を用いる。

(3)　役務提供の完了前に費やされた金額は，費用の各勘定や役務原価ではなく，いったん仕掛品勘定として処理をする。そのため，すでに各費用として記帳が行われていたとしても，特定のサービスのために直接費やされたことが判明した場合には，仕掛品勘定に振り替える必要がある。その後，役務提供の完了時に，仕掛品勘定から役務原価勘定に振り替えを行う。

問題 3　仕訳▶債権に関する項目

(1)・(2)　3級で学ぶ手形の振出・決済の知識をもとに，2級では手形の割引・裏書・不渡り・更改といった処理を確認したい。

(1)は，不渡りとなっていた手形が得意先の倒産によって回収不能になったときの仕訳である。不渡手形や売掛金などの債権が回収不能となることを貸倒れという。貸倒引当金の金額までは貸倒引当金と相殺し，超過した金額は貸倒損失勘定（費用）の借方に記入する。なお，前期以前の債権には決算日に貸倒引当金が設定されているが，当期発生の債権が貸し倒れた場合には貸倒引当金が設定されていないため，その債権全額を貸倒損失とする。

(2)は，手形の割引に関する仕訳である。手形の割引とは，満期前の手形を第三者へ裏書譲渡し，満期日までの利息に相当する額などを割引料として差し引いた金額で換金することである。債権の割引料を以下のように日割計算し，割引料は手形売却損の発生とし，また割引料との差額を当座預金の増加として処理する。

割引料　$¥100{,}000 \times 7.3\% \times \frac{25日}{365日} = ¥500$

(3)　本問は，電子記録債権の譲渡に関する問題である。電子記録債権・債務は，電子債権記録機関上でインターネットを通じて通常の債権・債務と同様に取引することができ，金額を分割して譲渡することもできる。本問のように，譲渡した電子記録債権と現金受領額に差額が生じている場合には，電子記録債権売却損勘定（費用）として処理する。なお，電子記録債権・債務の発生に関する処理は3級の範囲となっている。

(4)　本問は，売掛金の譲渡に関する問題である。資金調達の一環として，通常の会社でも売掛金などの債権の譲渡が行われるようになってきている。その他の債権の譲渡は，手続方法により，売買取引処理または金融取引処理を行うが，2級では売買取引処理の問題が出題される。売買取引処理では，手形などと同様に，差額を債権売却損勘定として処理することになる。

解 答

問題 4 （仕訳▶外貨建取引）

		仕	訳	
	借方科目	金額	貸方科目	金額
(1) 取引発生時	仕入	105,000	買掛金	105,000
(1) 決算時	買掛金	3,000	為替差損益	3,000
(1) 決済時	買掛金	102,000	現金 為替差損益	100,000 2,000
(2)	売掛金 買掛金	1,500 2,000	為替差損益	3,500
(3)	仕入	1,180,000	買掛金	1,180,000

解 説

問題 4 （仕訳▶外貨建取引）

企業活動の国際化の結果，自国通貨（例えば円）以外の外貨（米ドルやユーロ等）を使った輸出および輸入取引が増大し，また企業が在外支店や在外支社を設立して，現地の通貨（外貨）を使った取引が行われるようになり，そのような外貨建取引を自国通貨に換算して報告する会計処理が必要となった。日本では，企業会計審議会の公表した「外貨建取引等会計処理基準」等に規定がある。

(1) 外貨建取引に関する問題である。外貨建取引等会計処理基準では，外貨建取引とその後の決済取引を区別し，為替相場の変動は為替差損益で処理する。これを二取引基準という（外貨建取引とその後の決済取引を一体としてとらえる一取引基準と区別される）。この問題では，1,000ドルという金額は円に換算すると次のように変化している。

	取得時	決算時	決済時
為替相場	1ドル＝￥105	1ドル＝￥102	1ドル＝￥100
換算結果	￥105,000	￥102,000 （→￥3,000の為替差益）	￥100,000 （→￥2,000の為替差益）

(2) 外貨建ての資産・負債に関する問題である。外貨建取引等会計処理基準では，外貨建ての資産・負債について，貨幣項目は決算時の為替相場により外貨換算を行う。

売掛金について外貨換算を行うと，売掛金150ドル×110円＝16,500円となるが，前期の帳簿価額は15,000円であった。売掛金は外貨換算により1,500円増加しており，次のような仕訳となる。

（借）売　掛　金　1,500　（貸）為替差損益　1,500

買掛金について外貨換算を行うと，買掛金200ドル×110円＝22,000円となるが，前期の帳簿価額は24,000円であった。買掛金は外貨換算により2,000円減少しており，次のような仕訳となる。

（借）買　掛　金　2,000　（貸）為替差損益　2,000

(3) 為替予約に関する問題である。為替予約とは，企業が銀行との間で，外貨と日本円を交換するさいに適用される将来の為替相場を現時点で確定する契約をいう。為替予約の会計処理としては，独立処理または振当処理があるが，日商２級では振当処理が範囲となる。振当処理は，外貨建取引と為替予約取引をそれぞれ別に扱う独立処理と異なり，一体として処理するものである。

為替予約は，取引発生時に同時に予約する場合と，取引発生後の別の時点で予約する場合があるが，この問題は前者に該当する。ポイントは，為替予約をすることによって，商品の10,000ユーロが，直物の為替相場（１ユーロ＝120円）ではなく，先物の為替相場（１ユーロ＝118円）で換算されることである。

なお，取引発生後の別の時点で予約をする場合の振当処理では，取引発生時の為替相場と為替予約時の先物の為替相場の差額を為替差損益勘定で処理し，すべて当期の損益とする（より厳密な処理は日商１級の範囲となる）。どちらの場合であっても，決済時，先物の為替相場によって処理されるので，為替差損益は生じない。

問題5 仕訳▶本支店会計

	借方科目	金額	貸方科目	金額
(1)	本店 売掛金	*300,000* *50,000*	売上	*350,000*
(2)	総合損益	*280,000*	支店	*280,000*

問題6 仕訳▶引当金

	借方科目	金額	貸方科目	金額
(1)	貸倒引当金繰入	*290,000*	貸倒引当金	*290,000*
(2)	賞与引当金 賞与	*1,500,000* *2,300,000*	預り金 立替金 現金	*530,000* *50,000* *3,220,000*
(3)	製品保証引当金 製品保証引当金繰入	*45,000* *36,000*	製品保証引当金戻入 製品保証引当金	*45,000* *36,000*
(4)	退職給付引当金 退職給付費用	*5,000,000* *1,000,000*	当座預金	*6,000,000*
(5)	商品保証引当金	*65,000*	当座預金	*65,000*

解説

問題5 仕訳▶本支店会計

(1) 本店集中計算制度による支店間の取引である。他の支店振出しの約束手形を受け取った場合は，その支店に対する債権が生じるが，ここでは，本店集中計算制度を採用しているので，本店に対して債権が生じたものとして，本店勘定の借方に記入する。他の支店が振り出した手形を受け取れば，振り出した支店では手形債務が消滅し，その手形を受け取った支店には手形債権が生じない。なお，売掛金の処理も忘れないこと。

各支店と本店の仕訳

［松山支店］（借）本　　　店 *300,000*　（貸）売　　　上 *350,000*
　　　　　　　　　売　掛　金 *50,000*
［徳島支店］（借）支 払 手 形 *300,000*　（貸）本　　　店 *300,000*
［本　　店］（借）徳 島 支 店 *300,000*　（貸）松 山 支 店 *300,000*

(2) 支店の決算振替仕訳を考える。「当期純損失￥*280,000*を計上した」ということから，支店の収益の合計よりも，支店の費用の合計が￥*280,000*上回っており，損益勘定では，借方残高になっていることに注意する。通常の株式会社では，損益勘定から繰越利益剰余金勘定に振り替えるが，支店にはこれに該当するものがなく，本店勘定に振り替える。この振替えを，本店でどのように処理するかが問われている。

本店に総合損益勘定を設け，支店の損益を本店の損益に振り替えることが多く，解答はその総合損益勘定を使っている。なお，総合損益勘定を設けず，本店の損益勘定に振り替える場合もある。この場合，以下のようになる。

（借）損　　　益 *280,000*　（貸）支　　　店 *280,000*

今後の出題を考えると，本支店会計における法人税等の計上や繰越利益剰余金勘定への振替えについても，余裕があれば確認しておくこと。

問題6 仕訳▶引当金

(1) この問題の貸倒引当金は，売掛金と受取手形の残高のように過去の貸倒実績率を乗じて計算するものと，貸付金残高のように個別評価するものがある。前者については，(売掛金残高￥*600,000*＋受取手形残高￥*400,000*)×貸倒実績率２％＝￥*20,000*となる。後者については，貸付金残高￥*700,000*×回収不能額40％＝￥*280,000*となる。

合計￥*300,000*が貸倒引当金の要設定額となるが，残高が￥*10,000*あるので，繰入額は差額の￥*290,000*となる。

(2) 賞与￥*3,800,000*について，預り金（または所得税預り金）￥*530,000*と立替金（または従業員立替金）￥*50,000*を除いた￥*3,220,000*を現金で支給する取引である。支給については前期負担分として見積もられた賞与引当金￥*1,500,000*を取り崩し，残りが賞与となる。

(3) 決算時における製品保証引当金に関する問題である。家電製品のメーカー保証のように製品（または商品）の品質を保証する場合に，将来の保証期間中に発生する費用に備えて製品保証引当金（または商品保証引当金）を設定する。

本問では，洗替法により仕訳を行うため，まずは前期に設定した製品保証引当金￥*45,000*を製品保証引当金戻入（収益）を用いて取り崩した上で，当期に見積もられた保証費用￥*36,000*を製品保証引当金として新たに設定する。

(4) 退職金を支払った取引である。企業は退職金支払いの債務を退職給付引当金勘定（負債）の貸方に計上している。従業員に退職金を支払ったときは，債務の減少となるから，退職給付引当金勘定の借方に記入する。退職給付引当金勘定を超過する支払額は退職給付費用勘定（または退職金勘定）の借方に記入する。

(5) 問題文より，前期決算時に￥*100,000*（＝￥*20,000,000*×0.5％）の商品保証引当金が計上されているため，修理代金￥*65,000*について商品保証引当金を取り崩す。なお，商品保証引当金の金額よりも多くの修理費用がかかってしまった場合には，商品保証引当金を全額取り崩し，不足する金額を商品保証費として計上する。

また，当期に販売した商品に対する修理である場合には，前期に計上した商品保証引当金を取り崩すことはできないので，修理代金全額を商品保証費として計上する。

問題7　仕訳▶固定資産

	仕訳			
	借方科目	金額	貸方科目	金額
(1)	建物	30,000,000	建設仮勘定	20,000,000
			当座預金	10,000,000
(2)	減価償却費	465,678	備品	2,000,000
	備品減価償却累計額	738,000		
	未収入金	600,000		
	固定資産売却損	196,322		
(3)	建物	2,000,000	未払金	3,000,000
	修繕引当金	800,000		
	修繕費	200,000		
(4)	減価償却費	25,000	備品減価償却累計額	25,000
(5)	減価償却費	270,000	車両運搬具	1,380,000
	車両運搬具	3,500,000	未払金	2,900,000
	固定資産売却損	510,000		
(6)	減価償却費	93,750	備品	500,000
	備品減価償却累計額	125,000		
	貯蔵品	200,000		
	固定資産除却損	81,250		
(7)	減価償却費	150,000	車両減価償却累計額	150,000
(8)	当座預金	50,000	国庫補助金受贈益	50,000
(9)	備品	200,000	当座預金	200,000
	固定資産圧縮損	50,000	備品	50,000
(10)	減価償却費	30,000	備品減価償却累計額	30,000
(11)	営業外支払手形	300,000	当座預金	300,000
	支払利息	20,000	前払利息	20,000
(12)	ソフトウェア償却	300,000	ソフトウェア	300,000

(注) (2)・(6)は次の仕訳でもよい。

	借方科目	金額		貸方科目	金額
(2)(借)	減価償却費	465,678	(貸)	備品減価償却累計額	465,678
	備品減価償却累計額	1,203,678		備品	2,000,000
	未収入金	600,000			
	固定資産売却損	196,322			
(6)(借)	減価償却費	93,750	(貸)	備品減価償却累計額	93,750
	備品減価償却累計額	218,750		備品	500,000
	貯蔵品	200,000			
	固定資産除却損	81,250			

問題7　仕訳▶固定資産

(1) 建物が完成し，引渡しを受けた取引である。建物勘定については，借方に記入し増加させる。建物の取得原価は完成前に支払った¥20,000,000と残額¥10,000,000の合計¥30,000,000である。完成前に支払った工事代金は，建設仮勘定の借方に記入されているから，完成したさいに取り崩す。

(2) 備品を売却した取引である。売却すれば備品が減少するが，間接法で記帳している場合は，備品勘定は取得原価のままであることに注意する。

前期末決算（9月30日）　¥2,000,000×0.369＝¥738,000（減価償却累計額）

当期末決算（9月30日）　（¥2,000,000－¥738,000）×0.369＝¥465,678（減価償却費）

売価と帳簿価額との差額が固定資産売却損（益）である。

売価¥600,000－帳簿価額¥796,322※＝－¥196,322……固定資産売却損

※ 備品¥2,000,000－減価償却累計額¥738,000－減価償却費¥465,678＝¥796,322

(3) 建物の改修を行った取引である。修繕のための支出は修繕費（費用）として処理する。ただし，修繕引当金が設定されている分については，修繕費を計上しないで，修繕引当金を取り崩せばよい（修繕引当金勘定の借方に記入）。なお，耐用年数を延長させる改良分は，建物の価値を高めるための支出であるから，建物勘定に記入する。

(4) 200％定率法に関する問題である。この場合，償却率は定額法の償却率（1÷耐用年数）の2倍（200％）となり，以下のように計算する。6か月分であることに注意。なお，償却率については，％表記で出題されることもある。

償却率　（1÷耐用年数8年）×2＝0.25

減価償却費　備品の取得原価¥200,000×償却率$0.25\times\left(\frac{6か月}{12か月}\right)$＝¥25,000

(5) 自動車の買換えの取引である。買換えとは，新車の購入と旧車の売却の二つの取引を同時に行うものであり，複雑だが，これらを分けて考えること。なお，本問は，直接法であることに注意すること。

直接法では過年度の減価償却費が固定資産の帳簿価額から差し引かれて記帳されるので，当期首時点の自動車の帳簿価額を求める必要がある。

過年度の減価償却費（定額法）　（取得原価¥3,000,000－残存価額¥300,000）÷5（年）×3（回）＝¥1,620,000

当期首の自動車の帳簿価額　取得原価¥3,000,000－過年度の減価償却費¥1,620,000＝¥1,380,000

当年度の減価償却費　（¥3,000,000－¥300,000）÷5（年）×$\frac{1}{2}$（年）＝¥270,000

したがって，買換え時（9/30）の旧車の実質的な帳簿価額は¥1,110,000（＝¥1,380,000－¥270,000）となり，これを¥600,000で売却することになるため，差額として固定資産売却損¥510,000が生じる。さらに，この売却代金¥600,000は新車¥3,500,000の購入にあてられるため，残額の¥2,900,000が未払金として計上される。

《参考》なお，本問が間接法であった場合には次の仕訳となる。

（借）	車両減価償却累計額	1,620,000	（貸）	車両運搬具	3,000,000
	減価償却費	270,000		未払金	2,900,000
	車両運搬具	3,500,000			
	固定資産売却損	510,000			

(6) 備品を除却した取引である。除却とは，固定資産がその企業にとって不要となったり，滅失したり，古くなって使用できなくなったりしたために，帳簿から取り除くことである。

帳簿価額から貯蔵品を差し引いた額が固定資産除却損（費用）となる。

減価償却額（200％定率法）

償却率　（1÷耐用年数8年）×2＝0.25

前期末決算（3月31日）　¥500,000×0.25＝¥125,000（減価償却累計額）

当期末決算（3月31日）　（¥500,000－¥125,000）×0.25＝¥93,750（減価償却費）

備品¥500,000－備品減価償却累計額¥125,000－減価償却費¥93,750－貯蔵品¥200,000＝¥81,250……固定資産除却損

(7) 生産高比例法による減価償却は，総利用量が決まっている場合，耐用年数ではなく，利用量に応じて費用化していくものである。減価償却費は，（取得原価¥1,500,000－残存価額¥150,000）×（当期の利用量3万キロメートル÷総利用可能量27万キロメートル）＝¥150,000となる。

(8)・(9)・(10) 圧縮記帳に関する問題である。圧縮記帳とは，国庫補助金などによって取得した有形固定資産について，その取得原価を一定額だけ減額（圧縮）し，減額（圧縮）後の帳簿価額を貸借対照表価額とする方法であり，税法上の課税の繰延べを図る政策的な制度である。課税の繰延べというのは，有形固定資産の取得原価を圧縮するときの費用計上により，国庫補助金受贈益等に対する直接的な課税を避けることはできるが，その後の減価償却費として計上できる金額が減るので，圧縮しない場合に比べてのちの税負担が増えるということである。圧縮記帳の会計処理には複数あるが，日商2級では直接控除方式を学ぶ。

本問のように直接控除方式による場合，国庫補助金の金額を「固定資産圧縮損」として計上するとともに，備品の取得原価から当該金額を控除する。決算日を迎え，当該備品について減価償却を行うが，圧縮記帳しない場合の減価償却費が¥40,000（＝¥200,000÷5年）に対して，圧縮記帳を行うと減価償却費は¥30,000（＝¥150,000÷5年）となり，税負担に違いがあることがわかる。

(11) 固定資産の割賦購入取引である。購入時の仕訳は次のようになる。

（借）	車両運搬具	1,400,000	（貸）	営業外支払手形	1,500,000
	前払利息	100,000			

固定資産の購入時の支払手形は，営業外支払手形勘定で処理し，現金購入価額と割賦購入価額の差額は一度，前払利息（前払費用でも可）として区分し，期間の経過とともに支払利息に振り替えていく。この場合は，定額法により次のように計算する。

¥100,000÷5回×1回＝¥20,000

なお，購入時に，この¥100,000を支払利息として計上し，決算時に利息の未経過分を前払利息とする処理も考えられる。

(12) ソフトウェアの償却額は，ソフトウェアの取得原価¥1,200,000を利用可能期間の4年で除したもので，¥300,000となる。

問題8　（仕訳▶有価証券と端数利息）

	借方科目	金額	貸方科目	金額
(1)	未収入金	32,500,000	売買目的有価証券 有価証券売却益	32,400,000 100,000
(2)	現金	1,985,000	売買目的有価証券 有価証券売却益	1,800,000 185,000
(3)	子会社株式 関連会社株式 その他有価証券	1,200,000 600,000 830,000	当座預金	2,630,000
(4)	その他有価証券	3,000,000	その他有価証券評価差額金	3,000,000
(5)	売買目的有価証券 有価証券利息	990,000 4,000	当座預金	994,000

解　説

(1)　株式を売却した取引である。売却によって，有価証券が減少するから，売買目的有価証券勘定（資産）の貸方に記入する。この金額は原価によるが，本問のように２回に分けて株式を購入し，買入単価が異なる場合は，問題の指示から平均原価法で１株当たりの平均単価を計算し，これに売却株式数を掛けて譲渡原価を算出する（移動平均法で出題される場合もある）。売価との差額は，別に，有価証券売却益勘定（収益）の貸方に記入する。代金は，月末に受け取るので未収入金勘定の借方に記入する。

売買目的有価証券

① 28,800,000 ② 36,000,000	32,400,000 （原価）

未収入金

32,500,000 （売価）	

有価証券売却益

	100,000

売価　¥6,500×5,000株＝¥32,500,000

原価　$\dfrac{①(¥7{,}200\times4{,}000株)+②(¥6{,}000\times6{,}000株)}{10{,}000株}$

＝¥6,480（１株の平均単価）

¥6,480×5,000株＝¥32,400,000

(2)　有価証券を売却した場合は，売価と帳簿価額との差額が有価証券売却益となる。切り放し法の場合，ここでの帳簿価額は，購入時の¥1,200,000（@¥600×2,000株）ではなく，前期末の¥1,800,000（@¥900×2,000株）となる。

また，本問では売買手数料を控除した金額が売価となる。すなわち，¥2,000,000（@¥1,000×2,000株）から¥15,000をマイナスした¥1,985,000である。有価証券売却益は，この¥1,985,000と評価替え後の価額の¥1,800,000との差額の¥185,000である。なお，過去には洗替法（期末の評価替えをしても，翌期首に振り戻し仕訳を行い，帳簿価額を取得原価に戻す方法）が出題されたこともある。

(3)　A社株式は子会社株式（所有割合が50％を越えるなど他の会社を支配目的で保有するもの）に該当する。B社株式は関連会社株式（所有割合が20％以上など他の会社へ影響力を行使する目的で保有するもの）となる。なお，子会社株式と関連会社株式は，貸借対照表の表示上，関係会社株式となる。C社株式はその他有価証券（売買目的でも満期保有目的でも，他社の支配や影響力行使の目的でもないもの）となる。

(4)　全部純資産直入法とは，時価のあるその他有価証券について，期末に時価で評価し，評価差額の合計額をその他有価証券評価差額金として，貸借対照表上，純資産の部に表示するものである。売買目的有価証券のように当期の損益に計上しないことがポイントとなる。なお，２級の出題範囲に追加された税効果会計の処理を絡めた出題も今後考えられる。その他有価証券の評価差額の処理法として認められている部分純資産直入法は，１級の範囲となっている。

(5)　社債を購入した取引である。売買を目的として所有する社債は売買目的有価証券勘定（資産）に記入する。購入したときは，前回の利払日の翌日（４月１日）から買入日（６月12日）までの日数（73日間）の利息を売り手に支払う。この利息を端数利息といい，有価証券利息勘定（収益）に記入する。有価証券利息勘定は収益の勘定であるが，端数利息を支払ったときは借方に記入する。これは支払高の控除を意味し，利払日が到来して半年分の利息を受け取ったときに有価証券利息の貸方に記入される。このように処理することによって，買い手の社債保有期間に対応した有価証券利息の金額となる。

買入日に支払う利息　$¥1{,}000{,}000\times0.02\times\dfrac{73日}{365日}=¥4{,}000$

利払日に受け取る利息　$¥1{,}000{,}000\times0.02\times\dfrac{1}{2}=¥10{,}000$

有価証券利息

6/12　4,000 （買入日）	9/30　10,000 （利払日）

問題 9　仕訳▶リース取引

	借方科目	金額	貸方科目	金額
(1)	支払リース料	27,000	未払リース料	27,000
(2)	リース債務	45,000	現金	50,000
	支払利息	5,000		
	減価償却費	45,000	リース資産減価償却累計額	45,000

問題10　仕訳▶株式の発行

	借方科目	金額	貸方科目	金額
(1)	別段預金	86,250,000	株式申込証拠金	86,250,000
(2)	株式申込証拠金	48,000,000	資本金	24,000,000
			資本準備金	24,000,000
	当座預金	48,000,000	別段預金	48,000,000
(3)	当座預金	32,000,000	資本金	16,000,000
			資本準備金	16,000,000
	株式交付費	800,000	当座預金	800,000

(注) (3)は次の仕訳でもよい。
(借) 当座預金 31,200,000　(貸) 資本金 16,000,000
　　 株式交付費 800,000　　　 資本準備金 16,000,000

解　説

問題 9　仕訳▶リース取引

(1) オペレーティング・リース取引の問題である。オペレーティング・リース取引は，通常の賃貸借取引として，リース料支払日に仕訳を行う。ただし，この問題のように，リース料支払日と決算日が異なる場合には，決算日に未払分の支払リース料￥27,000（＝￥36,000×$\frac{9か月}{12か月}$）を計上する。

(2) 利子抜き法によるファイナンス・リース取引の問題である。ファイナンス・リース取引とは，解約可能かつフルペイアウトのリース取引であり，通常の売買取引と同様の処理が求められる。

ファイナンス・リース取引は売買処理として，①リース取引日にリース資産およびリース債務の計上，②リース料支払日にリース料支払いの計上，③決算日にリース資産に係る減価償却費の計上を行う。また，ファイナンス・リース取引の仕訳方法としては，利子抜き法と利子込み法がある。この問題では，利子抜き法による②および③の仕訳が問われている。

① リース資産およびリース債務の計上
利子抜き法による場合，リース物件とこれに係る債務を，見積現金購入価額によりリース資産およびリース債務として計上する。このとき，リース物件の見積現金購入価額は￥180,000であるため，以下のように仕訳を行う。
《参考》(借) リース資産 180,000　(貸) リース債務 180,000

② リース料支払いの計上
年額リース料￥50,000には利息の金額が含まれている。利子抜き法では，リース料に含まれている利息を毎期均等額の費用として処理するため，リース料総額(￥200,000＝￥50,000×4年）からリース資産の見積現金購入価額（￥180,000）を差し引いた金額（￥20,000）を，毎期均等に支払利息（￥5,000＝￥20,000÷4年）として計上する。

③ リース資産の減価償却費の計上
①で計上したリース資産に対して減価償却の計算を行う。
なお，この問題を利子込み法で仕訳した場合には，以下の通りになる。

①リース取引日	(借) リース資産	200,000	(貸)	リース債務	200,000
②リース料支払日	(借) リース債務	50,000	(貸)	現金	50,000
③決算日	(借) 減価償却費	50,000	(貸)	リース資産減価償却累計額	50,000

問題10　仕訳▶株式の発行

(1) 新株を公募し，受け取った代金を別段預金にした取引である。公募によって受け入れた代金は別段預金としたので，借方は別段預金勘定（資産）とし，貸方は株式申込証拠金勘定とする。ここではまだ資本金勘定としないことに注意する。資本金勘定には払込期日に記帳する。本問は払込期日前の取引である。

(2) 株式申込証拠金勘定を払込期日に資本金勘定に振り替える。なお，資本金に計上しない部分は，資本準備金勘定（純資産）に振り替える。

(3) 新株発行（増資）の取引である。払込金額の総額が当座預金に預けられるので，当座預金勘定の借方に記入する。@￥80,000×400株＝￥32,000,000
資本金には，会社法で定める最低額を計上するので，次の計算をする。
会社法で定める最低資本金計上額は，次のとおりである。
払込金額の$\frac{1}{2}$の金額
@￥80,000×$\frac{1}{2}$×400(株)＝￥16,000,000……資本金勘定
払込金額のうち資本金に計上しない金額は，資本準備金勘定に記入する。
￥32,000,000－￥16,000,000＝￥16,000,000……資本準備金勘定
新株発行のための諸費用は，株式交付費勘定の借方に記入する。
(注) 会社設立のさいの株式発行費用は，創立費勘定の借方に記入する。

問題11　仕訳▶剰余金の配当と株主資本の計数の変動

	仕		訳	
	借方科目	金額	貸方科目	金額
(1)	繰越利益剰余金	4,300,000	利益準備金 未払配当金 別途積立金	300,000 3,000,000 1,000,000
(2)	別途積立金 利益準備金	2,500,000 2,000,000	繰越利益剰余金	4,500,000
(3)	資本準備金	5,000,000	資本金	5,000,000

問題12　仕訳▶企業の取得・合併

	仕		訳	
	借方科目	金額	貸方科目	金額
(1)	建物 土地 のれん	8,000,000 15,000,000 5,000,000	借入金 当座預金	3,000,000 25,000,000
(2)	諸資産	130,000,000	諸負債 資本金 資本準備金 負ののれん発生益	70,000,000 30,000,000 20,000,000 10,000,000

解 説

問題11　仕訳▶剰余金の配当と株主資本の計数の変動

(1)　株主総会で剰余金処分を決定したときの仕訳である。利益は繰越利益剰余金勘定の貸方に記入されているから，処分によって減少すれば借方に記入する。そして，処分項目の各勘定の貸方に記入する。

会社法が認める利益準備金積立額は，次のように計算する。

ア．剰余金処分による支出額の$\frac{1}{10}$

……株主配当金￥3,000,000※ × $\frac{1}{10}$ = ￥300,000

イ．資本金 × $\frac{1}{4}$ −（資本準備金＋利益準備金）

……￥20,000,000 × $\frac{1}{4}$ −（￥3,000,000＋￥1,000,000）＝￥1,000,000

アとイのうち少ないほうの額…………￥300,000

利益準備金	
	300,000

繰越利益剰余金	
4,300,000（処分額）	4,950,000（利益額）

未払配当金	
	3,000,000

別途積立金	
	1,000,000

※ 株主配当金　￥75×40,000株＝￥3,000,000

(2)　株主総会で赤字補塡を承認したときの仕訳である。別途積立金と利益準備金は取崩しによって減少するので借方に記入し，同額を繰越利益剰余金勘定の貸方に記入する。

繰越利益剰余金	
	4,500,000（補塡額）

別途積立金	
2,500,000（取崩額）	

利益準備金	
2,000,000（取崩額）	

(3)　株主総会の決議により，資本準備金の一部を資本金に振り替える取引である。

問題12　仕訳▶企業の取得・合併

(1)　他社を金銭により取得した取引である。この場合，取得した企業から資産と負債を時価で引き継ぎ，その対価を金銭で支払う(対価として株式を交付する場合もある)。引き継いだ純資産(資産－負債)より，対価の金銭(あるいは交付した株式の総額)のほうが多い場合，その差額はのれんに対する支払いと考えられるから，のれん勘定(資産)の借方に記入する。のれんは同種・同規模の企業に比べて高い収益力を認めたものである。のれんは，無形であるが，企業に有益であるので他社の取得・合併のとき計上される。

のれんの計算　取得対価￥25,000,000－純資産(資産￥23,000,000－負債￥3,000,000)

＝のれん￥5,000,000

(2)　吸収合併の取引である。吸収合併により，株式などを対価として被合併会社は合併会社に吸収されて消滅する。会計処理としては，合併会社が消滅する会社の諸資産を借方に，諸負債を貸方に計上することにより，消滅する会社の資産と負債を引き継ぐ。また，対価として株式を交付している場合には，合併会社の資本金や資本準備金などが増加する。このとき，消滅する会社の純資産額と取得の対価を比較し，取得の対価のほうが大きい場合には差額として「のれん」（資産）が生じ，取得の対価のほうが小さい場合には差額として「負ののれん発生益」（収益）が生じる。本問の場合は，純資産額￥60,000,000 ＞ 取得の対価￥50,000,000であるため，差額￥10,000,000の「負ののれん発生益」が生じる。

（消滅）東北商事株式会社

解答

問題13 仕訳▶連結会計

	借方科目	金額	貸方科目	金額
(1)	資本金 利益剰余金 のれん	*4,500,000* *3,000,000* *1,450,000*	子会社株式 非支配株主持分	*8,200,000* *750,000*
(2)	借入金 貸倒引当金	*450,000* *9,000*	貸付金 貸倒引当金繰入	*450,000* *9,000*
(3)	受取配当金 非支配株主持分	*400,000* *100,000*	剰余金の配当	*500,000*
(4)	売上高 売上原価	*713,000* *45,000*	売上原価 商品	*713,000* *45,000*
(5)	売上高 売上原価 非支配株主持分	*3,960,000* *100,000* *30,000*	売上原価 商品 非支配株主に帰属する当期純利益	*3,960,000* *100,000* *30,000*

解説

連結会計とは，親会社（他の会社を支配している会社）と子会社（他の会社に株式過半数保有等により支配されている会社）を一つの企業集団とみなし，連結財務諸表を作成するための手続きである。その仕訳は，取引の原因と結果について資産・負債・純資産・収益・費用を変動させるような簿記の仕訳と異なり，個別に作成された親会社の財務諸表と子会社の財務諸表を合算したあと，親会社と子会社が同じグループと考えた調整仕訳が中心となる。

親会社の投資勘定と子会社の資本を相殺消去する仕訳と，親会社と子会社の間の取引を，外部者の視点で同じグループの内での取引として修正する仕訳が代表的となる。これらの仕訳は親会社と子会社の個別財務諸表を合算したあとに行われるため，貸借対照表に表示される科目（たとえば，「繰越商品」ではなく「商品」），損益計算書に表示される科目（「売上」ではなく「売上高」）など財務諸表に表示されている科目を用いて解答を行う必要がある。

(1)　連結会計上，親会社と子会社は1つの企業集団として扱うため，連結会社間（親子会社間）の取引は企業集団内の取引となる。そのため，親会社の投資勘定と子会社の資本を相殺消去する資本連結を行う。資本連結には，親会社が子会社を100%取得する場合だけでなく，非支配株主が存在する場合，また投資と資本を相殺したときに「のれん」・「負ののれん発生益」を計上する場合等がある。本問では，親会社の投資勘定（子会社株式￥*8,200,000*）と子会社の資本（資本金￥*4,500,000*＋利益剰余金￥*3,000,000*）を相殺消去し，非支配株主持分￥*750,000*（＝(資本金￥*4,500,000*＋利益剰余金￥*3,000,000*)×非支配株主の持分比率10%）を計上する。さらに，それらの貸借差額から，のれん￥*1,450,000*を計上する。

(2)　親会社と子会社が1つの企業集団となり，連結財務諸表を作成する場合，連結会社間の取引は相殺消去する。本問のように，連結会社間の債権・債務（貸付金・借入金，売掛金・買掛金など）がある場合にはこれを相殺消去し，さらに債権に対し貸倒引当金が設定されている場合には貸倒引当金を修正する必要がある。

(3)　連結会計上，子会社から親会社への配当は，企業集団内における資金の移動にすぎないため，子会社が行った配当と親会社の受取配当金を相殺消去する。このとき，貸方に用いられる勘定科目は，利益剰余金の当期変動額の内訳科目として株主資本等変動計算書に表示される「剰余金の配当」（または配当金）を用いることが一般的である。さらに本問のように，子会社に非支配株主がいる場合には，非支配株主に対する配当は企業集団外の取引となるため，配当金のうち持分比率に応じた「非支配株主持分」（または非支配株主持分当期変動額）を減少させる。

(4)　親会社から子会社への販売取引（ダウンストリーム）に関する問題である。連結会計上，連結会社間における商品売買や債権・債務などは相殺消去するため，売上高および売上原価を相殺消去する。また，連結会社間の取引によって取得し，外部に販売されていない商品・固定資産などに含まれる未実現損益は，その全額を消去する。P社が付加した利益￥*45,000*（＝￥*345,000*×$\frac{15\%}{115\%}$）は未実現利益であるため，未実現利益分を商品勘定から控除し，売上原価勘定（費用）を増加させることにより全額消去する。

(5)　子会社から親会社への販売取引（アップストリーム）に関する問題である。(4)と同様に，連結会社間における商品売買は相殺消去し，連結会社間の取引によって取得した商品に含まれる未実現損益は，その全額を消去する。そのさい，アップストリームにおいては，S社が未実現利益を計上しているため，S社の未実現利益￥*100,000*（＝￥*1,000,000*×10%）を全額消去し，かつその金額のうち親会社持分以外の部分（30%）を非支配株主持分に負担させる。

問題14　仕訳▶会社の税金

	借方科目	金額	貸方科目	金額
(1)	法人税，住民税及び事業税	210,000	未払法人税等	210,000
(2)	法人税，住民税及び事業税	3,250,000	仮払法人税等 未払法人税等	1,500,000 1,750,000
(3)	当座預金	263,000	還付法人税等	263,000
(4)	仮受消費税	29,200	仮払消費税 未払消費税	23,500 5,700

問題14　仕訳▶会社の税金

(1)　課税所得の算定方式に関する問題である。法人税等（法人税，住民税及び事業税）は課税所得に税率を掛けて算出されるが，課税所得は会計上の利益と異なる。本問では損金不算入部分があるため，課税所得は税引前当期純利益に損金不算入部分を加えた￥700,000（＝￥600,000＋￥100,000）になり，当該課税所得に税率30％を乗じた￥210,000（＝￥700,000×30％）が法人税等の計上額となる。

(2)　決算にあたり法人税，住民税及び事業税を計上した取引である。その会計期間の法人税・住民税及び事業税は，法人税等勘定の借方に記入する。本問では，中間申告分はすでに納付されており，下記のように仕訳が行われている。

《中間納付時》（借）仮払法人税等　1,500,000　（貸）現　　金　1,500,000

そのため決算時には，この仮払法人税等￥1,500,000を貸方に記入するとともに，未払額￥1,750,000（＝￥3,250,000－￥1,500,000）を未払法人税等勘定（負債）の貸方に記入する。

(3)　法人税等の更正を受け，税金の還付を受けた取引である。過年度に法人税等を支払ったときには，(2)のように法人税等勘定（費用）に計上している。本問では，その一部が還付されたが，過年度分であるため，法人税等勘定ではなく，還付法人税等勘定（収益）を用いて貸方に記入する。なお，法人税等の更正を受け，追徴を命じられた場合には，追徴法人税等勘定（費用）を用いる。

(4)　決算にさいして，税抜方式により消費税の未払額を計上した取引である。

税抜方式は，取引時に含まれる消費税を，取引価格とは区別して記入する方法である。この方法では，仮払消費税を貸方に，仮受消費税を借方に記入する相殺仕訳を行い，貸借差額を未払消費税勘定（負債）とする仕訳を行う。

なお，仮受消費税よりも仮払消費税のほうが多い場合には，貸借差額を未収還付消費税勘定（資産）として記入する。

問題15　仕訳▶税効果会計

		借方科目	金額	貸方科目	金額
(1)		繰延税金資産	2,000	法人税等調整額	2,000
(2)		法人税等調整額	2,000	繰延税金資産	2,000
(3)	A社	その他有価証券評価差額金 繰延税金資産	2,400 1,600	その他有価証券	4,000
	B社	その他有価証券	4,000	その他有価証券評価差額金 繰延税金負債	2,400 1,600

(注) (3)は税効果会計の仕訳を相殺表示せず，それぞれの仕訳を示した次の解答でもよい。

A社　(借)　その他有価証券評価差額金　4,000　(貸)　その他有価証券　4,000
　　　　　繰延税金資産　1,600　　　その他有価証券評価差額金　1,600

B社　(借)　その他有価証券　4,000　(貸)　その他有価証券評価差額金　4,000
　　　　　その他有価証券評価差額金　1,600　　　繰延税金負債　1,600

なお，問題文や勘定科目の指定により，どちらかの解答しか認められない場合があるので注意すること。

問題15　仕訳▶税効果会計

会計の考え方（「収益」から「費用」をマイナスして「期間損益」を求める）と税法の考え方（「益金」から「損金」をマイナスして「課税所得」を求める）には違いがある。両者の間の本質的な考え方のズレ（永久差異という。寄付金の損金不算入や受取配当金の益金不算入などがその例となる）は調整できないが，タイミングのズレ（一時差異という。貸借対照表に計上されている資産・負債の金額と，課税所得計算上の資産・負債の金額との差異で，いずれその差異が解消するもの）等について調整をするのが「税効果会計」である。

税効果会計を適用することによって，法人税等を控除する前の当期純利益の金額と法人税等の金額を合理的に対応させ，税引後当期純利益が会計上意味のある金額となる。

調整の方法として，損益計算書において，会計の考え方で算出された「税引前当期純利益」に対して，税法の考え方で算出された「法人税等」をそのまま控除するのではなく，「法人税等調整額」によって会計の考え方に合わせた税額に修正して，当期純利益を求める形をとる。

法人税等を繰り延べる場合，法人税の前払いが発生したと考えて，次のような仕訳を行う（解消時は，この仕訳を反対にする）。

(借)　繰延税金資産　×××　(貸)　法人税等調整額　×××

法人税等を見越し計上する場合，法人税の未払いが発生したと考えて，次のような仕訳を行う（解消時は，この仕訳を反対にする）。

(借)　法人税等調整額　×××　(貸)　繰延税金負債　×××

税効果会計が適用される取引は限られている。日商2級の場合，各種引当金の繰入限度額，減価償却費の償却限度超過額，その他有価証券の評価差額について理解しておくこと。

(1)　この問題の場合，会計上の売掛金は*￥980,000*（＝売掛金*￥1,000,000*－貸倒引当金*￥20,000*）であるが，税法上の売掛金は*￥985,000*（＝売掛金*￥1,000,000*－貸倒引当金*￥20,000*＋損金不算入額*￥5,000*）である。この差額の*￥5,000*が将来減算一時差異であり，これに税率40%を乗じた金額*￥2,000*が繰延税金資産となる。

(2)　将来減算一時差異の解消時は，当初の仕訳を反対にして繰延税金資産を取り崩す。

(3)　その他有価証券の場合，評価損益は，直接純資産の部に計上されるため，法人税等調整額ではなく，その他有価証券評価差額金で調整する。評価益の場合は繰延税金負債，評価損の場合は繰延税金資産を評価差額から直接控除して調整する。

A社株式の場合，会計上のその他有価証券*￥16,000*と税法上のその他有価証券*￥20,000*があり，その差額の*￥4,000*が将来加算一時差異であり，これに税率40%を乗じた金額が，繰延税金資産となる。

その他有価証券の評価替えをした場合，翌期首に評価差額の再振替仕訳と，税効果会計の仕訳を逆にして振戻しを行う。

なお，その他有価証券についての部分純資産直入法は1級の範囲になっている。

問題16　仕訳▶未決算勘定と保険契約

	仕		訳	
	借　方　科　目	金　　額	貸　方　科　目	金　　額
(1)	支　払　保　険　料 前　払　保　険　料	*30,000* *30,000*	前　払　保　険　料 長期前払保険料	*30,000* *30,000*
(2)	建物減価償却累計額 未　　決　　算 火　　災　　損　　失	*9,000,000* *10,000,000* *2,200,000*	建　　　　物 仕　　　　入	*20,000,000* *1,200,000*
(3)	未　収　入　金 火　災　損　失	*15,000,000* *1,000,000*	未　　決　　算	*16,000,000*

問題16　仕訳▶未決算勘定と保険契約

(1)　本問は，前期末に繰延処理をした前払保険料勘定の再振替仕訳と，固定資産である長期前払保険料勘定のうち当決算日の翌日から1年分に当たる金額を，流動資産である前払保険料勘定に振り替える仕訳を求めている。再振替仕訳は，本来，期首に行うが，本問では「当期首において再振替仕訳は行っていない」とあるから，ここで再振替仕訳を行う。

（借）　支払保険料　　*30,000*　　（貸）　前払保険料　　*30,000*

長期前払保険料のうち1年分を，流動資産である前払保険料勘定に振り替えるための仕訳は次のように行う。

（借）　前払保険料　　*30,000*　　（貸）　長期前払保険料　　*30,000*

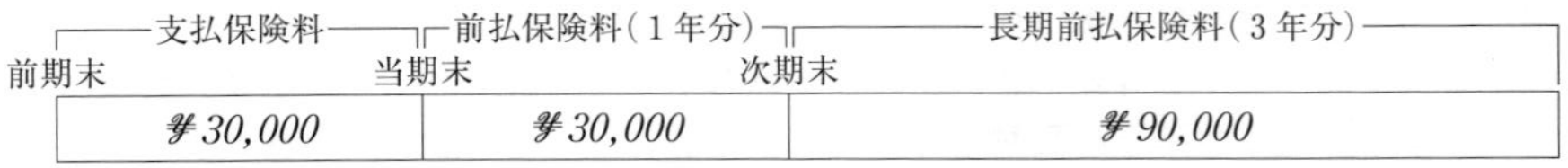

(2)　火災によって，倉庫（建物）と商品を焼失した取引である。火災や事故などは，通常は取引とはいわないが，簿記では資産を失って損失が生じるため取引となる。

建物の減価償却を間接法で記帳しているので，建物の取得原価と減価償却累計額を反対記入して減少させる。また，商品の焼失は三分法により仕入勘定の減少として記帳する。いくら保険金が支給されるかわからないから，火災保険契約額の￥*10,000,000*で記帳する。この保険金の請求を示す勘定は未決算勘定（資産，火災未決算勘定でも可）を用いる（下図参照）。保険金の請求額￥*10,000,000*と焼失資産の価値￥*12,200,000*（建物￥*20,000,000*－￥*9,000,000*＋商品￥*1,200,000*）の差額は火災損失勘定（費用）となる。

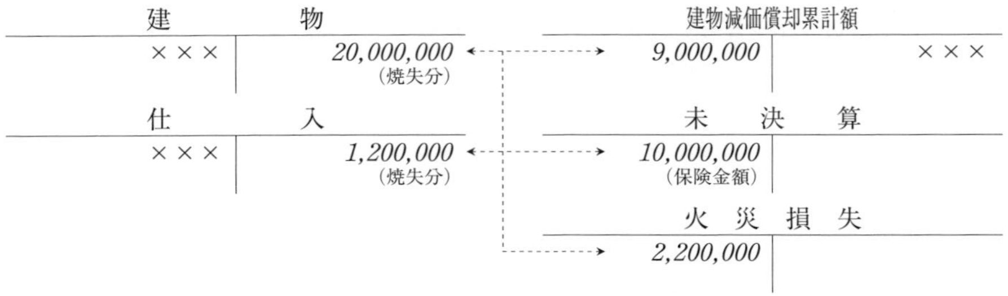

(3)　火災保険金の支払いが決定した取引である。保険の契約がしてあれば，保険金がいくら支払われるか未定であるから，未決算勘定（火災未決算勘定でも可）の借方に記入されている。火災保険金の支払額が決定すれば，未収入金勘定（資産）の借方と未決算勘定（資産）の貸方に記入する。保険金が支払われない分は火災損失勘定（費用）の借方に記入する。なお，未決算を超える分は，保険差益勘定（収益）の貸方に記入する。

問題17　仕訳▶その他

	仕訳			
	借方科目	金額	貸方科目	金額
(1)	仕掛品	390,000	製造間接費	390,000
(2)	普通預金 仮払法人税等	120,000 30,000	受取配当金	150,000
(3)	研究開発費	330,000	当座預金	330,000

問題17　仕訳▶その他

(1) 製造業を営む会社の処理である。製造業を営む会社では，月末や決算時などに製造原価報告書を作成する。そのさいに，それぞれの原価を集計することにより，製品の製造原価を算定する。

本問では，与えられた資料（下記の仕訳参照）から，製造間接費（網掛け部分）をすべて集計し，仕掛品に振り替える。

《参考》資料にもとづく各原価の仕訳

材料費	（借） 材料	220,000	（貸） 買掛金	220,000
	（借） 仕掛品	160,000	（貸） 材料	200,000※
	製造間接費	40,000		

※ 当月消費した材料費￥200,000
　＝月初有高￥120,000＋当月仕入高￥220,000－月末有高￥140,000

労務費	（借） 賃金	400,000	（貸） 現金	400,000
	（借） 仕掛品	300,000	（貸） 賃金	400,000
	製造間接費	100,000		
経費	（借） 減価償却費	250,000	（貸） 建物減価償却累計額	250,000
	（借） 製造間接費	250,000	（貸） 減価償却費	250,000

その後，仕掛品に振り替えられた金額を製品勘定に振り替えることにより，製品の製造原価を算定することとなる。

(2) 配当に係る源泉所得税に関する問題である。保有している株式の配当金を受け取った場合には，当該配当金について所得税等の源泉徴収が行われる。本問では問題文に「源泉所得税20％を控除後」と書かれているため，普通預金口座に入金された￥120,000は所得税が源泉徴収されたあとの金額である。そのため，まずは源泉徴収前の配当金の金額を計算し（￥120,000÷80％＝￥150,000），実際に入金された金額（￥120,000）は普通預金勘定により，源泉徴収された所得税の金額（￥150,000－￥120,000＝￥30,000）は法人税の前払いとして仮払法人税等勘定により仕訳を行う。

(3) 研究開発のために，材料，消耗品，実験器具を購入した取引である。研究開発のための支出であるから，研究開発費勘定（費用）の借方に記入する。誤って，材料勘定や消耗品勘定などを用いることがないように注意する必要がある。

【仕訳問題対策】

最近の日商簿記の範囲改定において，改定項目は，最初の出題時には基礎的な出題にとどめ，２度目以降の出題においては応用的な内容を追加する傾向が見られ，過去の出題を単に理解するだけでは十分ではない場合がある。また基本的なものをストレートに問う問題もあれば，基本的な処理を組み合わせて応用力を問う問題が出題されることもある。とはいえ，それぞれの取引についての理解が解答の基礎となる。問題文を丁寧に読み，問われていることを正しく理解し，解答を導く力が求められている。

問題18　株式会社の純資産▶株主資本等変動計算書の作成

株主資本等変動計算書

自20X7年4月1日　至20X8年3月31日　　(単位：千円)

	株主資本			
	資本金	資本剰余金		
		資本準備金	その他資本剰余金	資本剰余金合計
当期首残高	20,000	4,000	1,000	5,000
当期変動額				
新株の発行	(2,500)	(2,500)		(2,500)
資本準備金の資本組入	(4,000)	(△4,000)		(△4,000)
剰余金の配当				
別途積立金の積立				
当期純損失				
事業年度中の変動額合計	(6,500)	(△1,500)	(0)	(△1,500)
当期末残高	(26,500)	(2,500)	(1,000)	(3,500)

上段より続く　　下段へ続く

	株主資本				
	利益剰余金				株主資本合計
	利益準備金	その他利益剰余金		利益剰余金合計	
		別途積立金	繰越利益剰余金		
当期首残高	800	500	5,000	6,300	31,300
当期変動額					
新株の発行					(5,000)
資本準備金の資本組入					(0)
剰余金の配当	(200)		(△2,700)	(△2,500)	(△2,500)
別途積立金の積立		(500)	(△500)	(0)	(0)
当期純損失			(△80)	(△80)	(△80)
事業年度中の変動額合計	(200)	(500)	(△3,280)	(△2,580)	(2,420)
当期末残高	(1,000)	(1,000)	(1,720)	(3,720)	(33,720)

問題18　株式会社の純資産▶株主資本等変動計算書の作成

資料をもとに一会計期間における株主資本等変動計算書を作成する問題である。

① 当期首残高は，資料にある前期末の貸借対照表の数値をそのまま記入すればよい。

② 新株発行については，発行価額（総額）は¥5,000,000であるが，このうち会社法で資本金として計上することが認められている最低額は$\frac{1}{2}$であるから，¥2,500,000が資本金，残額である¥2,500,000は資本準備金とする。

(借) 当座預金	5,000,000	(貸) 資本金	2,500,000
		資本準備金	2,500,000

③ 資本準備金の資本金への組み入れは，資本準備金を減少させて資本金を増加させればよい。なお，日程から明らかであるが，資本金に組み入れているのは¥4,000,000であり，②の新株発行によって生じた資本準備金は含まれない。

(借) 資本準備金	4,000,000	(貸) 資本金	4,000,000

④ 利益剰余金を財源とした配当（総額）は，1株につき¥250であり株数が10,000株であるから，¥2,500,000である。また，利益準備金として計上しなければならない金額は，資本準備金と利益準備金の合計が資本金の$\frac{1}{4}$に達するまでは配当（総額）の$\frac{1}{10}$である。ここで，資本金が¥20,000,000であり，資本準備金が¥4,000,000，利益準備金が¥800,000であるから，「資本準備金と利益準備金の合計が資本金の$\frac{1}{4}$」に達していない額は¥200,000である。一方で，配当（総額）の$\frac{1}{10}$は¥250,000であるから，このたびの配当の実施によって積み立てなければならない利益準備金は¥200,000であることがわかる。

(借) 繰越利益剰余金	3,200,000	(貸) 未払配当金	2,500,000
		利益準備金	200,000
		別途積立金	500,000

⑤ 純損失の計上は，以下のとおり仕訳を行う。

(借) 繰越利益剰余金	80,000	(貸) 損益	80,000

問題19　現金預金▶銀行勘定調整表の作成

問１

銀行勘定調整表			
X年３月31日			
銀行の残高証明書の残高			(274,600)
加算：	[②]	(92,000)	(92,000)
減算：	[①]	(30,000)	
	[③]	(3,000)	
	[④]	(34,000)	(67,000)
企業の当座預金勘定の残高			(299,600)

※［　　］には，資料における番号①～④を記入しなさい。
（　　）には，金額を記入しなさい。

問２

	企業側の修正仕訳			
	借方科目	金額	貸方科目	金額
①	当座預金	30,000	買掛金	30,000
②	仕訳なし			
③	当座預金	3,000	買掛金	3,000
④	当座預金	34,000	売掛金	34,000

問３

貸借対照表に計上される当座預金の金額	¥ 366,600

問題19　現金預金▶銀行勘定調整表の作成

当座預金に関する資料から，「銀行残高基準法」による銀行勘定調整表を作成する問題である。

当座預金は，企業側と銀行側との記帳の時間的ずれや誤記入などのため，銀行側が発行する当座預金残高証明書の金額と企業側の帳簿残高が一致しないことがある。そこで不一致の原因を明らかにし，誤りがあればこれを修正する。そのために銀行勘定調整表を作成し，預金残高が一致することを確認する必要がある。その際，修正仕訳を必要とするものと必要としないものがあることに注意をする。

１．銀行勘定調整表の作成：銀行残高基準法

銀行側の残高証明書の金額に原因が判明した額を加減し，企業側の当座預金勘定の残高に一致させる。ここでは，銀行側の残高証明書の金額¥274,600に②の¥92,000を加算し，①の¥30,000と③の¥3,000と④の¥34,000を減算する。

残高証明書　時間外預け入れ　未渡小切手　誤記入　連絡未通知　企業の当座預金勘定の残高
¥274,600＋②¥92,000－(①¥30,000＋③¥3,000＋④¥34,000)＝¥299,600

２．不一致の原因を調査した結果，明らかになった事実により以下のような処理を行う。

① 未渡小切手…企業側が振り出した小切手を仕入先に渡していない。企業側は小切手を振り出したときに，当座預金の減少の処理を行っていたが，仕入先にまだ小切手を渡していないので，小切手を振り出したときの仕訳と貸借反対の仕訳を行う。
（借）当座預金　30,000　（貸）買掛金　30,000

② 時間外預け入れ…銀行側で翌営業日の入金として処理する。時の経過によって両者の残高が一致するので，企業側は仕訳をしない。

③ 誤記入…商品の仕入れ代金として小切手を振り出したが，企業側では振り出した金額よりも多く当座預金の減少処理を行っていた。そのため，多く減少処理をしていた金額について貸借反対の仕訳を行う。
（借）当座預金　3,000　（貸）買掛金　3,000

④ 連絡未通知…企業側に入金の通知が届いていないので，当座預金の増加の記帳を行う。
（借）当座預金　34,000　（貸）売掛金　34,000

３．貸借対照表に計上される当座預金の金額

「両者区分調整法」により銀行勘定調整表を作成し，両者の一致額（調整後の当座預金残高）を貸借対照表に計上する当座預金の金額とする。

銀行勘定調整表

	企業の当座預金勘定残高		銀行の残高証明書残高
３月31日現在の残高	¥299,600※		¥274,600
（加算）① 未渡小切手	30,000		—
② 時間外預け入れ	—		92,000
③ 誤記入	3,000		—
④ 連絡未通知	34,000		—
調整後の残高	366,600	……一致額……	366,600

※問１で判明した金額

問題20　固定資産▶固定資産の減価償却費

問1　¥ 228,000　　問3　¥ 1,292,000

問2　¥ 256,250　　問4　¥ 193,750

問5

備　　品

日	付		摘　要	借　方	日	付		摘　要	貸　方
28	4	1	前期繰越	2,000,000	28	11	30	諸　口	2,000,000
29	2	1	未払金	900,000	29	3	31	次期繰越	900,000
				2,900,000					2,900,000

備品減価償却累計額

日	付		摘　要	借　方	日	付		摘　要	貸　方
28	11	30	備　品	687,500	28	4	1	前期繰越	687,500
29	3	31	次期繰越	37,500	29	3	31	減価償却費	37,500
				725,000					725,000

解　説

建物と備品の取得や売却等に関する会計処理の問題である。問1から問4の解答については，以下の①から④のそれぞれの有形固定資産の処理を参照のこと。問5については，備品Cの売却と備品Dの新規取得に注意すること。

① 建物A

2X11年4月1日に取得し，2X28年4月1日の建物減価償却累計額の残高が¥3,060,000であることから，耐用年数が50年であることがわかる。

（取得原価¥10,000,000－残存価額¥10,000,000×10%）÷耐用年数？年×経過年数17年
＝¥3,060,000

よって，当期の減価償却費は，

（取得原価¥10,000,000－残存価額¥10,000,000×10%）÷耐用年数50年
＝¥180,000

であり，当期末の建物Aの建物減価償却累計額は¥3,240,000と求められる。

〈仕訳（2X29年3月31日）〉

（借）減価償却費　180,000　（貸）建物減価償却累計額　180,000

② 建物B

2X13年4月1日に取得し，2X28年4月1日の建物減価償却累計額の残高が¥2,160,000であることから，耐用年数が50年であることがわかる。

（取得原価¥8,000,000－残存価額¥8,000,000×10%）÷耐用年数？年×経過年数15年
＝¥2,160,000

そして，2X28年7月31日に火災により焼失しているため，当期の減価償却費は，

（取得原価¥8,000,000－残存価額¥8,000,000×10%）÷耐用年数50年×$\frac{\text{経過月数4か月}}{\text{12か月}}$＝¥48,000

であることがわかる。なお，保険金請求を行っているため，焼失時には未決算勘定が計上される。

〈仕訳（2X28年7月31日）〉

（借）建物減価償却累計額　2,160,000　（貸）建　物　8,000,000
　　　減価償却費　48,000
　　　未決算　5,792,000

次に，2X28年10月15日に受け取る保険金額が確定し，当座預金口座に入金されているため，同日に火災損失が計上される。

〈仕訳（2X28年10月15日）〉

（借）当座預金　4,500,000　（貸）未決算　5,792,000
　　　火災損失　1,292,000

③ 備品C

備品は200%定率法で償却率は0.25（1÷8年×2.0）である。

期首の帳簿価額が¥1,312,500（＝¥2,000,000－¥687,500）であり，2X28年11月30日に売却しているので，当期の減価償却費は，

期首帳簿価額¥1,312,500×償却率0.25×$\frac{\text{経過月数8か月}}{\text{12か月}}$＝¥218,750

と求められる。

〈仕訳（2X28年11月30日）〉

（借）当座預金　900,000　（貸）備　品　2,000,000
　　　備品減価償却累計額　687,500
　　　減価償却費　218,750
　　　固定資産売却損　193,750

なお［資料Ⅰ］備品Cの期首残高¥687,500（前期末までの備品減価償却累計額）は，以下の合計額により求められる。

2X26年度（2X26年10月1日～2X27年3月31日）：

¥2,000,000×償却率0.25×$\frac{\text{6か月}}{\text{12か月}}$＝¥250,000

2X27年度（2X27年4月1日～2X28年3月31日）：

（¥2,000,000－¥250,000）×償却率0.25＝¥437,500

④ 備品D

2X29年2月1日に新規取得したものであるから，当期の減価償却費は，

取得原価¥900,000×償却率0.25×$\frac{\text{経過月数2か月}}{\text{12か月}}$＝¥37,500

と求められる。

〈仕訳（2X29年2月1日）〉

（借）備　品　900,000　（貸）未払金　900,000

〈仕訳（2X29年3月31日）〉

（借）減価償却費　37,500　（貸）備品減価償却累計額　37,500

問題21　決算▶連結損益計算書の完成

問1

借方科目	金額	貸方科目	金額
資本金	100,000	S社株式	160,000
利益剰余金	145,000	(非支配株主持分)	98,000
(のれん)	13,000		

問2

連結損益計算書

P社　自20X8年4月1日　至20X9年3月31日　(単位：円)

売上原価	(1,520,500)	売上高	(2,545,000)
販売費	(202,000)	(受取利息)	(1,000)
貸倒引当金繰入	(3,400)		
一般管理費	(251,400)		
減価償却費	(73,000)		
(のれん償却)	(1,300)		
支払利息	(700)		
法人税等	(182,500)		
当期純利益	(311,200)		
	(2,546,000)		(2,546,000)
(非支配株主に帰属する当期純利益)	(32,400)	当期純利益	(311,200)
(親会社株主に帰属する当期純利益)	(278,800)		
	(311,200)		(311,200)

問題21　決算▶連結損益計算書の完成

問1

まず，投資と資本の相殺消去の会計処理にあたっては，取得時における被取得企業（ここではS社）の純資産を消去することになる。「消去」であるから，資本金と利益剰余金は借方に計上する。この際，何パーセント分を取得したかにかかわらず，全額を借方に計上する。

次に，資本金と利益剰余金あわせて￥245,000のうち60％分，すなわち￥147,000（＝￥245,000×0.6）を￥160,000で取得しているので，差額の￥13,000がのれんとなる。

最後に，資本金と利益剰余金あわせて￥245,000のうち40％，すなわち￥98,000（＝￥245,000×0.4）を非支配株主持分として計上する。

(借)	資本金	100,000	(貸)	S社株式	160,000
	利益剰余金	145,000		非支配株主持分	98,000
	のれん	13,000			

問2

本問では連結損益計算書の作成が求められているため，以下に示す前期の連結仕訳や当期の開始仕訳が作成できなくとも解答は可能である。しかし，貸借対照表や連結精算表の作成のためにはこれらが作成できなければならないので，念のため確認しておくこと。

(1)　前期の連結仕訳

①　開始仕訳

問1で作成した仕訳の勘定科目名を変更するだけである。

(借)	資本金当期首残高	100,000	(貸)	S社株式	160,000
	利益剰余金当期首残高	145,000		非支配株主持分当期首残高	98,000
	のれん	13,000			

②　のれんの償却

支配獲得時に生じたのれんが￥13,000であり，その翌年度から10年間で均等償却を行うから，年間償却額は￥1,300となる。

(借)	のれん償却	1,300	(貸)	のれん	1,300

③　子会社の利益の按分

S社の当期純利益のうち非支配株主に帰属する分を，非支配株主に帰属する当期純利益に振り替える。この計算は，S社の当期純利益に非支配株主の持分比率を乗じればよい（￥60,000×40％＝￥24,000）。

(借)	非支配株主に帰属する当期純利益	24,000	(貸)	非支配株主持分当期変動額	24,000

(2)　当期の開始仕訳

(1)の仕訳をまとめればよい。この際，損益の勘定科目はすべて利益剰余金当期首残高に集約する。また，純資産の科目についてはすべて当期首残高にする。

(借)	資本金当期首残高	100,000	(貸)	S社株式	160,000
	利益剰余金当期首残高	170,300		非支配株主持分当期首残高	122,000
	のれん	11,700			

(3)　当期の期中仕訳

①　のれんの償却

のれんの償却は前期と同様の計算である。

（借）	のれん償却	1,300	（貸）のれん	1,300

②　子会社の利益の按分

￥81,000×40%＝￥32,400

（借）	非支配株主に帰属する当期純利益	32,400	（貸）非支配株主持分当期変動額	32,400

③　収益と費用の相殺消去

この際，持分比率にかかわらず，全額を消去する。

（借）	売上高	455,000	（貸）売上原価	455,000

④　債権と債務の相殺消去

この際，持分比率にかかわらず，全額を消去する。ただし，本問では消去した債権に個別財務諸表上，貸倒引当金を計上していないので，貸倒引当金の消去仕訳が不要である。よって，債権と債務の相殺消去を行っても損益計算書には影響しない。

（借）	支払手形	50,800	（貸）受取手形	50,800
	買掛金	82,900	売掛金	82,900

⑤　棚卸資産に係る未実現利益の消去

子会社が保有している親会社から購入した商品の期末棚卸高に，販売側である親会社の利益率を乗じて金額を算定する。

（借）	売上原価	25,500	（貸）商品	25,500

なお，親会社株主に帰属する当期純利益と非支配株主に帰属する当期純利益の算出方法は次の通りである。ただし，解答にあたっては，当期純利益と非支配株主に帰属する当期純利益の差額として親会社株主に帰属する当期純利益を求めればよい。

非支配株主に帰属する当期純利益　￥32,400＝￥81,000×40%

親会社株主に帰属する当期純利益　￥278,800＝親会社当期純利益￥257,000＋Ｓ社当期純利益￥81,000－のれん償却￥1,300－非支配株主に帰属する当期純利益￥32,400－売上原価￥25,500

また上記以外で，問２の連結損益計算書の各金額の求め方は，以下の通りとなる。

（借方科目）

売上原価　￥1,520,500＝Ｐ社￥1,250,000＋Ｓ社￥700,000－３.￥455,000＋５.￥25,500

販売費　￥202,000＝Ｐ社￥122,000＋Ｓ社￥80,000

貸倒引当金繰入　￥3,400＝Ｐ社￥2,200＋Ｓ社￥1,200

一般管理費　￥251,400＝Ｐ社￥186,400＋Ｓ社￥65,000

減価償却費　￥73,000＝Ｐ社￥45,000＋Ｓ社￥28,000

のれん償却　￥1,300（(1)②より）

支払利息　￥700＝Ｐ社￥400＋Ｓ社￥300

法人税等　￥182,500＝Ｐ社￥138,000＋Ｓ社￥44,500

当期純利益　￥311,200＝貸方合計￥2,546,000－借方合計￥2,234,800

（貸方科目）

売上高　￥2,545,000＝Ｐ社￥2,000,000＋Ｓ社￥1,000,000－３.￥455,000

受取利息　￥1,000＝Ｐ社￥1,000

問題22　決算▶損益計算書の完成

損　益　計　算　書

自20X8年４月１日　至20X9年３月31日　（単位：円）

Ⅰ　売　上　高		3,300,000
Ⅱ　売　上　原　価		
1．期首商品棚卸高	（　115,000　）	
2．当期商品仕入高	（　2,450,000　）	
合　　計	（　2,565,000　）	
3．期末商品棚卸高	（　126,000　）	
差　　引	（　2,439,000　）	
4．棚　卸　減　耗　損	（　5,250　）	
5．（商　品　評　価　損）	（　3,450　）	（　2,447,700　）
（売　上　総　利　益）		（　852,300　）
Ⅲ　販売費及び一般管理費		
1．広　告　宣　伝　費	（　205,000　）	
2．減　価　償　却　費	（　130,100　）	
3．修繕引当金繰入	（　37,500　）	
4．貸倒引当金繰入	（　3,500　）	
5．通　　信　　費	（　53,750　）	
6．保　　険　　料	（　18,750　）	
7．の　れ　ん（償　却）	（　30,000　）	（　478,600　）
（営　業　利　益）		（　373,700　）
Ⅳ　営　業　外　収　益		
1．受　取　利　息	（　3,000　）	
2．受　取　家　賃	（　160,000　）	
3．有　価　証　券　利　息	（　16,000　）	（　179,000　）
Ⅴ　営　業　外　費　用		
1．（支　払　利　息）	（　20,900　）	（　20,900　）
（経　常　利　益）		（　531,800　）
Ⅵ　特　別　損　失		
1．（固定資産除却損）	（　76,800　）	（　76,800　）
税引前当期純利益		（　455,000　）
法人税, 住民税及び事業税		（　150,000　）
当　期　純（利　益）		（　305,000　）

問題22　決算▶損益計算書の完成

決算整理前残高試算表と未処理事項および決算整理事項によって損益計算書を作成する問題である。

〔資料２に関する仕訳〕

1．前期の売掛金の貸倒れのため，貸倒引当金を取り崩す。

（借）貸倒引当金　2,500　（貸）売　掛　金　2,500

2．社債の期限到来済み利札は現金として処理を行う。

（借）現　　金　6,000　（貸）有価証券利息　6,000

3．備品の除却が未記入であるため，仕訳を行う。なお，当期首の除却であるため，減価償却費は発生しない。

（借）備品減価償却累計額　73,200　（貸）備　　品　150,000
　　　固定資産除却損　76,800

〔資料３に関する仕訳〕

1．貸倒引当金の設定（差額補充法）

（*￥166,000*＋*￥186,500*－資料２の１．*￥2,500*）×３％－（*￥9,500*－資料２の１．*￥2,500*）＝*￥3,500*

（借）貸倒引当金繰入　3,500　（貸）貸倒引当金　3,500

2．売上原価の計算

資料１の繰越商品は，期首商品棚卸高であるため，仕入勘定に振り替える。

そして，期末商品帳簿棚卸高だけ仕入勘定から振り替える。

①期末商品帳簿棚卸高

A商品　180個×@*￥370*＝*￥*　66,600
B商品　120個×@*￥325*＝*￥*　39,000
C商品　255個×@*￥*　80＝*￥*　20,400
　　　　　　　　　　　　￥126,000

（借）仕　　入　115,000　（貸）繰越商品　115,000
（借）繰越商品　126,000　（貸）仕　　入　126,000

棚卸減耗損，商品評価損を期末商品帳簿棚卸高から減額する。なお，棚卸減耗損および商品評価損は売上原価の内訳項目として表示するため，仕入勘定に振り替える。

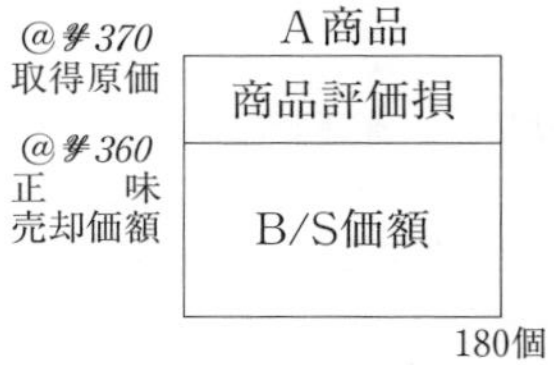

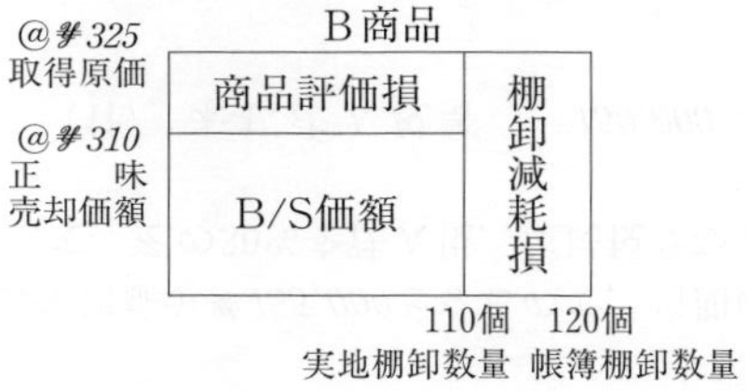

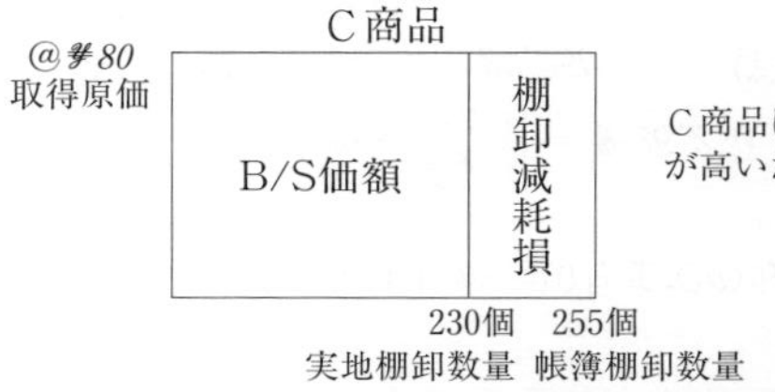

C商品については，取得原価より正味売却価額のほうが高いため，商品評価損は発生しない。

②棚卸減耗損

B商品¥3,250(＝(120個－110個)×@¥325)＋C商品¥2,000(＝(255個－230個)×@¥80)＝¥5,250

③商品評価損

A商品¥1,800(＝(@¥370－@¥360)×180個)＋B商品¥1,650(＝(@¥325－@¥310)×110個)＝¥3,450

(借)	棚卸減耗損	5,250	(貸)	繰越商品	5,250
(借)	商品評価損	3,450	(貸)	繰越商品	3,450
(借)	仕入	5,250	(貸)	棚卸減耗損	5,250
(借)	仕入	3,450	(貸)	商品評価損	3,450

3．減価償却費の計上

建物(定額法)　(¥2,250,000－¥2,250,000×10%)÷30年＝¥67,500

備品(定率法)

旧備品　{(¥630,000－資料2の3.¥150,000－新備品¥30,000)
－(¥235,200－資料2の3.¥73,200)}×0.2＝¥57,600

新備品　¥30,000×0.2×$\frac{10\text{か月}}{12\text{か月}}$＝¥5,000

(借)	減価償却費	130,100	(貸)	建物減価償却累計額	67,500
				備品減価償却累計額	62,600

4．満期保有目的債券の評価(償却原価法(定額法))

取得原価　¥400,000×$\frac{@¥97.50}{¥100}$＝¥390,000

金利調整分の償却額　(¥400,000－¥390,000)×$\frac{12\text{か月(1年)}}{60\text{か月(5年)}}$＝¥2,000

(借)	満期保有目的債券	2,000	(貸)	有価証券利息	2,000

5．のれん償却

のれん償却は直接法で行うため，のれん勘定の残高(¥120,000)は，未償却残高を表す。のれんは20X2年4月1日に計上しているため，償却年数10年から経過年数6年を引いた年数(4年)で未償却残高を償却する。

¥120,000÷4年＝¥30,000

(借)	のれん償却	30,000	(貸)	のれん	30,000

6．修繕引当金の計上

(借)	修繕引当金繰入	37,500	(貸)	修繕引当金	37,500

7．未払利息の計上

当期に発生している利息で未払いの分(2月・3月分)を計上する。

未払利息　¥480,000×3%×$\frac{2\text{か月}}{12\text{か月}}$＝¥2,400

(借)	支払利息	2,400	(貸)	未払利息	2,400

8．貯蔵品の計上

決算において未使用高を通信費勘定から貯蔵品勘定に振り替える。

(借)	貯蔵品	6,250	(貸)	通信費	6,250

9．前払保険料の計上

翌期の7か月分(20X9年4月から10月までの分)を前払いしているため，次期に繰り延べる。

前払保険料　¥45,000×$\frac{7\text{か月}}{12\text{か月}}$＝¥26,250

(借)	前払保険料	26,250	(貸)	保険料	26,250

10．法人税，住民税及び事業税の計上

損益計算書を記入していくと税引前当期純利益が¥455,000となるので，当期の課税所得は¥500,000であることがわかる。そして，その30%を法人税，住民税及び事業税として計上する。

(借)	法人税，住民税及び事業税	150,000	(貸)	未払法人税等	150,000

問題23　決算▶貸借対照表の完成

貸借対照表
X年3月31日　(単位：円)

資産の部			負債の部		
Ⅰ　流動資産			Ⅰ　流動負債		
1．現金預金		(346,100)	1．支払手形		(200,000)
2．受取手形	(190,000)		2．買掛金		(150,000)
(貸倒引当金)	(1,900)	(188,100)	3．未払金		(60,000)
3．売掛金	(150,000)		4．未払費用		(3,500)
(貸倒引当金)	(1,500)	(148,500)	5．未払法人税等		(37,600)
4．有価証券		(170,000)	流動負債合計		(451,100)
5．商品		(168,200)	Ⅱ　固定負債		
6．前払費用		(1,000)	1．長期借入金		(300,000)
流動資産合計		(1,021,900)	2．リース債務		(130,000)
Ⅱ　固定資産			固定負債合計		(430,000)
1．建物	(500,000)		負債合計		(881,100)
(減価償却累計額)	(240,000)	(260,000)	純資産の部		
2．備品	(200,000)		Ⅰ　資本金		(400,000)
(減価償却累計額)	(116,000)	(84,000)	Ⅱ　利益剰余金		
3．リース資産		(130,000)	1．利益準備金	(40,000)	
固定資産合計		(474,000)	2．任意積立金	(50,000)	
			3．繰越利益剰余金	(124,800)	(214,800)
			純資産合計		(614,800)
資産合計		(1,495,900)	負債及び純資産合計		(1,495,900)

問題23　決算▶貸借対照表の完成

① 決算整理事項等の資料によって整理仕訳を行う。

1．未渡小切手

小切手を振り出しても，相手方に渡していない場合は，振出しを取り消すために振出しと反対の仕訳を行う。

(借) 現金預金　15,000　(貸) 買掛金　15,000

2．受取配当金

配当金領収証は，所有している株式の配当金を受け取るのに必要な書類である。これは，現金に換えられる（預金に預けられる）ので，現金として取り扱う。そして，収益の発生であるから，受取配当金勘定（収益）の貸方に記入する。

(借) 現金預金　2,500　(貸) 受取配当金　2,500

3．約束手形の当座預金への預入れ未処理

約束手形を当座預金に預け入れると，受取手形が減少し，当座預金が増加する。

(借) 現金預金　30,000　(貸) 受取手形　30,000

4．貸倒引当金の設定（差額補充法）

貸倒見積高を計算して，貸倒引当金勘定残高との差額を貸倒引当金勘定に繰り入れる。この計算では，手形代金の預入れが未記帳であることに注意する。

{受取手形(¥220,000－¥30,000*)＋売掛金¥150,000}×1％＝¥3,400

＊資料Ⅱの3．参照

貸倒見積高¥3,400－貸倒引当金残高¥2,000＝¥1,400

(借) 貸倒引当金繰入　1,400　(貸) 貸倒引当金　1,400

5．売買目的有価証券の評価

銘柄ごとに，帳簿価額と時価とを比べて，時価が低いときは帳簿価額を引き下げ，有価証券評価損を計上し，時価が高いときは有価証券評価益を計上する。

A社株式　帳簿価額¥63,000－時価¥59,000＝¥4,000………有価証券評価損

B社株式　時価¥111,000－帳簿価額¥110,000＝¥1,000……有価証券評価益

評価損¥4,000－評価益¥1,000＝¥3,000……評価損

(借) 有価証券評価損　3,000　(貸) 売買目的有価証券　3,000

6．商品の評価（売上原価の算定）

売上原価は次のように計算する。

期首棚卸高＋純仕入高－期末棚卸高＝売上原価

仕入勘定で売上原価を計算するので，仕入勘定残高は，上記の純仕入高を示しているから，期首棚卸高を仕入勘定に加え，期末棚卸高を差し引けばよい。そこで，次の仕訳を行う。

(借) 仕入　150,000　(貸) 繰越商品　150,000
　　　　　　　　　　(残高試算表の繰越商品)

(借) 繰越商品　180,000　(貸) 仕入　180,000
(期末帳簿棚卸高)

棚卸減耗損と商品評価損の計上

棚卸減耗損　原価@￥600×(帳簿棚卸数量300(個)－実地棚卸数量290(個))＝￥6,000

商品評価損（原価@￥600－正味売却価額@￥580)×実地棚卸数量290(個)＝￥5,800

(借)	棚卸減耗損	6,000	(貸)	繰越商品	6,000
(借)	商品評価損	5,800	(貸)	繰越商品	5,800

繰越商品

(期首)	150,000	仕入	150,000
仕入	180,000	棚卸減耗損	6,000
		商品評価損	5,800
		次期繰越	168,200※2
	330,000		330,000

仕入

(合計)	820,000	繰越商品	180,000
繰越商品	150,000	損益※1	790,000
	970,000		970,000

※1　仕入勘定の整理後残高は売上原価を示す。損益勘定の(借方)仕入の金額である。

※2　貸借対照表の繰越商品の金額である。

7．減価償却

建　物　(取得原価￥500,000－残存価額￥50,000)÷耐用年数30(年)＝￥15,000

備　品　(取得原価￥200,000－減価償却累計額￥95,000)×0.2＝￥21,000

(借)	減価償却費	36,000	(貸)	建物減価償却累計額	15,000
				備品減価償却累計額	21,000

8．家賃の未払高

(借)	支払家賃	2,000	(貸)	未払家賃 (未払費用)	2,000

9．保険料の前払高

(借)	前払保険料 (前払費用)	1,000	(貸)	支払保険料	1,000

10．利息の未払高

(借)	支払利息	1,500	(貸)	未払利息 (未払費用)	1,500

11．リース資産およびリース債務の計上

支払リース料総額の現在の価値（＝見積現金購入価額）の￥130,000がリース資産およびリース債務の当初計上額となる。

(借)	リース資産	130,000	(貸)	リース債務	130,000

12．法人税等の計上

(借)	法人税等	37,600	(貸)	未払法人税等	37,600

② 上記の11.までの修正をしたうえで，収益・費用の科目を集計し，税引前当期純利益を計算する。

税引前当期純利益の25％を法人税等として計上する（上記12.参照)。

￥150,400×25％＝￥37,600

③ 収益・費用を集計して当期純利益を算定したあと，その金額を決算整理前残高試算表の繰越利益剰余金勘定に加算する（右に掲げた損益勘定参照)。

④ 資産・負債・純資産の科目から貸借対照表を作成する。

〈参考〉

損益

仕入	790,000	売上	1,200,000
棚卸減耗損	6,000	受取配当金	4,100
商品評価損	5,800		
給料	166,000		
貸倒引当金繰入	1,400		
減価償却費	36,000		
支払家賃	24,000		
支払保険料	12,000		
支払利息	9,500		
有価証券評価損	3,000		
法人税等	37,600		
繰越利益剰余金※	112,800		
	1,204,100		1,204,100

※　損益勘定は，当期純利益の額（￥112,800）を繰越利益剰余金勘定に振り替えて締め切る。

問題24　決算▶本支店会計

(1)　本店の損益勘定

損　益

借方	金額	貸方	金額
仕入	(2,550,000)	売上	(4,200,000)
広告宣伝費	(175,000)		
給料	(600,000)		
支払家賃	(390,000)		
保険料	(130,000)		
(貸倒引当金繰入)	(3,400)		
減価償却費	(266,000)		
(総合損益)	(85,600)		
	(4,200,000)		(4,200,000)

(2)　本店の総合損益勘定

総　合　損　益

借方	金額	貸方	金額
繰越利益剰余金	(88,600)	(損益)	(85,600)
		(支店)	(3,000)
	(88,600)		(88,600)

(3)　本支店合併損益計算書

損　益　計　算　書

自20X1年４月１日　至20X2年３月31日　(単位：円)

費用	金額	収益	金額
期首商品棚卸高	(650,000)	売上高	(6,712,000)
当期商品仕入高	(4,250,000)	期末商品棚卸高	(740,000)
広告宣伝費	(300,000)		
給料	(980,000)		
支払家賃	(530,000)		
保険料	(250,000)		
(貸倒引当金繰入)	(5,400)		
減価償却費	(398,000)		
当期純利益	(88,600)		
	(7,452,000)		(7,452,000)

問題24　決算▶本支店会計

A．［資料Ⅱ］に関する会計処理

〈本店〉

1．仕訳なし

2．(借)	支店	80,000	(貸)	売掛金	80,000
3．(借)	支店	100,000	(貸)	仕入	100,000
4．(借)	備品	300,000	(貸)	営業外支払手形	300,000

〈支店〉

1．(借)	現金	100,000	(貸)	本店	100,000
2．仕訳なし					
3．(借)	仕入	100,000	(貸)	本店	100,000
4．仕訳なし					

1．支店は，受け取った現金を計上するとともに，本店から受け取っているので貸方は本店となる。

2．売掛金を回収しているので本店は売掛金を減少させるとともに，回収した現金は支店が保有しているので借方は支店となる。

3．本店の仕入ではなく支店の仕入となるように，本店の仕入の減額，支店の仕入の増額とする。

4．商品購入代金ではないので，支払手形ではなく営業外支払手形となる。

B．［資料Ⅲ］に関する会計処理

〈本店〉

1．(借)	仕入	450,000	(貸)	繰越商品	450,000
(借)	繰越商品	500,000	(貸)	仕入	500,000
2．(借)	貸倒引当金繰入	3,400	(貸)	貸倒引当金	3,400
3．(借)	減価償却費	212,000	(貸)	備品減価償却累計額	212,000
(借)	減価償却費	54,000	(貸)	車両運搬具減価償却累計額	54,000
4．(借)	支払家賃	90,000	(貸)	未払家賃	90,000
(借)	前払保険料	50,000	(貸)	保険料	50,000
5．(借)	支店	25,000	(貸)	広告宣伝費	25,000

〈支店〉

1．(借)	仕入	200,000	(貸)	繰越商品	200,000
(借)	繰越商品	240,000	(貸)	仕入	240,000
2．(借)	貸倒引当金繰入	2,000	(貸)	貸倒引当金	2,000
3．(借)	減価償却費	96,000	(貸)	備品減価償却累計額	96,000
(借)	減価償却費	36,000	(貸)	車両運搬具減価償却累計額	36,000
4．(借)	前払家賃	40,000	(貸)	支払家賃	40,000
5．(借)	広告宣伝費	25,000	(貸)	本店	25,000

1．期首棚卸資産残高は決算整理前残高試算表から把握する。

2．本店：(￥550,000－￥80,000)×２％－￥6,000＝￥3,400
　支店：￥400,000×２％－￥6,000＝￥2,000

3．まず，本店の備品については，前期から保有する分と当期に取得した分に分けて考える必要がある。
　前期から保有する備品：(￥800,000－￥320,000)×0.2×2＝￥192,000
　当期に取得した備品：￥300,000×0.2×2×$\frac{2か月}{12か月}$＝￥20,000
　同様に，支店の備品については次のとおりである。
　(￥500,000－￥260,000)×0.2×2＝￥96,000
　次に，車両運搬具は生産高比例法を用いているので，次のように計算する。
　本店：(￥600,000－￥0)×$\frac{18,000km}{200,000km}$＝￥54,000
　支店：(￥400,000－￥0)×$\frac{13,500km}{150,000km}$＝￥36,000

4．経過勘定項目については金額が与えられているので解答参照。

5．支店が負担するということなので，本店の広告宣伝費を減らして支店の広告宣伝費を増やせばよい。

以上の処理を踏まえると，決算整理後残高試算表は次のようになる。

決算整理後残高試算表
20X2年３月31日
（単位：円）

借　方	本　店	支　店	貸　方	本　店	支　店
現金預金	100,000	570,000	買掛金	300,000	150,000
売掛金	470,000	400,000	未払金	45,000	40,000
繰越商品	500,000	240,000	営業外支払手形	300,000	－
前払保険料	50,000	－	未払家賃	90,000	－
前払家賃	－	40,000	貸倒引当金	9,400	8,000
備品	1,100,000	500,000	備品減価償却累計額	532,000	356,000
車両運搬具	600,000	400,000	車両運搬具減価償却累計額	126,000	68,000
支店	1,525,000	－	本店	－	1,525,000
仕入	2,550,000	1,610,000	資本金	1,500,000	－
広告宣伝費	175,000	125,000	繰越利益剰余金	1,357,000	－
給料	600,000	380,000	売上	4,200,000	2,512,000
支払家賃	390,000	140,000			
保険料	130,000	120,000			
貸倒引当金繰入	3,400	2,000			
減価償却費	266,000	132,000			
	8,459,400	4,659,000		8,459,400	4,659,000

本問では，(1)で本店の損益勘定の記入が求められているが，上記の決算整理後残高試算表の収益・費用の科目の金額をもとに記入したうえで，貸借差額は総合損益に振り替えることになる。また，(2)では，本店の損益勘定から振り替えられた金額のほか，支店の損益が計上されるが，その会計処理は次のようになる。なお，支店の損益は，本店と同じく上記の決算整理後残高試算表の収益・費用の科目の金額から算定できる。

本店：(借)	支店	3,000	(貸)	総合損益	3,000
支店：(借)	損益	3,000	(貸)	本店	3,000

最後に，(3)の本支店合併損益計算書も，上記の決算整理後残高試算表の収益・費用の金額を合算して求めることができる。

解 答

問題 1　個別原価計算▶勘定記入

仕　掛　品　（単位：円）

月初有高	(*760,000*)	当月完成高	(*2,400,000*)
直接材料費	(*1,900,000*)	月末有高	(*1,310,000*)
直接労務費	(*262,500*)		
製造間接費	(*787,500*)		
	(*3,710,000*)		(*3,710,000*)

製　　品　（単位：円）

月初有高	(*1,080,000*)	売上原価	(*2,080,000*)
当月完成高	(*2,400,000*)	月末有高	(*1,400,000*)
	(*3,480,000*)		(*3,480,000*)

問題 2　個別原価計算▶勘定記入

製 造 間 接 費　（単位:千円）

実際発生額	(*12,800*)	配 賦 額	(*12,480*)
		配賦差異	(*320*)
	(*12,800*)		(*12,800*)

仕　掛　品　（単位:千円）

月初有高	(*1,920*)	当月完成高	(*28,800*)
直接材料費	(*9,760*)	月末有高	(*1,600*)
直接労務費	(*6,240*)		
製造間接費	(*12,480*)		
	(*30,400*)		(*30,400*)

解 説

問題 1　個別原価計算▶勘定記入

実際個別原価計算の仕掛品勘定と製品勘定に記入する問題である。製造原価を計算するさいに，前月の消費高か当月の消費高かを区別する必要がある。

直接材料費の計算

直接材料の消費単価は，平均法により計算する。

$$\frac{1,095\text{円}\times 100(\text{個}) + 995\text{円}\times 1,900(\text{個})}{100(\text{個}) + 1,900(\text{個})} = 1,000\text{円}$$

当月直接材料費　*1,000*円×当月消費量1,900(個)＝*1,900,000*円

No.304の直接材料費　*1,900,000*円－(No.302 *150,000*円＋No.303 *800,000*円)＝*950,000*円

製造間接費配賦額

配賦率*4,500*円×直接作業時間で計算する。

No.301　*4,500*円× 80時間＝*360,000*円

No.302　*4,500*円× 60時間＝*270,000*円（９月）

〃　*4,500*円× 15時間＝ *67,500*円（10月）

No.303　*4,500*円×100時間＝*450,000*円

No.304　*4,500*円× 60時間＝*270,000*円

解 説

原 価 計 算 表

	No.302	No.303	No.304	合　計
月初仕掛品	*760,000*			*760,000*
直接材料費	*150,000*	*800,000*	*950,000*	*1,900,000*
直接労務費	*22,500*	*150,000*	*90,000*	*262,500*
製造間接費	*67,500*	*450,000*	*270,000*	*787,500*
合　　計	*1,000,000*	*1,400,000*	*1,310,000*	*3,710,000*
摘　　要	完成	完成	未完成	—

〈仕掛品勘定〉

月初仕掛品　前月に着手して，前月未完成No.302の製造原価である。

*400,000*円＋*90,000*円＋(*4,500*円×60時間)＝*760,000*円

当月製造費用

直接材料費：　*150,000*円＋*800,000*円＋*950,000*円＝*1,900,000*円

直接労務費：　*22,500*円＋*150,000*円＋*90,000*円＝*262,500*円

製造間接費：　*67,500*円＋*450,000*円＋*270,000*円＝*787,500*円

当月完成高　10月中に完成した製造原価である。

No.302 *1,000,000*円＋No.303 *1,400,000*円＝*2,400,000*円

月末有高　10月末の未完成の製造原価　No.304 *1,310,000*円

〈製品勘定〉

月初有高　前月に完成し，前月末に未渡しのNo.301の製造原価である。

*600,000*円＋*120,000*円＋*360,000*円＝*1,080,000*円

当月完成高　仕掛品勘定の当月完成高と同額

売上原価　当月中に引き渡した製品の製造原価

No.301 *1,080,000*円＋No.302 *1,000,000*円＝*2,080,000*円

月末有高　未渡しの製品　No.303 *1,400,000*円

問題 2　個別原価計算▶勘定記入

直接材料費，直接労務費，製造間接費の予定配賦額を計算して，製造間接費勘定，仕掛品勘定に記入する問題である。

素材消費額(直接材料費)　月初有高*400*千円＋当月仕入高*9,600*千円－月末有高*240*千円＝*9,760*千円

直接工賃金(直接労務費)　当月支払高*6,960*千円－月初未払高*2,160*千円＋月末未払高*1,440*千円＝*6,240*千円

製造間接費　まず，予定配賦率を計算する。年間製造間接費予算額*144,000*千円÷年間予定直接作業時間*24,000*時間＝*6*千円/時間

予定配賦額　予定配賦率*6*千円×実際直接作業時間*2,080*時間＝*12,480*千円

予定配賦額は，仕掛品勘定の借方に製造間接費として記入するとともに，製造間接費勘定の貸方に配賦額として記入する。

実際発生額　借方差異は実際発生額が予定配賦額より多い額であるから，実際発生額は，次のように計算できる。予定配賦額*12,480*千円＋借方差異*320*千円＝*12,800*千円

当月完成高　月初有高と月末有高は問題に示されているから，これを記入のうえ仕掛品勘定の貸借差額として求める。

問題 3　個別原価計算▶部門別計算

(1)	1,600万円
(2)	4,000万円
(3)	1,000円/時間
(4)	800万円
(5)	86.4万円

解　説

部門別計算で，製造間接費を部門別に集計し，予定配賦率の算定や予算配賦額を計算する問題である。部門別計算は次の順序で行う。

1．部門共通費を各部門に配賦する。

工場建物減価償却費

第 1 製造部　$3,840\text{万円}\times\frac{3,200\text{m}^2}{9,600\text{m}^2}=1,280\text{万円}$

第 2 製造部　$3,840\text{万円}\times\frac{4,800\text{m}^2}{9,600\text{m}^2}=1,920\text{万円}$

材料倉庫部　$3,840\text{万円}\times\frac{1,200\text{m}^2}{9,600\text{m}^2}=480\text{万円}$

工場事務部　$3,840\text{万円}\times\frac{400\text{m}^2}{9,600\text{m}^2}=160\text{万円}$

福利施設負担額

第 1 製造部　$1,600\text{万円}\times\frac{16\text{人}}{80\text{人}}=320\text{万円}$

第 2 製造部　$1,600\text{万円}\times\frac{48\text{人}}{80\text{人}}=960\text{万円}$

材料倉庫部　$1,600\text{万円}\times\frac{8\text{人}}{80\text{人}}=160\text{万円}$

工場事務部　$1,600\text{万円}\times\frac{8\text{人}}{80\text{人}}=160\text{万円}$

部門共通費を配賦した段階の各部門の集計額は，次のとおりである（単位：万円）。

	合　計	第 1 製造部	第 2 製造部	材料倉庫部	工場事務部
部門個別費	5,760	1,400	3,400	480	480
部門共通費					
工場建物減価償却費	3,840	① 1,280	1,920	480	160
福利施設負担額	1,600	② 320	960	160	160
		③ 3,000	⑦ 6,280	1,120	⑥ 800

2．直接配賦法によって補助部門費を製造部門に配賦する。

材料倉庫部

第 1 製造部　$1,120\text{万円}\times\frac{4,000\text{万円}}{5,600\text{万円}}=800\text{万円}$　④

第 2 製造部　$1,120\text{万円}\times\frac{1,600\text{万円}}{5,600\text{万円}}=320\text{万円}$　⑧

工場事務部

第 1 製造部　$800\text{万円}\times\frac{16\text{人}}{64\text{人}}=200\text{万円}$　⑤

第 2 製造部　$800\text{万円}\times\frac{48\text{人}}{64\text{人}}=600\text{万円}$　⑨

(1)　第 1 製造部が負担する部門共通費年間予算配賦額

①1,280万円＋②320万円＝1,600万円

(2)　補助部門費配賦後の第 1 製造部門費年間予算配賦額

③3,000万円＋④800万円＋⑤200万円＝4,000万円

(3)　第 1 製造部の製造間接費予定配賦率

4,000万円÷年間予定直接作業時間40,000時間＝0.1万円

(4)　部門共通費配賦後の工場事務部門費　⑥800万円

(5)　№501に対する製造間接費部門別予定配賦額

第 2 製造部費　⑦6,280万円＋⑧320万円＋⑨600万円＝7,200万円

7,200万円÷年間予定直接作業時間120,000時間＝予定配賦率0.06万円

第 1 製造部門　0.1 万円×480時間＝48　万円

第 2 製造部門　0.06万円×640時間＝38.4万円

計86.4万円

補助部門費を製造部門に配賦した額を表にまとめると，次のとおりである(単位：万円)。

	合　計	第 1 製造部	第 2 製造部	材料倉庫部	工場事務部
	11,200	3,000	6,280	1,120	800
材料倉庫部配賦額		800	320		
工場事務部配賦額		200	600		
	11,200	4,000	7,200		
		@0.1	@0.06		

問題4　製造原価報告書

製造原価報告書　(単位：万円)

Ⅰ 直接材料費		
期首素材棚卸高	(64)	
当期素材仕入高	(200)	
合計	(264)	
期末素材棚卸高	(48)	(216)
Ⅱ 直接労務費		(128)
Ⅲ 製造間接費		
間接材料費	(90)	
間接労務費	(106)	
間接経費	(120)	
合計	(316)	
製造間接費配賦差異	(4)	(320)
当期総製造費用		(664)
期首仕掛品原価		(208)
合計		(872)
期末仕掛品原価		(232)
当期製品製造原価		(640)

問題4　製造原価報告書

当期総製造費用を製品との関連で，直接費・間接費に区分して製造原価報告書を作成する問題である。

Ⅰ　直接材料費の計算

素材の消費額が直接材料費であるから，素材の消費額を計算する過程を直接材料費の区分に記載して，次のように消費額を計算する。

期首素材棚卸高64万円＋当期素材仕入高200万円－期末素材棚卸高48万円
＝素材消費高216万円（下図参照）

Ⅱ　直接労務費の計算

直接工賃金が直接労務費であるから，直接工賃金の消費額を次のように計算する。

当期支払額136万円－期首未払額36万円＋期末未払額28万円＝128万円（下図参照）

素　材

期首有高　64万円	当期消費高 216万円 (直接材料費)
当期仕入高 200万円	期末有高　48万円

直接工賃金

当期支払額 136万円	期首未払額　36万円
期末未払額　28万円	当期消費額 128万円 (直接労務費)

Ⅲ　製造間接費の計算

実際発生額

間接材料費

補助材料72万円※1＋工場消耗品費 8 万円＋消耗工具器具備品費10万円＝90万円

※1　補助材料　期首有高16万円＋当期仕入高72万円－期末有高16万円＝72万円

間接労務費

間接工賃金40万円※2＋工場職員給料66万円＝106万円

※2　間接工賃金　当期支払額36万円－期首未払額 8 万円＋期末未払額12万円
＝40万円

間接経費

建物減価償却費24万円＋光熱費20万円＋工場固定資産税12万円＋工場従業員厚生費16万円＋機械減価償却費48万円＝120万円

以上より，実際発生額合計　316万円

製造間接費の予定配賦額　直接労務費128万円×250%（2.5）＝320万円

製造間接費配賦差異　予定配賦額320万円－実際発生額316万円＝4万円（有利差異）

当期完成品原価の計算

期首仕掛品原価208万円＋当期総製造費用664万円※3－期末仕掛品原価232万円
＝当期製品製造原価640万円

※3　直接材料費216万円＋直接労務費128万円＋製造間接費（予定配賦額）320万円
＝664万円

問題 5　総合原価計算▶工程別総合原価計算

工程別総合原価計算表　　(単位：円)

	第1工程			第2工程		
	原料費	加工費	合計	前工程費	加工費	合計
月初仕掛品原価	*64,000*	*25,600*	*89,600*	*115,200*	*50,000*	*165,200*
当月製造費用	*344,880*	*294,000*	*638,880*	*645,120*	*400,400*	*1,045,520*
合　計	*408,880*	*319,600*	*728,480*	*760,320*	*450,400*	*1,210,720*
月末仕掛品原価	*64,560*	*18,800*	*83,360*	*89,600*	*26,000*	*115,600*
完成品総合原価	*344,320*	*300,800*	*645,120*	*670,720*	*424,400*	*1,095,120*

問題 5　総合原価計算▶工程別総合原価計算

工程別総合原価計算表を作成する問題である。総合原価計算では，月末仕掛品原価を計算して，これを総製造費用（月初仕掛品原価＋当月製造費用）から差し引いて完成品総合原価を算出する。

〈第1工程〉

月末仕掛品原価の計算は，平均法による。平均法では，月初仕掛品原価と当月製造費用の合計を完成品数量と月末仕掛品数量で配分する。

原料費の月末仕掛品原価　$408{,}880円 \times \dfrac{120kg}{640kg + 120kg} = 64{,}560円$

総製造費用から，月末仕掛品原価を差し引いて，完成品総合原価を求める。

原料費の完成品総合原価　$408{,}880円 - 64{,}560円 = 344{,}320円$

加工費は，加工進捗度によって，仕掛品数量を完成品換算数量に換算して計算する。

加工費の月末仕掛品原価　$319{,}600円 \times \dfrac{120kg \times \frac{1}{3}}{640kg + 120kg \times \frac{1}{3}} = 18{,}800円$

加工費の完成品総合原価　$319{,}600円 - 18{,}800円 = 300{,}800円$

〈第2工程〉

第1工程の完成品は，第2工程に引き継がれて加工される。したがって，第1工程の完成品総合原価は第2工程の前工程費として計算する。

第2工程の月末仕掛品原価の計算は，先入先出法によるから，先に投入された月初仕掛品原価は完成品となったと考え，当月製造費用を完成品数量（完成品数量－月初仕掛品数量）と月末仕掛品数量で配分する。

また，減損が生じているが，「完成品のみに負担させず，月末仕掛品にも負担させる」とあるから，当月製造費用を完成品と月末仕掛品に配分すればよい。月末仕掛品原価の計算式の分母に減損量が含まれていないことに注意しよう。

前　工　程　費

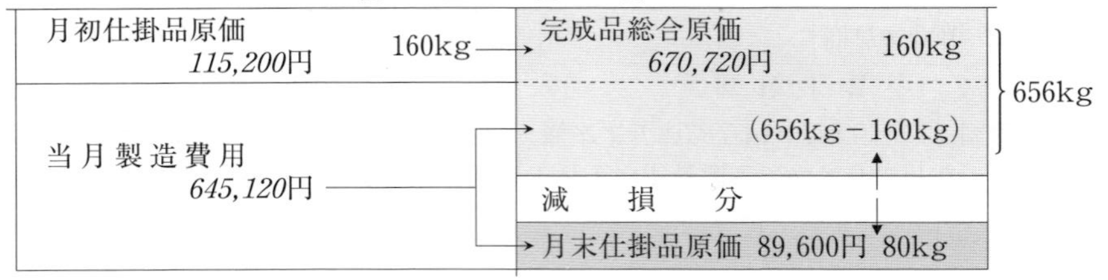

前工程費の月末仕掛品原価　$645{,}120円 \times \dfrac{80kg}{656kg - 160kg + 80kg} = 89{,}600円$

前工程費の完成品総合原価　$(115{,}200円 + 645{,}120円) - 89{,}600円 = 670{,}720円$

加工費の月末仕掛品原価　$400{,}400円 \times \dfrac{80kg \times \frac{1}{2}}{656kg - 160kg \times \frac{1}{2} + 80kg \times \frac{1}{2}} = 26{,}000円$

加工費の完成品総合原価　$(50{,}000円 + 400{,}400円) - 26{,}000円 = 424{,}400円$

問題6　直接原価計算▶損益計算書

損益計算書（全部原価計算）　（単位：円）

	第1期	第2期
売上高	（ 8,000,000 ）	（ 7,200,000 ）
売上原価	（ 4,400,000 ）	（ 3,960,000 ）
原価差異	（ 0 ）	（△ 320,000 ）
計	（ 4,400,000 ）	（ 3,640,000 ）
売上総利益	（ 3,600,000 ）	（ 3,560,000 ）
販売費・一般管理費	（ 1,760,000 ）	（ 1,712,000 ）
営業利益	（ 1,840,000 ）	（ 1,848,000 ）

損益計算書（直接原価計算）　（単位：円）

	第1期	第2期
売上高	（ 8,000,000 ）	（ 7,200,000 ）
変動売上原価	（ 2,800,000 ）	（ 2,520,000 ）
変動製造マージン	（ 5,200,000 ）	（ 4,680,000 ）
変動販売費	（ 480,000 ）	（ 432,000 ）
貢献利益	（ 4,720,000 ）	（ 4,248,000 ）
固定費	（ 2,880,000 ）	（ 2,880,000 ）
営業利益	（ 1,840,000 ）	（ 1,368,000 ）

問題6　直接原価計算▶損益計算書

全部原価計算と直接原価計算によって損益計算書を作成する問題である。

全部原価計算では，変動費と固定費の合計で製造原価を計算するが，直接原価計算では，変動費のみで計算する。

〈全部原価計算〉

（第1期）

売上高　販売単価*8,000*円×販売量1,000単位＝*8,000,000*円

売上原価　単位当たり製造原価*4,400*円×販売量1,000単位＝*4,400,000*円

原価差異　加工費配賦額　単位当たり加工費*2,400*円×生産量1,000単位＝*2,400,000*円

加工費の実際発生額を計算するために，まず，単位当たり変動加工費を求める。

（*2,560,000*円－*2,080,000*円）÷（1,200単位－600単位）＝*800*円※

生産量1,000単位のときの加工費発生額

*2,080,000*円＋*800*円×400単位（生産量1,000単位－期間生産量600単位）

＝*2,400,000*円

加工費配賦額*2,400,000*－加工費発生額*2,400,000*＝*0*円

販売費および一般管理費

変動販売費　*480*円×1,000単位＝*480,000*円
固定販売費　*720,000*円
一般管理費　*560,000*円
計*1,760,000*円

（第2期）

売上高　販売単価*8,000*円×販売量900単位＝*7,200,000*円

売上原価　単位当たり製造原価*4,400*円×販売量900単位＝*3,960,000*円

原価差異　加工費配賦額　単位当たり加工費*2,400*円×生産量1,200単位＝*2,880,000*円

生産量1,200単位のときの加工費発生額　*2,560,000*円（注1より）

加工費配賦額*2,880,000*円－加工費発生額*2,560,000*円＝*320,000*円

（有利差異）

販売費および一般管理費

変動販売費　*480*円×900単位＝*432,000*円
固定販売費　*720,000*円
一般管理費　*560,000*円
計*1,712,000*円

〈直接原価計算〉

（第1期）

売上高　販売単価*8,000*円×1,000単位＝*8,000,000*円

変動売上原価　（原料費*2,000*円＋変動加工費※*800*円）×販売量1,000単位＝*2,800,000*円

変動販売費　*480*円×1,000単位＝*480,000*円

固定費　生産量1,000単位のときの加工費は*2,400,000*円で，そのうち変動加工費は*800*円×1,000単位＝*800,000*円であるから，固定加工費は*1,600,000*円である。

固定加工費*1,600,000*円＋固定販売費*720,000*円＋一般管理費*560,000*円

＝*2,880,000*円

（第2期）

売上高　販売単価*8,000*円×900単位＝*7,200,000*円

変動売上原価　（原料費*2,000*円＋変動加工費※*800*円）×販売量900単位＝*2,520,000*円

変動販売費　*480*円×900単位＝*432,000*円

固定費　第1期と同じ

問題 7　標準原価計算▶差異分析

(1)	総　差　異　60,000円(借) 材料数量差異　216,000円(貸) 材料価格差異　276,000円(借)	(2)	総　差　異　176,000円(借) 労働時間差異　50,000円(借) 労働賃率差異　126,000円(借)	(3)	総　差　異　200,000円(借) 予 算 差 異　42,000円(借) 能 率 差 異　74,000円(借) 操業度差異　84,000円(借)

解　説

標準原価計算における原価差異の把握およびその原因別分析を行う基本的問題である。

(1)　直接材料費差異

直接材料費の標準消費額と実際発生額との差異である。

標準消費額　標準価格*180*円×(標準消費数量15(個)×1,000(個))＝*2,700,000*円

総　差　異　*2,700,000*円－実際発生額*2,760,000*円＝－*60,000*円（借方差異）

材料数量差異　材料の標準消費量と実際消費数量との差異である。

標準価格*180*円×(標準消費数量15(個)×1,000(個)－実際消費数量13,800(個))＝*216,000*円（貸方差異）

材料価格差異　材料の標準価格と実際価格との差異である。

(標準価格*180*円－実際価格*200*円)×13,800(個)＝－*276,000*円（借方差異）

(2)　直接労務費差異

直接労務費の標準消費額と実際発生額との差異である。

標準消費額　標準賃率*1,000*円×(標準消費時間1(時間)×1,000(個))＝*1,000,000*円

総　差　異　*1,000,000*円－実際発生額*1,176,000*円＝－*176,000*円（借方差異）

労働時間差異　直接労務費の標準消費時間と実際消費時間との差異である。

標準賃率*1,000*円×(標準消費時間1,000(時間)－実際消費時間1,050(時間))＝－*50,000*円（借方差異）

労働賃率差異　直接労務費の標準賃率と実際賃率との差異である。

(標準賃率*1,000*円－実際賃率*1,120*円)×実際消費時間1,050(時間)＝－*126,000*円（借方差異）

(3)　製造間接費差異

製造間接費の標準配賦額と実際発生額との差異である。本問は公式法変動予算によって分析する。

公式法変動予算は，製造間接費を変動費と固定費とに分けて予算を設定する。固定費は，生産数量に関係なく，一定額が発生する。これに対して変動費は，生産量に比例して発生する（生産量が2倍になれば，変動費も2倍になる）。

標準配賦額　標準配賦率*1,480*円×(標準消費時間1(時間)×1,000(個))＝*1,480,000*円

総　差　異　*1,480,000*円－実際発生額*1,680,000*円＝－*200,000*円（借方差異）

予 算 差 異　実際操業度の予算（予算許容額）と実際発生額との差異である。

(変動費率*680*円×1,050(時間)＋固定費*924,000*円)－実際発生額*1,680,000*円＝－*42,000*円（借方差異）

能 率 差 異　(標準直接作業時間1,000(時間)－実際直接作業時間1,050(時間))×標準配賦率*1,480*円＝－*74,000*円（借方差異）

操業度差異　操業度差異は基準操業度と実際操業度との差異であるから，基準操業度の直接作業時間を求める。標準配賦率が*1,480*円で変動費率が*680*円であるから，固定費率は*800*円である。

基準操業度の直接作業時間　固定費予算*924,000*円÷*800*円＝1,155(時間)

(実際操業度1,050(時間)－基準操業度1,155(時間))×固定費率*800*円＝－*84,000*円（借方差異）

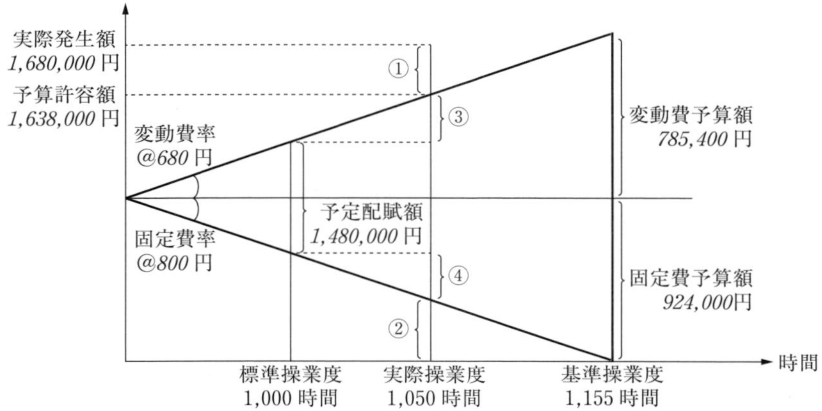

①＝予算差異*42,000*円（借）

②＝操業度差異*84,000*円（借）

③＋④＝能率差異*74,000*円（借）

問題8　仕訳▶工場会計の独立

	仕		訳	
	借方科目	金額	貸方科目	金額
(1)	材料	*2,000,000*	本社	*2,000,000*
(2)	仕掛品	*800,000*	材料	*1,000,000*
	製造間接費	*200,000*		
(3)	本社	*1,500,000*	製品	*1,500,000*
(4)	製造間接費	*200,000*	本社	*200,000*
(5)	賃金・給料	*800,000*	本社	*800,000*

問題8　仕訳▶工場会計の独立

工場会計が本社会計から独立している場合の工場の仕訳の問題である。工場元帳に設けられている科目しか使用できない。工場会計が独立していない場合の仕訳を考えて，その科目が工場元帳にない場合は，本社元帳にあるので，「本社」勘定として示せばよい。

(1)　材料を掛けで購入して，工場が受け入れた取引である。材料が増加し，買掛金が増加するが，買掛金勘定は本社元帳にあるので，本社勘定の貸方に記入すればよい。

（借）材　料 *2,000,000* → （貸）買掛金 ← 本社元帳にある

↓

（貸）本　社 *2,000,000*

(2)　材料勘定は工場元帳にあるので，（貸）材　料として減少を記入し，直接費の消費額は仕掛品勘定，間接費の消費額は製造間接費勘定に記入する。

(3)　製品を本社の指示で得意先に発送した取引である。製品が減少するので，製品勘定の貸方に記入し，売上原価勘定は本社元帳にあるので，本社勘定の借方に記入する。

(4)　減価償却費は製造間接費勘定の借方に記入する。減価償却累計額勘定は本社元帳にあるので，貸方は本社勘定とする。

(5)　工場従業員に支給される給与は賃金・給料勘定の借方に記入する。現金（預金）勘定は本社元帳にあるので，貸方は本社勘定とする。

問題 9　仕訳▶費目別計算

	仕訳			
	借方科目	金額	貸方科目	金額
(1)	材料	3,640,000	買掛金 当座預金	3,600,000 40,000
(2)	仕掛品 製造間接費	1,900,000 32,000	材料	1,932,000
(3)	仕掛品 製造間接費	4,200,000 2,100,000	賃金	6,300,000
(4)	仕掛品	2,520,000	製造間接費	2,520,000
(5)	製品	7,525,000	仕掛品	7,525,000

問題 9　仕訳▶費目別計算

(1) 材料の購入

材料の購入原価は，購入代価に付随費用（材料副費）を加算して求める。

購入代価（@900円×4,000kg）＋付随費用40,000円＝購入原価3,640,000円

(2) 材料の消費

材料の消費額は材料費となり，特定の製品に跡付けられる場合は仕掛品勘定へ，特定の製品に跡付けられない場合は製造間接費勘定に集計される。

(3) 賃金の消費

1．直接工の計算

労務費は予定総平均賃率@1,500円を用いて計算し，賃金勘定から直接労務費は仕掛品勘定へ，間接労務費は製造間接費勘定へ振り替える。

① 直接労務費

@1,500円×2,800時間＝4,200,000円

② 間接労務費

@1,500円×100時間＝150,000円

2．間接工の計算

間接工の労務費（当月消費額）は全額製造間接費勘定へ振り替える。なお，当月消費額を求める際には前月と当月の未払額を調整する必要がある。

当月支払高2,000,000円－前月未払高300,000円＋当月未払高250,000円＝当月消費額1,950,000円

(4) 製造間接費の予定配賦

1．予定配賦率の算定

$$\frac{\text{年間製造間接費予算30,240,000円}}{\text{年間予定総直接作業時間33,600時間}}=\text{@900円}$$

2．製造指図書別の予定配賦額

製造間接費は直接作業時間を配賦基準に予定配賦しているため，直接工の直接作業時間（2,800時間）を使用して計算する。

@900円×2,800時間＝2,520,000円

(5) 完成品原価の計算

完成品原価を仕掛品勘定から製品勘定へ振り替える。

製造直接費5,500,000円＋製造間接費（@900円×2,250時間）＝完成品原価7,525,000円

問題10　CVP分析

(1)	*12,000,000*円
(2)	*16,000,000*円
(3)	*1,650,000*円
(4)	2.4%

解　説

CVP分析により利益計画を行う問題である。

(1)　損益分岐点売上高を計算する。

損益分岐点売上高を求めるために，まずは変動費率を計算する必要がある。

変動費率は，$\dfrac{\text{変動費}}{\text{売上高}}$で計算できる。

$$\frac{4{,}220{,}000\text{円(食材費)}+1{,}630{,}000\text{円(アルバイト人件費)}+450{,}000\text{円(その他)}}{14{,}000{,}000\text{円(売上高)}}=45\%$$

損益分岐点売上高は，$\dfrac{\text{固定費}}{1-\text{変動費率}}$により求めることができる。

$$\frac{6{,}600{,}000\text{円※(固定費)}}{1-0.45}=12{,}000{,}000\text{円}$$

※固定費　*2,040,000*円＋*2,200,000*円＋*1,510,000*円＋*850,000*円＝*6,600,000*円

(2)　目標の営業利益を達成するための売上高を計算する。

目標の営業利益をあげるための売上高は，損益分岐点売上高を求める式の分子の固定費に目標営業利益を加算した式，$\dfrac{\text{固定費}+\text{目標営業利益}}{1-\text{変動費率}}$により求めることができる。

$$\frac{6{,}600{,}000\text{円}+2{,}200{,}000\text{円}}{1-0.45}=16{,}000{,}000\text{円}$$

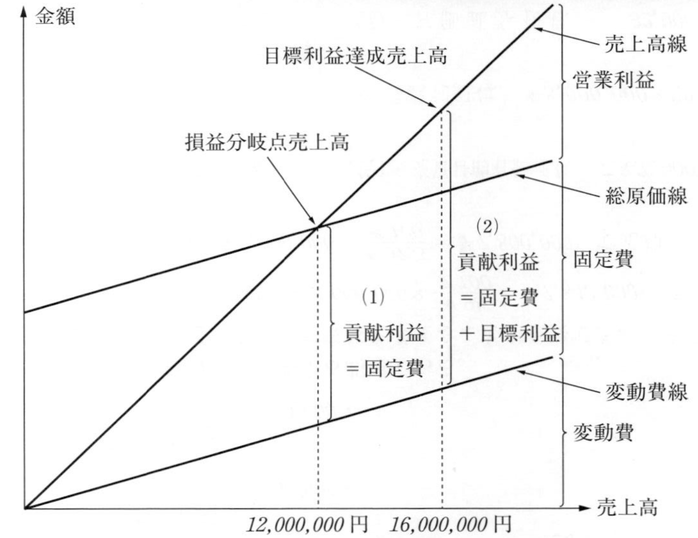

(3)　予想されている売上高から営業利益を計算する。

貢献利益　*15,000,000*円×(1－0.45)＝*8,250,000*円

営業利益　貢献利益*8,250,000*円－固定費*6,600,000*円＝*1,650,000*円

売　上　高	*15,000,000*円
変　動　費	*6,750,000*円
貢 献 利 益	*8,250,000*円
固　定　費	*6,600,000*円
営 業 利 益	*1,650,000*円

(4)　高低点法により売上高に対する水道光熱費の変動費率を計算する。

売上が最も高い月　5月

売上が最も低い月　3月

$$\frac{2{,}108{,}000\text{円}-2{,}036{,}000\text{円}}{16{,}380{,}000\text{円}-13{,}380{,}000\text{円}}=2.4\%$$

第1問（20点）

	仕		訳	
	借　方　科　目	金　額	貸　方　科　目	金　額
1	ア(現　　金) ウ(貸倒引当金) キ(貸　倒　損　失)	*250,000* *800,000* *74,000*	イ(不　渡　手　形)	*1,124,000*
2	イ(車両運搬具) エ(車両運搬具減価償却累計額) カ(減価償却費) キ(固定資産売却損)	*2,000,000* *1,152,000* *108,000* *40,000*	イ(車両運搬具) ア(当座預金)	*1,800,000* *1,500,000*
3	オ(前　受　金) キ(役　務　原　価)	*900,000* *630,000*	カ(役　務　収　益) イ(仕　掛　品) エ(買　掛　金)	*900,000* *400,000* *230,000*
4	カ(繰越利益剰余金)	*2,100,000*	イ(未払配当金) オ(利益準備金) キ(別途積立金)	*1,500,000* *100,000* *500,000*
5	ウ(未　収　入　金) キ(有価証券売却損)	*7,832,000* *40,000*	ア(売買目的有価証券) オ(有価証券利息)	*7,840,000* *32,000*

仕訳１組につき４点。合計20点。

解　説

1．償還請求中の不渡手形が回収不能となった取引である。手形が不渡りとなったとき，不渡手形勘定の借方に記入されている。回収不能となれば不渡手形という債権が消滅するから，不渡手形勘定の貸方に記入する。なお，償還請求費用は不渡手形の金額に含まれている。回収不能となった額だけ貸倒損失（費用）が発生するが，本問では一部を現金で回収しており，また前期末に貸倒れを予想して費用（貸倒引当金繰入）を計上していたので，この額は貸倒引当金を取り崩せばよい。したがって，貸倒損失は次のようになる。

貸倒額¥*1,124,000*－現金¥*250,000*－貸倒引当金¥*800,000*＝貸倒損失¥*74,000*

2．固定資産の買替えに関する取引

旧車両（下取りに出した車両）について，以下の計算を行う。

減価償却累計額（定率法）　¥*720,000*＋¥*432,000*＝¥*1,152,000*

１年目　¥*1,800,000*×0.4＝¥*720,000*

２年目　（¥*1,800,000*－¥*720,000*）×0.4＝¥*432,000*

減価償却費（20X8年４月１日から20X8年８月31日）

（¥*1,800,000*－¥*1,152,000*）×0.4×$\frac{5か月}{12か月}$＝¥*108,000*

新車両の金額と計算した当期の減価償却費および当期首減価償却累計額の金額を借方に記入し，旧車両の金額と新車両の購入代金から下取代金を差し引いた金額を貸方に記入し，借方差額¥*40,000*が固定資産売却損となる。

3．サービス業では，サービスを提供したとき，役務収益勘定で収益を計上し，それに対応する費用を仕掛品勘定（資産）から役務原価勘定に振り替える。この問題では，サービスの提供が完了した¥*900,000*を，役務収益として計上するが，代金はすでに受取済みであるので前受金勘定（負債）を減少させる。またこれに対応する役務原価は，すでに諸費用として支払われ仕掛品勘定（資産）となっている¥*400,000*と，翌月末に支払う外注費¥*230,000*（買掛金勘定で処理）の合計となる。

4．株主総会で剰余金処分を決定した仕訳である。繰越利益剰余金勘定は貸方に記入されているから，処分によって減少すれば借方に記入する。そして，処分項目の各勘定の貸方に記入する。

会社法が定める利益準備金積立額は，次のように計算する。

①　剰余金処分による支出額の$\frac{1}{10}$

……株主配当金¥*1,500,000*×$\frac{1}{10}$＝¥*150,000*

②　資本金×$\frac{1}{4}$－（資本準備金＋利益準備金）

……¥*10,000,000*×$\frac{1}{4}$－（¥*400,000*＋¥*2,000,000*）＝¥*100,000*

③　①と②のうち少ないほうの額…¥*100,000*

利　益　準　備　金

	100,000

未　払　配　当　金

	1,500,000

別　途　積　立　金

	500,000

繰越利益剰余金

2,100,000（処分額）	*3,000,000*（利益額）

5．端数利息をともなう社債の売却に関する問題である。

社債の売却と端数利息の処理を分けて解答を考えることが重要である。まず，社債の売却について，額面¥*100*につき¥*98*（¥*8,000,000*×$\frac{¥98}{¥100}$＝¥*7,840,000*）で購入した社債を，額面¥*100*につき¥*97.5*（¥*8,000,000*×$\frac{¥97.5}{¥100}$＝¥*7,800,000*）で売却しているため，以下の仕訳となる。

（借）	未　収　入　金	*7,800,000*	（貸）	売買目的有価証券	*7,840,000*
	有価証券売却損	*40,000*			

一方，10月１日から12月12日（73日間）の端数利息は，¥*8,000,000*×2%×$\frac{73日}{365日}$＝¥*32,000*となるため，以下の仕訳となる。

（借）	未　収　入　金	*32,000*	（貸）	有価証券利息	*32,000*

これらの仕訳を合わせることにより，解答の仕訳となる。

第2問（20点）

(1)

銀　行　勘　定　調　整　表
X年3月31日

当座預金勘定の残高			（288,700）
（加算）順不同	［①］	（23,000）	
	［③］	（47,000）	（70,000）
（減算）順不同	［②］	（24,000）	
	［④］	（23,700）	（47,700）
銀行残高証明書の残高			（311,000）

※［　］には，資料Ⅱにおける番号①～④を記入しなさい。
（　）には，金額を記入しなさい。

(2) 資料Ⅱおよび資料Ⅲから判明する必要な決算整理仕訳等

順不同

借方科目	金額	貸方科目	金額
イ(当座預金)	23,000	ケ(未払金)	23,000
ア(現金)	24,000	イ(当座預金)	24,000
イ(当座預金)	47,000	エ(売掛金)	47,000
ア(現金)	16,000	シ(受取配当金)	16,000
ア(現金)	2,800	ス(雑益)	2,800

※決算整理仕訳等は，各行に1組ずつ記入しなさい。
借方科目欄・貸方科目欄には，記号を入れること。

(3)

現金	当座預金
197,600	334,700

□ 1つにつき2点。合計20点。

解　説

現金と当座預金に関する資料にもとづき，「企業残高基準法」による銀行勘定調整表を作成し，貸借対照表に計上される現金および当座預金の金額を求める問題である。

銀行勘定調整表は，企業側の当座預金勘定残高と銀行側の残高証明書の残高が一致していないとき，その不一致の原因を明らかにするため作成される表である。

銀行勘定調整表の作成方法には，「両者区分調整法」・「企業残高基準法」・「銀行残高基準法」の3つの方法がある。

なお，企業側と銀行側の残高が不一致となる主な原因には次のものがある。

(1) 時間外預け入れ……企業が銀行の時間外に入金したため，銀行では未記帳であるもの
企業側【処理済み：仕訳なし】　銀行側【翌日に処理する】

(2) 入出金の通知未達……企業に入出金の連絡が未達のもの
企業側【必要な仕訳をする】　銀行側【処理済み】

(3) 未渡小切手……企業は小切手振出しの仕訳を行ったが，取引先に未渡しのもの
企業側【必要な修正仕訳をする】

［資料Ⅱ］の事実から企業側で必要な仕訳を示すと次のとおりである。

① 未渡小切手…(借)イ．当座預金 23,000　(貸)ケ．未払金 23,000
② 当座預金口座への未入金…(借)ア．現金 24,000　(貸)イ．当座預金 24,000
③ 入金の通知未達…(借)イ．当座預金 47,000　(貸)エ．売掛金 47,000
④ 時間外預け入れ…仕訳なし

※［資料Ⅱ］②から，当座預金口座への未入金となっている他店振出小切手は，当座預金勘定として処理されていることに注意すること。

以上から，「両者区分調整法」による銀行勘定調整表を作成すると以下のとおりである。

銀　行　勘　定　調　整　表

	企業の当座預金勘定残高		銀行の残高証明書残高
3月31日現在の残高	￥288,700		￥311,000
（加算）① 未渡小切手	23,000		
③ 入金の通知未達	47,000	④ 時間外預け入れ	23,700
合計	358,700		334,700
（減算）② 当座預金口座への未入金	24,000		
調整後の残高	334,700		334,700

「企業残高基準法」は，［資料Ⅰ］からわかる企業側の当座預金勘定残高￥288,700に不一致の原因を加減して，銀行側の残高証明書残高￥311,000に合わせる方法である。

よって，①未渡小切手はまだ銀行側で引き落とされていないので加算，②当座預金口座への入金はまだ行っていないため減算する。さらに，③入金の通知未達は企業側ではまだ処理していないため加算，④の時間外預け入れは銀行側にはまだ入金されていないので減算する。

［資料Ⅲ］より金庫の中の紙幣・硬貨￥157,600と決算整理前の現金勘定残高￥154,800から，現金の実際有高が過剰であるので，次の仕訳を行う。

(借)ア．現金 2,800　(貸)ス．雑益 2,800

また，未処理の配当金領収証は，簿記上の現金であることから，次の仕訳を行う。

(借)ア．現金 16,000　(貸)シ．受取配当金 16,000

貸借対照表に計上される「現金」
紙幣・硬貨￥157,600＋他店振出小切手￥24,000＋配当金領収証￥16,000＝￥197,600

貸借対照表に計上される「当座預金」
「両者区分調整法」によって計算された￥334,700

解　答	第1回模擬

第3問（20点）

精　算　表　　（単位：円）

勘定科目	試算表 借方	試算表 貸方	修正記入 借方	修正記入 貸方	損益計算書 借方	損益計算書 貸方	貸借対照表 借方	貸借対照表 貸方
現金預金	3,400,000		6,000				3,406,000	
受取手形	800,000		215,000	200,000			815,000	
売掛金	1,800,000		10,000	50,000			1,760,000	
繰越商品	4,500,000		4,440,000	4,500,000			4,220,000	
				200,000				
				20,000				
仮払法人税等	100,000			100,000				
建物	6,600,000						6,600,000	
備品	4,800,000						4,800,000	
ソフトウェア	3,000,000			600,000			2,400,000	
買掛金		2,400,000						2,400,000
貸倒引当金		52,000	500					51,500
建物減価償却累計額		1,600,000		35,000				1,635,000
備品減価償却累計額		1,664,000		64,000				1,728,000
長期借入金		12,500,000						12,500,000
退職給付引当金		1,200,000		200,000				1,400,000
資本金		2,000,000						2,000,000
利益準備金		800,000						800,000
繰越利益剰余金		1,000,000						1,000,000
売上		24,035,000	50,000			23,985,000		
受取利息		304,000		15,000		319,000		
仕入	17,500,000		4,500,000	4,440,000	17,560,000			
給料	3,000,000				3,000,000			
通信費	500,000			150,000	350,000			
減価償却費	814,000		99,000		913,000			
雑費	496,000				496,000			
保険料	245,000			35,000	210,000			
	47,555,000	47,555,000						
受取配当金				6,000		6,000		
棚卸減耗損			200,000		200,000			
商品評価損			20,000		20,000			
為替差損益				10,000		10,000		
貸倒引当金(戻入)				500		500		
支払利息			250,000		250,000			
未払費用				250,000				250,000
前払費用			35,000				35,000	
ソフトウェア償却			600,000		600,000			
貯蔵品			150,000				150,000	
退職給付費用			200,000		200,000			
法人税，住民税及び事業税			198,600		198,600			
未払法人税等				98,600				98,600
当期純(利益)					322,900			322,900
			10,974,100	10,974,100	24,320,500	24,320,500	24,186,000	24,186,000

□ 1つにつき2点。合計20点。

解　説	模擬試験問題　第1回−3

第3問

精算表作成問題であり，未処理事項と決算整理事項を一つ一つ仕訳を考え記入していく。時間的に全部解けないことが多いので，部分点をねらって記入していくこと。

［資料Ⅰ］未処理事項

1．配当金領収証は，配当が行われた場合に株主に送付される用紙であり，配当金領収証を受け取った株主は，押印の上で金融機関に持参すると配当金を現金で受け取ることができる。受け取った現金を計上するとともに，同額の受取配当金（収益）を計上する。

（借）現金預金　6,000　（貸）受取配当金　6,000

なお，本問では問われていないが，配当金領収証は通貨代用証券であり，実際には現金を受け取っていなくても，配当金領収証を受け取った時点で現金を計上することに注意すること。

2．売上返品の処理である。なお，三分法を用いているため，返品された商品（原価）に関する修正仕訳は行わないが，商品有高帳においては商品の返品による増加の記入が必要である。

（借）売上　50,000　（貸）売掛金　50,000

3．手形の更改である。新旧の手形が交換される。

（借）受取手形　215,000　（貸）受取手形　200,000
　　　　　　　　　　　　　　　　受取利息　15,000

［資料Ⅱ］決算整理事項

1．売上原価と期末商品の評価

問題文より，棚卸減耗損は￥200,000生じている。また，商品の期末帳簿棚卸高は商品有高帳から把握されるが，未処理事項にあるとおり，返品による商品￥40,000（原価）の増加が商品有高帳に記録されていない。よって，問題文にある商品の期末帳簿棚卸高には返品分が含まれておらず，返品分反映後の期末帳簿棚卸高は￥4,440,000（＝￥4,400,000＋返品分￥40,000）であることになる。なお，返品分には￥20,000の評価損が生じている。

（借）仕入　4,500,000　（貸）繰越商品　4,500,000
（借）繰越商品　4,440,000　（貸）仕入　4,440,000
（借）棚卸減耗損　200,000　（貸）繰越商品　200,000
（借）商品評価損　20,000　（貸）繰越商品　20,000

2．売掛金の換算替え

決算日の為替相場で換算しなおすと，外貨建ての売掛金は￥210,000（＝2,000ドル×￥105）になる。よって，売掛金を￥10,000増やすとともに，為替差益（為替差損益）を計上する。

（借）売掛金　10,000　（貸）為替差損益　10,000

3．貸倒引当金の設定

{売掛金￥1,760,000（＝試算表￥1,800,000−返品分￥50,000＋外貨建売掛金の評価替え￥10,000）＋受取手形￥815,000（＝試算表￥800,000−更改した旧手形￥200,000＋更改した新手形￥215,000）}×2％−貸倒引当金残高￥52,000＝−￥500

（借）	貸倒引当金	500	（貸）	貸倒引当金戻入	500

4．減価償却

①　既存分の減価償却　月次償却。問題文に従い未処理の1か月分を償却。

（借）	減価償却費	74,000	（貸）	建物減価償却累計額	10,000
				備品減価償却累計額	64,000

②　1月1日取得の建物についての期末一括処理。

$$¥3,000,000 \div 30年 \times \frac{3か月（1月・2月・3月）}{12か月} = ¥25,000$$

（借）	減価償却費	25,000	（貸）	建物減価償却累計額	25,000

5．未払利息の計上

長期借入金について8か月分の未払利息を計上する。

$$¥12,500,000 \times 3\% \times \frac{8か月}{12か月} = ¥250,000$$

（借）	支払利息	250,000	（貸）	未払費用（未払利息）	250,000

6．前払保険料の計上

毎年継続して保険料を支払っているため，試算表欄の保険料は，期首に行った再振替仕訳2か月分と当期の支払分（12か月分）の合計の14か月分となっている。このうち2か月分を前払保険料に振り替える。

$$¥245,000 \times \frac{2か月}{14か月} = ¥35,000$$

（借）	前払費用（前払保険料）	35,000	（貸）	保険料	35,000

7．ソフトウェアの償却

試算表欄の金額を使用可能期間にわたって償却する。期首に取得したので，償却は今回が初年度となる。

$¥3,000,000 \div 5年 = ¥600,000$

（借）	ソフトウェア償却	600,000	（貸）	ソフトウェア	600,000

8．貯蔵品の計上

期末において未使用の切手¥150,000は，貯蔵品として資産計上し，翌期に繰り延べる。

（借）	貯蔵品	150,000	（貸）	通信費	150,000

9．退職給付引当金の設定

（借）	退職給付費用	200,000	（貸）	退職給付引当金	200,000

10．法人税，住民税及び事業税の計上

中間納付が¥100,000，確定申告による納付額（未払法人税等として計上する額）が¥98,600であるから，法人税，住民税及び事業税として計上する年税額は¥198,600である。

（借）	法人税，住民税及び事業税	198,600	（貸）	仮払法人税等	100,000
				未払法人税等	98,600

以上の事項を精算表の修正記入欄に記入したあと，試算表欄の金額に修正記入欄の金額を加減し，損益計算書欄および貸借対照表欄に記入する。

第4問（28点）

(1)（12点）

	借方科目	金額	貸方科目	金額
1	ア（材　　料）	630,000	ウ（買　掛　金） イ（材 料 副 費）	600,000 30,000
2	ウ（材料副費差異）	8,000	イ（材 料 副 費）	8,000
3	イ（予 算 差 異） ウ（操 業 度 差 異）	18,000 17,000	オ（製 造 間 接 費）	35,000

仕訳1組につき4点。計12点。

(2)（16点）

月末仕掛品原価　＝　1,040,000　円

完成品総合原価　＝　7,800,000　円

等級製品Aの完成品単位原価　＝　2,340　円／個

等級製品Bの完成品単位原価　＝　1,560　円／個

等級製品Cの完成品単位原価　＝　780　円／個

［実線枠］1つにつき4点。［点線枠］1つにつき2点。計16点。合計28点。

解　説

(1)

費目別計算の仕訳の問題である。

1．部品を購入したときは材料勘定の借方に記入する。購入にさいして，購入代価の5％を材料副費（付随費用）として予定配賦しているので，材料勘定に加算する。なお，材料副費を予定配賦するときは，材料副費勘定の貸方に記入する。

材料副費予定配賦額　購入代価600,000円×5％＝30,000円

購入原価　購入代価600,000円＋材料副費30,000円＝630,000円

2．材料副費の予定配賦額と実際発生額との差額を材料副費差異勘定に振り替える。

材料副費差異　予定配賦額30,000円－実際発生額38,000円＝－8,000円（借方差異）

借方差異（実際発生額が多い）なので，材料副費差異勘定の借方に記入する。

3．固定予算における予算差異，操業度差異の振替仕訳である。問題文中に製造間接費の固定費と変動費の内訳が載っているが，固定予算による差異分析なので，資料としては不要である。月額の製造間接費予算と実際発生額の差額18,000円が不利差異として予算差異となり，実際作業時間780時間と予定作業時間800時間の差額に予定配賦率850円を掛けたものが不利差異として操業度差異になる。

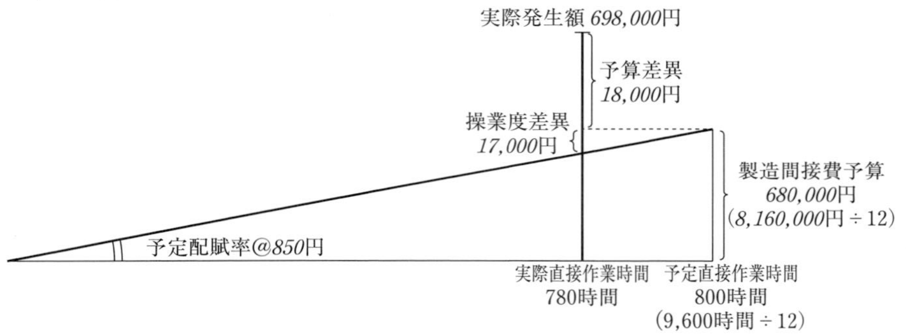

(2)

等級別総合原価計算で，月末仕掛品原価・完成品総合原価・各等級製品の完成品単位原価を計算する問題である。

等級別総合原価計算は，単純総合原価計算に準じ，一括して等級製品の月末仕掛品原価と完成品総合原価を計算し，これを等価係数を用いた積数の比によって各等級製品に按分する方法である。

仕掛品―直接材料費

月初仕掛品 300,000円	完成品 5,200個 2,600,000円
当月投入 2,820,000円	仕損　260個× 月末仕掛品 1,040個 520,000円

仕掛品―加工費

月初仕掛品 330,000円	完成品 5,200個 5,200,000円
当月投入 5,390,000円	仕損　？個※1× 月末仕掛品 520個※2 520,000円

※1　「仕損は工程の途中で発生」という条件のため，完成品換算数量は不明。

※2　月末仕掛品完成品換算数量　1,040個×50％＝520個

解　説

(1)　月末仕掛品原価（平均法）

材料は工程の始点で投入されているから月末仕掛品数量によって，加工費は月末仕掛品完成品換算数量によって計算する。

正常仕損が工程の途中で発生しているため，正常仕損費は完成品と月末仕掛品の両者に負担させる。なお，本問では仕損の発生点は不明であるが，このような場合も両者負担とすればよい。

$$\text{月末仕掛品原価の直接材料費}=\left(\text{月初仕掛品原価の直接材料費}+\text{当月製造費用の直接材料費}\right)\times\frac{\text{月末仕掛品数量}}{\text{完成品数量}+\text{月末仕掛品数量}}$$

$$\text{月末仕掛品原価の加工費}=\left(\text{月初仕掛品原価の加工費}+\text{当月製造費用の加工費}\right)\times\frac{\text{月末仕掛品完成品換算数量}}{\text{完成品数量}+\text{月末仕掛品完成品換算数量}}$$

直接材料費　$(300{,}000\text{円}+2{,}820{,}000\text{円})\times\frac{1{,}040\text{個}}{5{,}200\text{個}+1{,}040\text{個}}=520{,}000\text{円}$

加　工　費　$(330{,}000\text{円}+5{,}390{,}000\text{円})\times\frac{1{,}040\text{個}\times0.5}{5{,}200\text{個}+1{,}040\text{個}\times0.5}=520{,}000\text{円}$

月末仕掛品原価　*520,000*円＋*520,000*円＝*1,040,000*円

(2)　完成品総合原価

完成品総合原価＝月初仕掛品原価＋当月製造費用－月末仕掛品原価

直接材料費　*300,000*円＋*2,820,000*円－*520,000*円＝*2,600,000*円

加　工　費　*330,000*円＋*5,390,000*円－*520,000*円＝*5,200,000*円

完成品総合原価　*2,600,000*円＋*5,200,000*円＝*7,800,000*円

(3)　各等級製品の完成品単位原価

①　各等級製品の積数

各等級製品の積数＝各等級製品の完成品数量×等価係数※

※本問は製品１個当たりの重量の割合を，Ａ：３，Ｂ：２，Ｃ：１として利用する。

等級製品Ａ　1,500個×3＝4,500

等級製品Ｂ　1,800個×2＝3,600

等級製品Ｃ　1,900個×1＝1,900

②　各等級製品の製造原価

$$\text{各等級製品の製造原価}=\text{完成品総合原価}\times\frac{\text{各等級製品の積数}}{\text{各等級製品の積数合計}}$$

等級製品Ａ　$7{,}800{,}000\text{円}\times\frac{4{,}500}{4{,}500+3{,}600+1{,}900}=3{,}510{,}000\text{円}$

等級製品Ｂ　$7{,}800{,}000\text{円}\times\frac{3{,}600}{4{,}500+3{,}600+1{,}900}=2{,}808{,}000\text{円}$

等級製品Ｃ　$7{,}800{,}000\text{円}\times\frac{1{,}900}{4{,}500+3{,}600+1{,}900}=1{,}482{,}000\text{円}$

③　各等級製品の完成品単位原価

各等級製品の完成品単位原価＝各等級製品の製造原価÷各等級製品の完成品数量

等級製品Ａ　*3,510,000*円÷1,500個＝*2,340*円/個

等級製品Ｂ　*2,808,000*円÷1,800個＝*1,560*円/個

等級製品Ｃ　*1,482,000*円÷1,900個＝　*780*円/個

（参考）

	完成品数量	等価係数	積　数	各等級製品の製造原価	完成品単位原価
等級製品Ａ	1,500個	3	4,500	*3,510,000*	*2,340*
等級製品Ｂ	1,800個	2	3,600	*2,808,000*	*1,560*
等級製品Ｃ	1,900個	1	1,900	*1,482,000*	*780*
	5,200個		10,000	*7,800,000*	

解　答　　第1回模擬

第5問（12点）

直接材料費差異	*599,000*円	（ 有利差異 ・ **不利差異** ）
価　格　差　異	*764,000*円	（ 有利差異 ・ **不利差異** ）
数　量　差　異	*165,000*円	（ **有利差異** ・ 不利差異 ）
直接労務費差異	*186,000*円	（ 有利差異 ・ **不利差異** ）
賃　率　差　異	*724,000*円	（ **有利差異** ・ 不利差異 ）
時　間　差　異	*910,000*円	（ 有利差異 ・ **不利差異** ）

各問１つにつき２点。合計12点。

解　説　　模擬試験問題　第1回－7

第5問

標準原価計算の直接材料費差異および直接労務費差異の分析を行う問題である。

① 直接材料費差異

直接材料費差異は，価格差異と数量差異に分析することができる。

価格差異＝（標準価格*550*円－実際価格*570*円）×実際数量38,200kg　＝△*764,000*円

数量差異＝標準価格*550*円×（標準数量38,500kg－実際数量38,200kg）＝　*165,000*円

計△*599,000*円

なお，標準数量は１個当たり標準数量に当月投入数量を掛けることで求められる。

標準数量＝１個当たり標準数量14kg×当月投入2,750個＝38,500kg

直接材料費差異分析

② 直接労務費差異

直接労務費差異は，賃率差異と時間差異に分析することができる。

賃率差異＝（標準賃率*1,300*円－実際賃率*1,260*円）×実際時間18,100時間　＝　*724,000*円

時間差異＝標準賃率*1,300*円×（標準時間17,400時間－実際時間18,100時間）＝△*910,000*円

計△*186,000*円

なお標準時間は，１個当たり標準時間に当月投入完成品換算数量を掛けることで求められる。また当月投入完成品換算数量は，完成品数量から月初仕掛品完成品換算数量を差し引き，月末仕掛品完成品換算数量を加えることで求められる。

標準時間＝１個当たり標準時間６時間×当月投入完成品換算数量2,900個
＝17,400時間

当月投入完成品換算数量＝完成品数量2,600個－月初仕掛品完成品換算数量150個（＝600個×25％）＋月末仕掛品完成品換算数量450個（＝750個×60％）＝2,900個

直接労務費差異分析

第１問（20点）

	借方科目	金額	貸方科目	金額
1	イ(建　物)	10,000,000	オ(借 入 金)	8,000,000
	ウ(土　地)	25,000,000	ア(当 座 預 金)	30,000,000
	エ(の れ ん)	3,000,000		
2	イ(クレジット売掛金)	477,000	カ(売　上)	450,000
	キ(支 払 手 数 料)	18,000	エ(仮 受 消 費 税)	45,000
3	エ(不 渡 手 形)	903,600	イ(当 座 預 金)	900,000
			ア(現　金)	3,600
4	ア(未 収 入 金)	950,000	イ(売買目的有価証券)	888,000
			エ(有価証券売却益)	62,000
5	イ(売 掛 金)	5,500,000	カ(売　上)	4,600,000
			オ(契 約 負 債)	900,000

仕訳１組につき４点。合計20点。

第１問

1．他社の一部の事業を金銭により取得した取引である。この場合，相手企業から譲り受けた資産と負債を時価で引き継ぎ，その対価を金銭で支払う（対価として株式を交付する場合もある）。引き継いだ純資産（資産－負債）より，対価の金銭（あるいは交付した株式の総額）のほうが多い場合，その差額はのれんに対する支払いと考えられるから，のれん勘定（資産）の借方に記入する。のれんは同種・同規模の企業に比べて高い収益力を認めたものである。無形であるが，企業に有益であるので他社の取得・合併の際計上される。

のれんの計算　取得対価￥30,000,000－純資産(資産￥35,000,000－負債￥8,000,000)
＝のれん￥3,000,000

2．クレジット払いを条件とした売上取引と消費税に関する問題である。商品販売について消費税が課されるため，税抜方式により，消費税額￥45,000（￥450,000×10％）を仮受消費税として計上する。また，販売時にクレジット会社への手数料を計上するため，￥18,000（￥450,000×４％）を支払手数料として計上し，売上および仮受消費税の合計額から支払手数料を差し引いた金額をクレジット売掛金勘定（資産）として計上する。

クレジット売掛金の計算　売上￥450,000＋仮受消費税￥45,000－支払手数料￥18,000
＝クレジット売掛金￥477,000

3．富山株式会社から受け取った手形を銀行で割り引いたが，手形代金が支払われなかったため，当店が，銀行からの償還請求に応じて手形金額と延滞利息を支払い，その金額を富山株式会社に支払い請求した取引である。銀行へ支払った手形金額と延滞利息が，富山株式会社に対して請求する金額であり，不渡手形勘定（資産）の借方に記入する。

4．有価証券の売却に関する問題である。有価証券の売却のさいには，帳簿価額と売却価額との差額が有価証券売却損益となる。切り放し法による株式の帳簿価額は，購入時の￥840,000（@￥700×1,200株）ではなく，前期末時価の￥888,000（@￥740×1,200株）となる。また，本問では売買手数料を控除した金額を代金として受け取るため，売価￥960,000（@￥800×1,200株）から売買手数料￥10,000を控除した￥950,000が３日後に受け取る金額（未収入金）となる。なお，「株式の売買手数料は，有価証券売却益または売却損に加減して処理すること」という指示があるので，支払手数料などの勘定科目を使用しないこと。

有価証券売却損益の計算　正味売却価額￥950,000－帳簿価額￥888,000
＝有価証券売却益￥62,000

5．複数の履行義務を含む取引の収益認識に関する問題である。１つの契約の中に２つ以上の複数の履行義務が含まれている場合には，原則として別々に収益を認識する。本問の場合，エレベーターの販売・設置という履行義務は充足されているので売上￥4,600,000を計上するが，保守サービス￥900,000については，時の経過に応じて履行義務を充足することが示されているため，販売時点では売上を計上せず契約負債として計上する。

第2問（20点）

株主資本等変動計算書
自20X7年4月1日　至20X8年3月31日

（単位：千円）

	株主資本			
	資本金	資本剰余金		
		資本準備金	その他資本剰余金	資本剰余金合計
当期首残高	50,000	6,000	2,700	8,700
当期変動額				
剰余金の配当等				
任意積立金取崩				
新株の発行	（⑫　10,500）	（⑬　2,500）	（⑭　8,000）	（⑮　10,500）
当期純利益				
当期変動額合計	（⑲　10,500）	（⑳　2,500）	（㉑　8,000）	（㉒　10,500）
当期末残高	（㉘　60,500）	（㉙　8,500）	（㉚　10,700）	（㉛　19,200）

上段より続く　　　　下段へ続く

	株主資本				
	利益剰余金				株主資本合計
	利益準備金	その他利益剰余金		利益剰余金合計	
		新築積立金	繰越利益剰余金		
当期首残高	6,400	25,000	20,000	（①　51,400）	（②　110,100）
当期変動額					
剰余金の配当等	（③　100）	（④　5,000）	（⑤　△10,100）	（⑥　△5,000）	（⑦　△5,000）
任意積立金取崩		（⑧　△30,000）	（⑨　30,000）	（⑩　0）	（⑪　0）
新株の発行					21,000
当期純利益			（⑯　1,500）	（⑰　1,500）	（⑱　1,500）
当期変動額合計	（㉓　100）	（㉔　△25,000）	（㉕　21,400）	（㉖　△3,500）	（㉗　17,500）
当期末残高	（㉜　6,500）	（㉝　0）	（㉞　41,400）	（㉟　47,900）	（㊱　127,600）

□ 1つにつき2点。合計20点。

解　説

資料をもとに一会計期間における株主資本等変動計算書を作成する問題である。

（単位：千円）

1．当期首残高

①利益剰余金合計51,400＝利益準備金6,400＋新築積立金25,000＋繰越利益剰余金20,000

②株主資本合計110,100＝資本金50,000＋資本剰余金合計8,700＋①利益剰余金合計51,400

2．剰余金の配当等

（借）	繰越利益剰余金	10,100⑤	（貸）	未払配当金	5,000…￥500×10,000株
				利益準備金	100※③
				新築積立金	5,000④

※ 未払配当金×$\frac{1}{10}$＝500と資本金50,000×$\frac{1}{4}$－（資本準備金6,000＋利益準備金6,400）＝100のいずれか少ない金額

⑥利益準備金合計△5,000＝③利益剰余金100＋④新築積立金5,000＋⑤繰越利益剰余金△10,100

⑦株主資本合計△5,000＝資本金0＋資本剰余金合計0＋⑥利益剰余金合計△5,000

3．新築積立金取崩

（借）	建物	30,000	（貸）	当座預金	10,000
				建設仮勘定	20,000
（借）	新築積立金	30,000⑧	（貸）	新築積立金取崩（繰越利益剰余金）	30,000⑨

⑩利益剰余金合計0＝利益準備金0＋⑧新築積立金△30,000＋⑨繰越利益剰余金30,000

⑪株主資本合計0＝資本金0＋資本剰余金合計0＋⑩利益剰余金合計0

4．子会社株式取得

（借）	子会社株式	21,000	（貸）	資本金	10,500⑫
				資本準備金	2,500⑬
				その他資本剰余金	8,000⑭

⑮資本剰余金合計10,500＝⑬資本準備金2,500＋⑭その他資本剰余金8,000

5．当期純利益の計上

（借）損　　益　1,500　（貸）繰越利益剰余金　1,500⑯

⑰利益剰余金合計1,500＝利益準備金0＋新築積立金0＋⑯繰越利益剰余金1,500

⑱株主資本合計1,500＝資本金0＋資本剰余金合計0＋⑰利益剰余金合計1,500

6．当期変動額合計

⑲資本金10,500＝⑫10,500

⑳資本準備金2,500＝⑬2,500

㉑その他資本剰余金8,000＝⑭8,000

㉒資本剰余金合計10,500＝⑮10,500

㉓利益準備金100＝③100

㉔新築積立金△25,000＝④5,000＋⑧△30,000

㉕繰越利益剰余金21,400＝⑤△10,100＋⑨30,000＋⑯1,500

㉖利益剰余金合計△3,500＝⑥△5,000＋⑩0＋⑰1,500

㉗株主資本合計17,500＝⑦△5,000＋⑪0＋21,000＋⑱1,500

なお，㉗株主資本合計17,500は，⑲10,500＋㉒10,500＋㉖△3,500＝17,500と一致する。

7．当期末残高…当期首残高＋当期変動額合計

㉘資本金60,500＝50,000＋⑲10,500

㉙資本準備金8,500＝6,000＋⑳2,500

㉚その他資本剰余金10,700＝2,700＋㉑8,000

㉛資本剰余金合計19,200＝8,700＋㉒10,500

㉜利益準備金6,500＝6,400＋㉓100

㉝新築積立金0＝25,000＋㉔△25,000

㉞繰越利益剰余金41,400＝20,000＋㉕21,400

㉟利益剰余金合計47,900＝①51,400＋㉖△3,500

㊱株主資本合計127,600＝②110,100＋㉗17,500

なお，㊱株主資本合計127,600は，㉘60,500＋㉛19,200＋㉟47,900＝127,600と一致する。

第3問（20点）

損　益　計　算　書

自20X8年4月1日　至20X9年3月31日　（単位：円）

Ⅰ 売上高		(11,260,700)
Ⅱ 売上原価		
1．期首商品棚卸高	(256,000)	
2．当期商品仕入高	(6,876,000)	
合計	(7,132,000)	
3．期末商品棚卸高	(264,000)	
差引	(6,868,000)	
4．棚卸減耗損	(24,000)	
5．(商品評価損)	(6,000)	(6,898,000)
(売上総利益)		(4,362,700)
Ⅲ 販売費及び一般管理費		
1．給料	(775,000)	
2．旅費交通費	(469,000)	
3．水道光熱費	(284,000)	
4．研究開発費	(616,000)	
5．租税公課	(22,400)	
6．(貸倒引当金繰入)	(3,200)	
7．退職給付費用	(180,000)	
8．減価償却費	(372,500)	
9．商標権償却	(280,000)	
10．(ソフトウェア償却)	(420,000)	(3,422,100)
(営業利益)		(940,600)
Ⅳ 営業外収益		
1．受取利息	(9,600)	
2．受取家賃	(186,200)	(195,800)
Ⅴ 営業外費用		
1．(貸倒引当金繰入)	(144,000)	(144,000)
(経常利益)		(992,400)
Ⅵ 特別利益		
1．固定資産売却益	(421,000)	
2．(国庫補助金受贈益)	(100,000)	(521,000)
Ⅶ 特別損失		
1．(固定資産圧縮損)	(100,000)	(100,000)
税引前当期純利益		(1,413,400)
法人税，住民税及び事業税		(424,020)
(当期純利益)		(989,380)

□ 1つにつき2点。合計20点。

第3問

決算整理前残高試算表と未処理事項および決算整理事項によって損益計算書を作成する問題である。未処理事項と決算整理事項の仕訳を示すと，次のとおりである。

［資料Ⅱ］未処理事項

1．貸倒れの処理

前期に貸倒引当金が計上されているので，貸倒引当金を貸倒れに充当する。

（借）貸倒引当金　20,000　（貸）売掛金　20,000

2．研究開発費の処理

仮払金￥70,000は，研究開発に使用したものであったことが判明したので，研究開発費勘定に振り替える。

（借）研究開発費　70,000　（貸）仮払金　70,000

3．退職給付引当金の充当

給料のうち￥200,000は，退職金として支払ったものであったことが判明したので，退職給付引当金から控除する。

（借）退職給付引当金　200,000　（貸）給料　200,000

4．国庫補助金を受け取った場合，国庫補助金受贈益という特別利益を計上する。

（借）現金預金　100,000　（貸）国庫補助金受贈益　100,000

また，直接減額方式により圧縮記帳を行った場合，固定資産圧縮損を計上するとともに，国庫補助金を用いて取得した固定資産の取得原価を直接減額する。

（借）固定資産圧縮損　100,000　（貸）建物　100,000

［資料Ⅲ］決算整理事項

1．貸倒れの見積もり

売上債権に係る貸倒引当金の繰り入れは販売費及び一般管理費に，また営業外債権に係る貸倒引当金の繰り入れは営業外費用に計上する。

①販売費及び一般管理費

貸倒見積額　（売掛金￥1,400,000－売掛金［資料Ⅱ］1.￥20,000
＋電子記録債権￥1,500,000）×1.5％＝￥43,200

貸倒引当金残高　貸倒引当金￥60,000－売掛金貸倒高［資料Ⅱ］1.￥20,000
＝￥40,000

貸倒引当金繰入額　貸倒見積額￥43,200－貸倒引当金残高￥40,000＝￥3,200

（借）貸倒引当金繰入　3,200　（貸）貸倒引当金　3,200

②営業外費用

貸倒見積額　貸付金￥300,000×50％＝￥150,000

貸倒引当金繰入額　貸倒見積額￥150,000－貸倒引当金残高￥6,000＝￥144,000

（借）貸倒引当金繰入　144,000　（貸）貸倒引当金　144,000

2．商品の評価

期末商品の帳簿棚卸高　原価@￥800×帳簿棚卸数量330(個)＝￥264,000

棚卸減耗損　原価@￥800×(帳簿棚卸数量330(個)－実地棚卸数量300(個))
＝￥24,000

商品評価損　(原価@¥800－正味売却価額@¥780)×実地棚卸数量300(個)
＝¥6,000

(借)	仕入	256,000	(貸)	繰越商品	256,000
(借)	繰越商品	264,000	(貸)	仕入	264,000
(借)	棚卸減耗損	24,000	(貸)	繰越商品	24,000
(借)	商品評価損	6,000	(貸)	繰越商品	6,000
(借)	仕入	24,000	(貸)	棚卸減耗損	24,000
(借)	仕入	6,000	(貸)	商品評価損	6,000

3．ソフトウェア償却

資産計上された自社利用目的のソフトウェアについては，原則的には定額法で償却する。償却期間5年の定額法で償却する旨の指示があるが，9月1日に購入しているので，9月から3月の7か月分だけ償却する。よって，償却額は¥3,600,000÷5年×$\frac{7か月}{12か月}$＝¥420,000となる。

(借)	ソフトウェア償却	420,000	(貸)	ソフトウェア	420,000

4．減価償却

建　物　(20X8年10月1日取得分)　10月から3月の6か月分だけ減価償却を行う。

(¥1,200,000－圧縮損¥100,000)÷20年×$\frac{6か月}{12か月}$＝¥27,500

(それ以外)　3月分　¥18,750

備　品　3月分　¥10,000

減価償却費　¥27,500＋¥18,750＋¥10,000＝¥56,250

(借)	減価償却費	46,250	(貸)	建物減価償却累計額	46,250
(借)	減価償却費	10,000	(貸)	備品減価償却累計額	10,000

販売費及び一般管理費に計上する減価償却費

¥56,250＋[資料Ⅰ]¥316,250＝¥372,500

5．商標権の償却

商標権は，取得からすでに5年経過しているので，帳簿価額¥1,400,000を，未償却年数の5年で年割償却する。

(借)	商標権償却	280,000	(貸)	商標権	280,000

6．受取家賃から前受家賃への振替え

(借)	受取家賃	72,500	(貸)	前受家賃	72,500

7．退職給付引当金の繰入れ

従業員の退職後に支給すべき退職給付(退職一時金と退職年金)に備えて，債務額を見積もり計上する場合に設ける引当金を退職給付引当金という。

(借)	退職給付費用	180,000	(貸)	退職給付引当金	180,000

8．貯蔵品の計上

期末において未使用の収入印紙¥17,600を貯蔵品勘定に振り替える。

(借)	貯蔵品	17,600	(貸)	租税公課	17,600

9．法人税，住民税及び事業税の計上

税引前当期純利益¥1,413,400×30％＝¥424,020

(借)	法人税，住民税及び事業税	424,020	(貸)	仮払法人税等	320,000
				未払法人税等	104,020

第4問（28点）

(1)（12点）

	仕訳			
	借方科目	金額	貸方科目	金額
1	エ(材　　料)	110,000	ア(買　掛　金) ウ(現　　金)	100,000 10,000
2	ア(仕　掛　品) ウ(製造間接費)	92,700 10,300	エ(材　　料)	103,000
3	エ(材料消費価格差異)	7,000	ア(材　　料)	7,000

仕訳1組につき4点。計12点。

(2)（16点）

製造間接費－第1工程　（単位：円）

借方	金額	貸方	金額
諸　口	80,000	仕掛品－第1工程	（120,000）
製造間接費－動力部門	（70,000）	配賦差異	（30,000）
	（150,000）		（150,000）

製造間接費－第2工程　（単位：円）

借方	金額	貸方	金額
諸　口	50,000	仕掛品－第2工程	（60,000）
製造間接費－動力部門	（30,000）	配賦差異	（20,000）
	（80,000）		（80,000）

仕掛品－第1工程　（単位：円）

借方	金額	貸方	金額
材　料	72,000	仕掛品－第2工程	（252,000）
賃　金	（60,000）		
製造間接費－第1工程	（120,000）		
	（252,000）		（252,000）

仕掛品－第2工程　（単位：円）

借方	金額	貸方	金額
仕掛品－第1工程	（252,000）	製　品	（422,400）
賃　金	177,360	月末有高	（66,960）
製造間接費－第2工程	（60,000）		
	489,360		489,360

□1つにつき2点。計16点。合計28点。

第4問

(1)

1．材料を購入した取引である。材料を掛けで購入したので貸方に買掛金勘定100,000円（200個×@500円）を計上し，その付随費用である運賃を現金で支払ったので，貸方に現金勘定10,000円を計上する。借方には材料勘定として110,000円（100,000円＋10,000円）を計上する。

2．材料勘定から直接材料費は仕掛品勘定に，間接材料費は製造間接費勘定に振り替える。

直接材料費　予定価格@515円×直接材料180個＝92,700円

間接材料費　予定価格@515円×間接材料 20個＝10,300円

3．材料の予定消費額と実際消費額の差額を材料消費価格差異勘定に振り替える。

予定消費額103,000円－実際消費額110,000円＝－7,000円（借方差異）

(2)

工程別総合原価計算の問題である。

1．「製造間接費－第1工程」「製造間接費－第2工程」

・借方に製造間接費の実際発生額が記入される。

実際部門別配賦表

費目	金額	製造部門		補助部門
		第1工程	第2工程	動力部門
部門費合計	230,000	80,000	50,000	100,000
動力部門費	100,000	70,000※1	30,000※2	
製造部門費	230,000	150,000	80,000	

※1　100,000円×70%

※2　100,000円×30%

・貸方に製造間接費の予定配賦額が記入される。

第1工程　300時間×400円／時間＝120,000円

第2工程　240時間×250円／時間＝ 60,000円

・貸借差額が配賦差異勘定である。

2．「仕掛品－第1工程」

直接材料費	72,000円
加工費	
直接労務費	60,000円
製造間接費	120,000円
当月製造費用	252,000円

※月初・月末仕掛品が存在しないので，当月製造費用が第1工程完成品原価になる。

3．「仕掛品－第2工程」

① 当月製造費用

前工程費	252,000円（第1工程完成品原価）
加工費	
直接労務費	177,360円
製造間接費	60,000円
当月製造費用	489,360円

② 前工程費月末仕掛品原価と完成品原価の計算

仕掛品―前工程費

前工程費 3,000個 *252,000*円	完成品 2,400個 *201,600*円
	月末仕掛品 600個 *50,400*円

月末仕掛品原価　$\frac{252{,}000円}{3{,}000個}$ × 600個 = *50,400*円

完成品原価　*252,000*円 − *50,400*円 = *201,600*円

③ 加工費月末仕掛品原価と完成品原価の計算

仕掛品―第２工程加工費

当月投入 2,580個※ *237,360*円	完成品 2,400個 *220,800*円
	月末仕掛品 180個 *16,560*円

※2,400個 + 180個（600個 × 0.3）= 2,580個

月末仕掛品原価　$\frac{237{,}360円}{2{,}580個}$ × 180個 = *16,560*円

完成品原価　*237,360*円 − *16,560*円 = *220,800*円

④ 月末仕掛品原価の合計

前工程費*50,400*円 + 第２工程加工費*16,560*円 = *66,960*円

⑤ 完成品原価の合計

前工程費*201,600*円 + 第２工程加工費*220,800*円 = *422,400*円

第5問（12点）

(1) 全部原価計算

損益計算書 （単位：円）

	第 1 期	第 2 期	第 3 期	第 4 期
売上高	19,200,000	19,200,000	19,200,000	19,200,000
売上原価	11,200,000	9,600,000	10,400,000	13,600,000
売上総利益	8,000,000	9,600,000	8,800,000	5,600,000
販売費・一般管理費	3,200,000	3,200,000	3,200,000	3,200,000
営業利益	4,800,000	6,400,000	5,600,000	2,400,000

直接原価計算

損益計算書 （単位：円）

	第 1 期	第 2 期	第 3 期	第 4 期
売上高	19,200,000	19,200,000	19,200,000	19,200,000
変動売上原価	6,400,000	6,400,000	6,400,000	6,400,000
変動製造マージン	12,800,000	12,800,000	12,800,000	12,800,000
固定費	8,000,000	8,000,000	8,000,000	8,000,000
営業利益	4,800,000	4,800,000	4,800,000	4,800,000

(2)

問1　第2期末の製品有高

全部原価計算	4,800,000 円	直接原価計算	3,200,000 円

問2　第4期首の製品有高

全部原価計算	5,600,000 円	直接原価計算	3,200,000 円

□ 1つにつき2点。合計12点。

解 説

全部原価計算と直接原価計算によって損益計算書の作成と製品有高を計算する問題である。

(1) 全部原価計算

売上高　24,000円×800(個)＝19,200,000円

売上原価　第1期　(製造直接費4,000円＋製造間接費4,000円＋固定費※6,000円)×800(個)＝11,200,000円

※ 固定費4,800,000円÷生産量800(個)＝6,000円

第2期　(製造直接費4,000円＋製造間接費4,000円＋固定費※4,000円)×生産量1,200(個)－製造原価※※12,000円×期末在庫量400(個)＝9,600,000円

※ 4,800,000円÷生産量1,200(個)＝4,000円

※※ 製造直接費4,000円＋製造間接費4,000円＋固定費4,000円＝12,000円

第3期　期首在庫高4,800,000円＋(製造直接費4,000円＋製造間接費4,000円＋固定費※6,000円)×800(個)－製造原価14,000円×期末在庫量400(個)＝10,400,000円

※ 4,800,000円÷生産量800(個)＝6,000円

第4期　期首在庫高5,600,000円＋(製造直接費4,000円＋製造間接費4,000円＋固定費※12,000円)×400(個)＝13,600,000円

※ 4,800,000円÷生産量400(個)＝12,000円

第1期

製品

0個 0円	800個 変6,400,000円 固4,800,000円
800個 変6,400,000円 固4,800,000円	0個 0円

第2期

製品

0個 0円	800個 変6,400,000円 固3,200,000円
1,200個 変9,600,000円 固4,800,000円	400個 変3,200,000円 固1,600,000円

第3期

製品

400個 変3,200,000円 固1,600,000円	800個 変6,400,000円 固4,000,000円
800個 変6,400,000円 固4,800,000円	400個 変3,200,000円 固2,400,000円

第4期

製品

400個 変3,200,000円 固2,400,000円	800個 変6,400,000円 固7,200,000円
400個 変3,200,000円 固4,800,000円	0個 0円

直接原価計算

売上高　24,000円×800(個)＝19,200,000円

変動売上原価　(製造直接費4,000円＋製造間接費4,000円)×800(個)＝6,400,000円

固定費　製造原価4,800,000円＋販売費・一般管理費3,200,000円＝8,000,000円

(2) 問1　第2期末の製品有高

全部原価計算　12,000円×400(個)＝4,800,000円

(製造直接費4,000円＋製造間接費4,000円＋固定費4,000円※)

×第2期末在庫量400個＝4,800,000円

※ 4,800,000円÷第2期生産量1,200個＝4,000円

直接原価計算　8,000円×400(個)＝3,200,000円

問2　第4期首の製品有高

全部原価計算　14,000円×400(個)＝5,600,000円

(製造直接費4,000円＋製造間接費4,000円＋固定費6,000円※)

×第3期末在庫量400個＝5,600,000円

※ 4,800,000円÷第3期生産量800個＝6,000円

直接原価計算　8,000円×400(個)＝3,200,000円

解　答　　第3回模擬

第1問（20点）

	仕		訳	
	借　方　科　目	金　　額	貸　方　科　目	金　　額
1	イ(建　　　物) カ(修　繕　費) オ(備品減価償却累計額) エ(貯　蔵　品) キ(固定資産除却損)	*6,300,000* *2,700,000* *1,350,000* *90,000* *60,000*	ウ(建設仮勘定) ア(備　　　品)	*9,000,000* *1,500,000*
2	エ(リース債務) キ(支払利息) カ(減価償却費)	*800,000* *40,000* *800,000*	ア(当座預金) オ(リース資産減価償却累計額)	*840,000* *800,000*
3	イ(定期預金) オ(仮払法人税等)	*12,122,400* *21,600*	イ(定期預金) カ(受取利息)	*12,000,000* *144,000*
4	ウ(子会社株式) オ(その他有価証券) キ(満期保有目的債券)	*5,500,000* *900,000* *980,000*	ア(当座預金)	*7,380,000*
5	カ(貸倒引当金繰入)	*328,000*	オ(貸倒引当金)	*328,000*

仕訳1組につき4点。合計20点。

解　説

1．この問題は，建設仮勘定，固定資産の改良と修繕，固定資産の除却の処理を問うものである。建設仮勘定は，長期間かけて建設されるビルや工場について，完成前の工事代金の支払いを処理する勘定で，完成し引渡しをうけたとき，本来の建物等の勘定科目に振り替えるものである。ただ，この問題では，単なる建物の新築工事ではなく，既存の建物の増改築工事であり，対象となる固定資産の改良と修繕が行われている。固定資産の改良にあたる部分は，固定資産として計上するが，修繕に相当する部分は修繕費として費用処理することになる。

さらに備品の除却については，備品および備品減価償却累計額を減額した後に，見積処分価額を貯蔵品（資産）として処理し，備品の簿価（取得原価から減価償却累計額をマイナスしたもの）と見積処分価額との差額を固定資産除却損とする。

2．ファイナンス・リースに関する取引である。ファイナンス・リース取引とは，借り手が契約期間中に途中解約できず，当該リース物件からもたらされる経済的便益を享受し，かつ使用にともなうコストを負担するリース取引をいう。ファイナンス・リース取引以外のリース取引は，オペレーティング・リース取引に分類される。

解　説　　模擬試験問題　第3回－1

ファイナンス・リース取引の一連の会計処理は，以下のとおりである。

①リース資産およびリース債務の計上
②支払リース料の計上
③リース資産に係る減価償却費の計上

今回の問題では，これらのうち②，③の仕訳が問われている。

①リース資産およびリース債務の計上

リース物件とこれに係る債務を，リース資産およびリース債務として計上する。本問は利子抜き法であるため，リース物件の見積現金購入価額￥*4,000,000*について，以下のように仕訳を行う。

（借）リース資産　*4,000,000*　（貸）リース債務　*4,000,000*

②支払リース料の計上

年額リース料は￥*840,000*であるが，当該金額には利息の金額が含まれている。今回の問題では，リース料に含まれている利息を毎期均等額の費用として処理する（利子抜き法）ため，リース料総額（￥*4,200,000*＝￥*840,000*×5年）からリース資産の見積現金購入価額（￥*4,000,000*）を差し引いた金額（￥*200,000*）を，各期均等に支払利息（￥*40,000*＝￥*200,000*÷5年）として計上する。

③リース資産に係る減価償却費の計上

①で計上したリース資産に対して減価償却の計算を行う。このとき原則として，リース期間は耐用年数とし，残存価額はゼロとして算定する。

3．預け入れていた定期預金が満期となり利息を受け取った取引と，その利息の手取額を加算した金額を定期預金として継続した取引である。

受取利息の金額　￥*12,000,000*×1.2％＝￥*144,000*

受取利息に課せられる所得税額(仮払法人税等)　￥*144,000*×15％＝￥*21,600*

定期預金に加算した利息の手取額　￥*144,000*－￥*21,600*＝￥*122,400*

4．山形株式会社の株式は，子会社株式（所有割合が50％を超えるなど他の会社を支配目的で保有するもの）に該当する。岩手株式会社の株式は，その他有価証券（売買目的でも満期保有目的でも，他社の支配や影響力行使の目的でもないもの）となる。秋田株式会社の社債は，満期保有目的債券となるが，額面金額ではなく発行価額で計上すること。

5．貸倒引当金には，売掛金と受取手形の残高のように過去の貸倒実積率を乗じて計算するものと，貸付金残高のように個別評価するものがある。前者については，（売掛金残高￥*320,000*＋受取手形残高￥*280,000*）×貸倒実積率3％＝￥*18,000*となる。後者については，貸付金残高￥*550,000*×回収不能額60％＝￥*330,000*となる。営業債権には￥*12,000*，営業外債権には￥*8,000*の貸倒引当金が設定されているので，差額￥*328,000*（＝(￥*18,000*－￥*12,000*)＋(￥*330,000*－￥*8,000*)）を貸倒引当金として繰り入れる。なお，営業債権に対する貸倒引当金繰入額は，損益計算書上「販売費及び一般管理費」の区分に記載されるのに対して，営業外債権に対する貸倒引当金繰入額は，損益計算書上「営業外費用」の区分に記載される。

第２問（20点）

連結第１年度　　　連　結　精　算　表　　　（単位：千円）

科目	個別財務諸表 P社	個別財務諸表 S社	修正・消去 借方	修正・消去 貸方	連結財務諸表
貸借対照表					連結貸借対照表
現金預金	149,320	68,220			217,540
受取手形	30,000	20,000		6,000	44,000
売掛金	61,000	47,500		11,000	97,500
商品	21,600	16,220		4,860	32,960
貸付金	40,000	−		24,000	16,000
未収収益	400	−		240	160
土地	72,000	34,000		2,000	104,000
建物	172,800	108,000			280,800
減価償却累計額	△ 34,830	△ 58,320			△ 93,150
★［のれん］			4,000	200	3,800
S社株式	84,000	−		84,000	−
資産合計	596,290	235,620	4,000	132,300	703,610
支払手形	51,300	27,720	6,000		73,020
買掛金	63,000	29,360	11,000		81,360
借入金	72,000	54,000	24,000		102,000
未払費用	810	540	240		1,110
資本金	200,000	60,000	60,000		200,000
資本剰余金	86,000	24,000	24,000		86,000
利益剰余金	123,180	40,000	16,000 66,100	55,212	136,292
非支配株主持分			972	20,000 4,800	23,828
負債・純資産合計	596,290	235,620	208,312	80,012	703,610
損益計算書					連結損益計算書
売上高	270,000	162,000	54,000		378,000
売上原価	162,000	97,200	4,860	54,000	210,060
販売費及び一般管理費	58,820	39,800			98,620
［のれん］償却			200		200
受取利息	1,600	−	240		1,360
支払利息	1,480	1,000		240	2,240
土地売却益	2,000	−	2,000		−
当期純利益	51,300	24,000	61,300	54,240	68,240
非支配株主に帰属する当期純利益	−	−	4,800	972	3,828
親会社株主に帰属する当期純利益	51,300	24,000	66,100	55,212	64,412

□ 1つにつき２点。合計20点。なお，★のれんについては科目名・金額の両方正解で得点とする。

第２問

本問は，連結第１年度における連結精算表の作成問題である。解き方としては，最初に１.の開始仕訳および２.〜６.の連結第１年度にかかる修正仕訳を行い，その都度それを精算表の修正・消去欄に反映させる。次に損益計算書の末尾にある「当期純利益」から「非支配株主に帰属する当期純利益」を減算し「親会社株主に帰属する当期純利益」を算出する。最後にその金額（借方66,100千円・貸方55,212千円）を貸借対照表の「利益剰余金」の行に移記する。なお採点対象となる連結財務諸表欄の記入については，（試験の場合は時間に応じて）解答金額が算出できた科目から連結財務諸表欄に記入することが得点を伸ばすコツとなる。

〈連結仕訳〉仕訳の単位は千円である。

１．開始仕訳（投資と資本の相殺消去）

非支配株主持分　20,000千円＝(60,000千円＋24,000千円＋16,000千円)×20%

のれん　4,000千円＝84,000千円－(60,000千円＋24,000千円＋16,000千円)×80%

本問は，連結株主資本等変動計算書の作成がないため，利益剰余金および非支配株主持分については期首残高を省略している。

（借）	資本金	60,000	（貸）S社株式	84,000
	資本剰余金	24,000	非支配株主持分	20,000
	利益剰余金	16,000		
	のれん	4,000		

２．のれんの償却

(開始仕訳で計上した)のれん4,000千円÷20年＝200千円が１年分の償却額となる。

（借）	のれん償却	200	（貸）のれん	200

３．商品売買の相殺消去

（借）	売上高	54,000	（貸）売上原価	54,000

４．未実現利益の消去（期末商品）

S社からP社への販売（アップストリーム）であるため，期末商品に含まれる未実現利益を消去するとともに，非支配株主の持分比率に応じた負担を行う。

期末商品に含まれる未実現利益の消去　12,150千円×40%(売上高総利益率)

＝4,860千円

非支配株主の持分比率に応じた負担　4,860千円×20%(非支配株主持分比率)＝972千円

（借）	売上原価	4,860	（貸）商品	4,860
	非支配株主持分	972	非支配株主に帰属する当期純利益	972

５．土地売却益の消去

（借）	土地売却益	2,000	（貸）土地	2,000

６．債権債務の相殺消去

(1)　売上債権と仕入債務の相殺消去

（借）	支払手形	6,000	（貸）受取手形	6,000
	買掛金	11,000	売掛金	11,000

(2) 貸付金・借入金および受取利息・支払利息の相殺消去

貸付金・借入金を相殺消去するとともに，それにかかる利息および経過勘定に関する科目も相殺消去する。

利息および経過勘定に関する科目の金額　*24,000*千円×2%×$\frac{6\text{か月}(10\text{月}\sim3\text{月})}{12\text{か月}}$

＝*240*千円

（借）	借入金	*24,000*	（貸）貸付金	*24,000*
	受取利息	*240*	支払利息	*240*
	未払費用	*240*	未収収益	*240*

7．子会社の当期純利益の振替え

子会社の当期純利益*24,000*千円（Ｓ社個別財務諸表より）のうち非支配株主の持分比率に応じた割合（*24,000*千円×20%＝*4,800*千円）は，非支配株主持分とする。

（借）	非支配株主に帰属する当期純利益	*4,800*	（貸）非支配株主持分	*4,800*

第3問（20点）

貸　借　対　照　表

20X9年3月31日　　（単位：円）

資産の部			負債の部		
Ⅰ　流動資産			Ⅰ　流動負債		
1．現金預金		（967,700）	1．支払手形		（222,000）
2．受取手形	（280,000）		2．買掛金		（322,000）
（貸倒引当金）	（5,600）	（274,400）	3．未払金		（18,500）
3．売掛金	（170,000）		4．未払費用		（60,000）
（貸倒引当金）	（3,400）	（166,600）	5．未払法人税等		（113,300）
4．有価証券		（156,000）	6．未払消費税		（140,000）
5．商品		（358,900）	流動負債合計		（875,800）
6．前払費用		（65,000）	Ⅱ　固定負債		
流動資産合計		（1,988,600）	1．リース債務		（32,000）
Ⅱ　固定資産			2．退職給付引当金		（438,250）
1．建物	（2,500,000）		固定負債合計		（470,250）
（減価償却累計額）	（1,061,250）	（1,438,750）	負債合計		（1,346,050）
2．備品	（1,020,000）		純資産の部		
（減価償却累計額）	（353,750）	（666,250）	Ⅰ　資本金		（1,000,000）
3．リース資産	（40,000）		Ⅱ　資本剰余金		
（減価償却累計額）	（8,000）	（32,000）	1．資本準備金		（500,000）
固定資産合計		（2,137,000）	Ⅲ　利益剰余金		
			1．任意積立金	（60,800）	
			2．繰越利益剰余金	（1,218,750）	（1,279,550）
			純資産合計		（2,779,550）
資産合計		（4,125,600）	負債及び純資産合計		（4,125,600）

□ 1つにつき2点。合計20点。

解　説

決算整理前残高試算表と決算整理事項等によって，貸借対照表を作成する問題である。

(1)　決算整理事項等

①　本問では現金過不足勘定ではなく仮払金勘定を用いているが，処理としては現金過不足勘定を用いたときと同様に考えればよい。

（借）雑　　損　100　（貸）仮　払　金　100

②　まず，未渡小切手については，いまだ支払い（小切手の引渡し）が行われていないのであるから，支払いの処理を取り消す必要がある。

（借）当　座　預　金　45,000　（貸）買　掛　金　45,000

次に，仕入先に小切手を引き渡したものの，仕入先が銀行に対してその小切手を呈示していない場合，当社の会計処理には問題はないが，当座預金口座からは預金が引き落とされていない。そのため，銀行側の減算となる（仕訳なし）。

また，保有する他人振出の小切手について銀行に取立てを依頼したにもかかわらず，まだ取り立てられていない場合，当社の会計処理には問題ないが，当座預金口座の残高はいまだ増加していない。そのため銀行側の加算となる。

以上を銀行勘定調整表に記入すると，銀行側の調整後の残高は￥882,000となる。当然，当社側の調整後の残高も￥882,000であるから，逆算して，当社の当座預金勘定の残高は￥837,000であることがわかる。

銀行勘定調整表

当社の当座預金勘定残高	[　837,000]	銀行の残高証明書残高	924,000
（加算）		（加算）	
[未渡小切手]	[　45,000]	[未取立小切手]	[　40,000]
（減算）		（減算）	
[　　]	[　　]	[未取付小切手]	[　82,000]
	882,000		882,000

また，これにより決算整理前残高試算表の貸借差額から，資本金が￥1,000,000であることがわかる（次ページの右段参照）。

③　受取手形が￥280,000，売掛金が￥170,000であるから，必要な貸倒引当金は￥9,000である。一方で，決算整理前残高試算表における貸倒引当金残高は￥5,000であるから，繰り入れるべき金額は￥4,000となる。

（借）貸倒引当金繰入　4,000　（貸）貸　倒　引　当　金　4,000

④　まず，三分法を用いているため，期首商品棚卸高および期末商品棚卸高に関する仕訳を行う。

（借）仕　　入　398,000　（貸）繰　越　商　品　398,000
（借）繰　越　商　品　375,000　（貸）仕　　入　375,000

次に，商品評価損と棚卸減耗損の処理は，先に棚卸減耗損の処理を行ってから商品評価損の処理を行う。

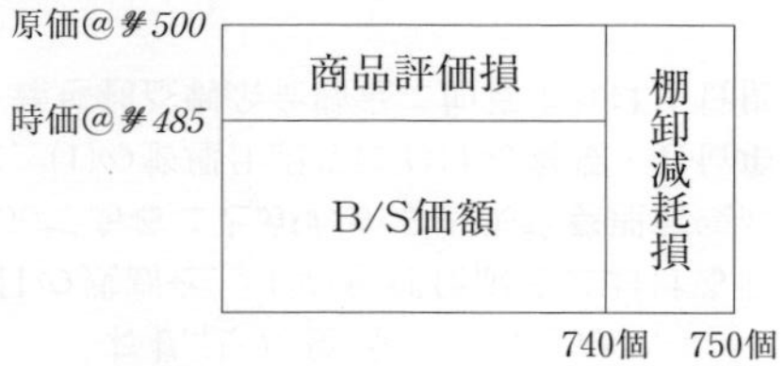

棚卸減耗損　(750個－740個)×@￥500＝￥5,000

（借）棚　卸　減　耗　損　5,000　（貸）繰　越　商　品　5,000

商品評価損　740個×(@￥500－@￥485)＝￥11,100

（借）商　品　評　価　損　11,100　（貸）繰　越　商　品　11,100

⑤　売買目的有価証券の決算整理前残高試算表における簿価は￥150,500であり，期末における時価は￥156,000であるから，￥5,500の評価益を計上する。

（借）売買目的有価証券　5,500　（貸）有価証券評価益　5,500

⑥　まず，建物については，取得原価が￥2,500,000であるから，当期の減価償却費は次のように求められる。

（￥2,500,000－￥250,000）÷50年＝￥45,000

（借）減価償却費　45,000　（貸）建物減価償却累計額　45,000

次に，備品については，問題文の情報から2つに分類する必要がある。

	取得原価	期首減価償却累計額	備考
備品 1	650,000	162,500	
備品 2	370,000	－	当期に購入

備品1についての減価償却費は次のように求められる。

（￥650,000－￥162,500）×0.25＝￥121,875

（借）減価償却費　121,875　（貸）備品減価償却累計額　121,875

また，備品2については，20X8年7月1日に購入したものであるから，9か月分だけ減価償却を行う。

$￥370,000\times 0.25\times\frac{9か月}{12か月}=￥69,375$

（借）減価償却費　69,375　（貸）備品減価償却累計額　69,375

⑦　リース資産の当初計上額は，残高試算表のとおり￥40,000であり，減価償却方法はリース期間定額法，残存価額はゼロ，耐用年数はリース期間（5年），記帳方法は間接法，当初計上日は当期首である。当期のリース資産の減価償却費は次のように求められる。

￥40,000÷5年＝￥8,000

（借）減価償却費　8,000　（貸）リース資産減価償却累計額　8,000

⑧　退職給付費用を計上する際の相手勘定は，退職給付引当金勘定である。

（借）退職給付費用　65,000　（貸）退職給付引当金　65,000

⑨　家賃を前払いしているので，決算整理前残高試算表にある支払家賃勘定の金額は17か月分になっている。この内訳は，

・期首の再振替仕訳により計上された5か月分

・9月1日の支払時に計上された12か月分

である。このうち，9月1日の支払時に計上された12か月分に含まれる5か月分は，次期に帰属する分であるため，前払費用勘定に振り替える。

（借）前払費用　65,000　（貸）支払家賃　65,000

⑩　未払いの保険料であるが，一定の契約に従い継続的に役務の提供を受けているので，未払金勘定ではなく未払費用勘定を用いる。

（借）支払保険料　60,000　（貸）未払費用　60,000

⑪　仮払消費税と仮受消費税を相殺し，差額を未払消費税とする。

（借）仮受消費税　398,500　（貸）仮払消費税　258,500
　　　　　　　　　　　　　　　　　未払消費税　140,000

⑫　中間納付した法人税等が仮払法人税等勘定に￥98,000計上されているため，これを取り崩すとともに，当期の法人税等￥211,300を計上する。差額の￥113,300は未払法人税等勘定に計上する。

（借）法人税等　211,300　（貸）仮払法人税等　98,000
　　　　　　　　　　　　　　　　未払法人税等　113,300

(2)　決算整理前残高試算表における収益・費用項目の残高と，(1)の整理仕訳等における収益・費用項目の金額から，当期純利益は￥705,750であることがわかる。決算整理前残高試算表における資産・負債・純資産項目の残高に，(1)の整理仕訳等における資産・負債項目の金額を加減算し，さらに当期純利益の金額を繰越利益剰余金勘定に加算すれば，貸借対照表を作成することができる。

決算整理前残高試算表

20X9年3月31日　（単位：円）

借方	勘定科目	貸方
85,700	現金	
（837,000）	当座預金	
280,000	受取手形	
170,000	売掛金	
150,500	売買目的有価証券	
398,000	繰越商品	
98,000	仮払法人税等	
258,500	仮払消費税	
100	仮払金	
2,500,000	建物	
1,020,000	備品	
40,000	リース資産	
	支払手形	222,000
	買掛金	277,000
	未払金	18,500
	仮受消費税	398,500
	リース債務	32,000
	退職給付引当金	373,250
	貸倒引当金	5,000
	建物減価償却累計額	1,016,250
	備品減価償却累計額	162,500
	資本金	（1,000,000）
	資本準備金	500,000
	任意積立金	60,800
	繰越利益剰余金	513,000
	売上	3,985,000
1,950,000	仕入	
430,000	給料	
45,000	広告宣伝費	
80,000	支払保険料	
221,000	支払家賃	
8,563,800		8,563,800

第４問（28点）

(1)（12点）

	仕		訳	
	借 方 科 目	金 額	貸 方 科 目	金 額
1	ア(仕 掛 品) エ(製 造 間 接 費)	*225,000* *823,500*	ウ(賃 金 ・ 給 与)	*1,048,500*
2	ア(仕 掛 品)	*2,125,000*	エ(製 造 間 接 費)	*2,125,000*
3	ア(製造間接費配賦差異)	*75,000*	エ(製 造 間 接 費)	*75,000*

仕訳１組につき４点。計12点。

(2)（16点）

組 別 総 合 原 価 計 算 表　　（単位：円）

	X 製 品		Y 製 品	
	原 料 費	加 工 費	原 料 費	加 工 費
月初仕掛品原価	*55,500*	*160,200*	*12,000*	*64,400*
当月製造費用	*220,000*	(*588,000*)	*85,000*	(*336,000*)
合　計	*275,500*	(*748,200*)	*97,000*	(*400,400*)
月末仕掛品原価	(*43,500*)	(*52,200*)	(*12,000*)	(*26,400*)
完成品総合原価	(*232,000*)	(*696,000*)	(*85,000*)	(*374,000*)
完成品単位原価	(*290*)	(*870*)	(*100*)	(*440*)

□ １つにつき２点。計16点。合計28点。

第４問

(1)

費目別計算の仕訳の問題である。

1．賃金・給料勘定から直接工の直接労務費は仕掛品勘定に，直接工の間接労務費と間接工の労務費は製造間接費勘定に振り替える。

直接工の労務費消費高

直接労務費　予定賃率*900*円×直接作業時間250時間＝*225,000*円

間接労務費　予定賃率*900*円×間接作業時間15時間＝*13,500*円

間接工の労務費消費高

当月賃金支払高*850,000*円－前月賃金未払高*230,000*円＋当月賃金未払高*190,000*円＝*810,000*円

直接労務費　*225,000*円

間接労務費　直接工分*13,500*円＋間接工分*810,000*円＝*823,500*円

2．製造間接費勘定から仕掛品勘定へ予定配賦額を記入する。

$$予定配賦率＝\frac{年間の製造間接費予算23,800,000円}{年間の総直接作業時間2,800時間}＝8,500円$$

予定配賦額＝予定配賦率*8,500*円×実際直接作業時間250時間＝*2,125,000*円

3．製造間接費の予定配賦額と実際発生額との差額を製造間接費配賦差異勘定に振り替える。

製造間接費配賦差異　予定配賦額*2,125,000*円－実際発生額*2,200,000*円＝－*75,000*円（借方差異）

借方差異（実際発生額が多い）なので，製造間接費配賦差異勘定の借方に記入する。

(2)

組別総合原価計算表を作成する問題である。

〈勘定連絡図〉

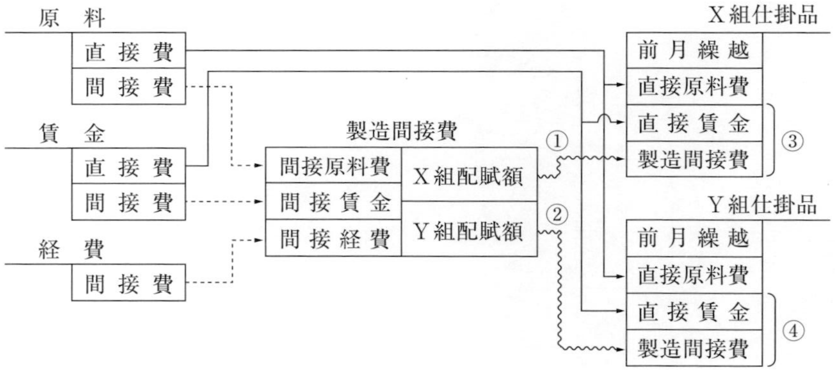

1．製造間接費の配賦（配賦基準…直接労務費）

X製品　$594,000円 \times \dfrac{210,000円}{210,000円 + 120,000円} = 378,000円$（①）

Y製品　$594,000円 \times \dfrac{120,000円}{210,000円 + 120,000円} = 216,000円$（②）

2．当月の加工費（直接労務費＋製造間接費）

X製品　210,000円＋378,000円＝588,000円（③）

Y製品　120,000円＋216,000円＝336,000円（④）

3．月末仕掛品原価の計算（平均法）

正常減損が工程の途中で発生している。度外視法で途中発生のため，正常減損費を完成品と月末仕掛品の両者に負担させる。

X製品　原料費　$(\overset{月初仕掛品原価}{55,500円} + \overset{当月製造費用}{220,000円}) \times \dfrac{\overset{月末仕掛品数量}{150kg}}{\underset{完成品数量}{800kg} + \underset{月末仕掛品数量}{150kg}} = 43,500円$

加工費　$(\overset{月初仕掛品原価}{160,200円} + \overset{当月製造費用}{588,000円}) \times \dfrac{\overset{月末仕掛品完成品換算数量}{60kg}}{\underset{完成品数量}{800kg} + \underset{月末仕掛品完成品換算数量}{60kg}} = 52,200円$

Y製品　原料費　$(\overset{月初仕掛品原価}{12,000円} + \overset{当月製造費用}{85,000円}) \times \dfrac{\overset{月末仕掛品数量}{120kg}}{\underset{完成品数量}{850kg} + \underset{月末仕掛品数量}{120kg}} = 12,000円$

加工費　$(\overset{月初仕掛品原価}{64,400円} + \overset{当月製造費用}{336,000円}) \times \dfrac{\overset{月末仕掛品完成品換算数量}{60kg}}{\underset{完成品数量}{850kg} + \underset{月末仕掛品完成品換算数量}{60kg}} = 26,400円$

4．完成品総合原価

X製品　原料費　55,500円＋220,000円－43,500円＝232,000円

加工費　160,200円＋588,000円－52,200円＝696,000円

Y製品　原料費　12,000円＋ 85,000円－12,000円＝ 85,000円

加工費　64,400円＋336,000円－26,400円＝374,000円

5．完成品単位原価

X製品　原料費　232,000円÷800kg＝@290円

加工費　696,000円÷800kg＝@870円

Y製品　原料費　85,000円÷850kg＝@100円

加工費　374,000円÷850kg＝@440円

	X製品				Y製品			
	原料費		加工費		原料費		加工費	
月初仕掛品		55,500		160,200		12,000		64,400
当月投入		220,000		588,000		85,000		336,000
合　計	950kg	275,500	860kg	748,200	970kg	97,000	910kg	400,400
月末仕掛品	150kg	43,500	60kg	52,200	120kg	12,000	60kg	26,400
完成品	800kg	232,000	800kg	696,000	850kg	85,000	850kg	374,000

解　答

第５問（12点）

問１	73	%
問２	*10,920,000*	円
問３	84	%
問４	*9,828,000*	円
問５	*9,880,000*	円

問１，４，５：正解１つにつき２点。問２，３：正解１つにつき３点。合計12点。

解　説

第５問

損益分岐点売上高の計算方法や，費用の変化による影響を問う問題である。

問１　変動費率は，変動費を売上高で割って求められる。

変動費率＝(変動製造原価*16,900*円＋変動販売費*2,080*円)÷売上高*26,000*円＝73％

問２　損益分岐点売上高は，固定費を（1－変動費率）で割って求められる。

$$\frac{\text{固定製造原価}\mathit{2,640,000}\text{円}+\text{固定販売費及び一般管理費}\mathit{308,400}\text{円}}{1-\text{変動費率}0.73}=\mathit{10,920,000}\text{円}$$

問３　損益分岐点比率は，損益分岐点売上高を売上高で割って求められる。

$$\frac{\mathit{10,920,000}\text{円}}{(\text{販売量}500\text{個}\times\text{販売価格}\mathit{26,000}\text{円})}=84\%$$

問４　変動費が減少すると変動費率が低下し，損益分岐点売上高は減少する。

変動費率＝(変動製造原価*16,120*円＋変動販売費*2,080*円)÷売上高*26,000*円＝70％

$$\frac{\text{固定製造原価}\mathit{2,640,000}\text{円}+\text{固定販売費及び一般管理費}\mathit{308,400}\text{円}}{1-\text{変動費率}0.70}=\mathit{9,828,000}\text{円}$$

問５　固定費が減少すると，損益分岐点売上高は減少する。

$$\frac{\text{固定製造原価}\mathit{2,359,200}\text{円}+\text{固定販売費及び一般管理費}\mathit{308,400}\text{円}}{1-\text{変動費率}0.73}=\mathit{9,880,000}\text{円}$$

第１問（20点）

	仕訳			
	借方科目	金額	貸方科目	金額
1	エ(仮受消費税) ウ(未収還付消費税)	*330,000* *160,000*	イ(仮払消費税)	*490,000*
2	イ(支払手形) カ(支払利息)	*800,000* *14,400*	イ(支払手形)	*814,400*
3	カ(減価償却費) イ(営業外受取手形) キ(固定資産売却損)	*630,000* *1,000,000* *120,000*	ウ(車両運搬具)	*1,750,000*
4	カ(法人税，住民税及び事業税)	*1,200,000*	イ(仮払法人税等) ウ(未払法人税等)	*500,000* *700,000*
5	ア(現金) イ(商品) ウ(車両運搬具)	*3,000,000* *1,200,000* *2,500,000*	エ(車両運搬具減価償却累計額) オ(本店)	*1,750,000* *4,950,000*

仕訳１組につき４点。合計20点。

解　説

1．消費税に関する取引

消費税は，決算において仮払消費税と仮受消費税を相殺し，貸借差額により消費税の納付額または還付額を計算する。本問の場合，仮払分（*¥490,000*）のほうが仮受分（*¥330,000*）よりも多いため，借方差額*¥160,000*が還付を受ける消費税額となる。

2．振り出した約束手形の満期日がきたが，資金の都合がつかないので，手形債権者の承認を得て支払日を先に延期した手形と取り替えた（更改という）取引である。古い手形の債務が消滅して，新しい手形の債務が発生するから，支払手形勘定の借方と貸方に記入すればよい。ただし，新しい手形の金額は利息を加えた金額であることに注意する。

手形の更改が行われた場合，借方科目と貸方科目は同一になるが，これは新旧の手形について更改の記録を残すためである。また，支払期日の延長日数に応じた利息（手形額面*¥800,000*×年利率7.3％×90日÷365日＝*¥14,400*）については，本問のように新手形の代金に含めて後日受け取る場合以外に，更改時に現金で処理する場合もある。

なお，更改時に現金で処理する場合の仕訳を参考までに示すと以下のようになる。

（借）	支払手形	*800,000*	（貸）支払手形	*800,000*
	支払利息	*14,400*	現金	*14,400*

3．車両運搬具の売却に関する取引

直接法により記帳された車両運搬具を売却した場合には，車両運搬具勘定について前期末までの減価償却費を減額したうえで貸方に記入し，当期分の減価償却費を計上する。

まず，生産高比例法により前期末までの減価償却費を計算する。

$$¥7{,}000{,}000\times\frac{90{,}000\text{km}}{120{,}000\text{km}}=¥5{,}250{,}000$$

したがって，車両運搬具の帳簿価額は，*¥1,750,000*（*¥7,000,000*－*¥5,250,000*）となる。

次に，当期の減価償却費を計算する。

$$¥7{,}000{,}000\times\frac{10{,}800\text{km}}{120{,}000\text{km}}=¥630{,}000$$

これらの金額および代金より，借方差額*¥120,000*は固定資産売却損勘定として処理する。なお，固定資産や有価証券など，通常の商品取引以外で振り出された手形は，営業外受取手形・営業外支払手形となることに注意。

4．課税所得の算定方式に関する問題である。法人税等（法人税，住民税及び事業税）は課税所得に税率を乗じて算出されるが，課税所得は会計上の利益と異なる。会計上の利益が収益から費用を控除して計算されるのに対して，課税所得は益金から損金を差し引いて計算される。会計上の収益と税法上の益金，会計上の費用と税法上の損金は，重なる部分が多いが，①会計上の収益だが益金にならないもの（益金不算入項目），②会計上の収益ではないが益金となるもの（益金算入項目），③会計上の費用だが損金にならないもの（損金不算入項目），④会計上の費用ではないが損金になるもの（損金算入項目）がある。

本問では，損金不算入部分があるため，税引前当期純利益に損金不算入部分の金額を加えた金額が課税所得になり，これに法定実効税率40％を乗じた金額が法人税等の計上額となる。

課税所得*¥3,000,000*＝税引前当期純利益*¥2,500,000*＋損金不算入部分*¥500,000*

法人税等*¥1,200,000*＝課税所得*¥3,000,000*×法定実効税率40％

なお，中間納付を行っているため，法人税等*¥500,000*（*¥1,000,000*×50％）を仮払法人税等勘定の貸方に記入し，その金額を法人税等の金額から差し引いた残額*¥700,000*（*¥1,200,000*－*¥500,000*）を未払法人税等勘定の貸方に記入する。

5．本支店会計に関する問題である。

本問は支店側の処理が問われているため，支店に移管した資産（およびその評価勘定）を増額し，貸借差額を本店勘定として仕訳を行う。その際，商品売買は「販売のつど売上原価勘定に振り替える方法」（売上原価対立法）により記帳しているため，仕入勘定ではなく商品勘定を用いる。この方法では，仕入れたとき商品という資産勘定を用い原価で処理し，売却時に売価で売上計上しつつ，商品勘定から売上原価勘定にその商品の原価を振り替えるものである。また，有形固定資産の減価償却は「間接法」により記帳しているため，車両運搬具勘定は取得原価で処理をする。

第２問（20点）

設問１

問１　合併後貸借対照表の各金額

資本金	74,000,000	円
資本剰余金	24,000,000	円
利益剰余金	20,000,000	円

問２　のれん勘定への当年度の記帳（英米式）

総勘定元帳（抄）

のれん　33

日付			摘要	仕丁	借方	日付			摘要	仕丁	貸方
X8	4	1	前期繰越	✓	4,560,000	X9	3	31	（ウ）	21	390,000
		1	（イ）	1	3,000,000			31	（ア）	✓	7,170,000
					7,560,000						7,560,000

＊すべての記入が正解で得点とする。

問１：正解１つにつき２点，問２：４点。計10点。

設問２

問１

番号	借方科目	金額	貸方科目	金額
1	イ（売掛金）	102,000	オ（売上）	102,000
2	イ（売掛金）	3,000	カ（為替差損益）	3,000
3	キ（仕訳なし）			

問２

借方科目	金額	貸方科目	金額
ア（現金）	105,000	イ（売掛金）	105,000

問３

借方科目	金額	貸方科目	金額
イ（売掛金）	105,000	オ（売上）	105,000

仕訳１組につき２点。計10点。合計20点。

第２問

設問１

合併に関する合併後貸借対照表の作成およびのれん勘定の記帳の問題である。

問１　合併時の仕訳を示すと，以下のとおりである。

（借）諸資産	60,000,000	（貸）諸負債	15,000,000
のれん	3,000,000※1	資本金	24,000,000※2
		資本剰余金	24,000,000

※１　取得原価￥48,000,000（120,000株×@￥400）
　　－（諸資産￥60,000,000－諸負債￥15,000,000）＝のれん￥3,000,000

※２　120,000株×@￥200＝資本金￥24,000,000

問２　当期末ののれん償却￥390,000は，以下の合計額となる。

横浜商事（株）：￥4,560,000÷(20－1)年＝￥240,000

川崎商事（株）：￥3,000,000÷20年＝￥150,000

設問２

営業活動における外貨建取引から，為替予約に関する問題である。取引は基本的であるが，予約の時点が異なると仕訳がどのように変わるのかを理解しておく必要がある。

以下に金額の算出方法などを示す。

問１

1…1,000ドル×輸出時の為替レート￥102

2…1,000ドル×(為替予約レート￥105－輸出時の為替レート￥102)

3…すでに為替予約レートにより換算されているため，決算日の為替レートへの換算は必要ない。

問２

問１の１および２の売掛金の合計額￥105,000(￥102,000＋￥3,000）をもって回収の仕訳を行う。

問３

輸出と同時に為替予約を付した場合は，1,000ドルを為替予約レート￥105で換算した金額で掛売上の仕訳を行えばよい。

第3問（20点）

損　益　計　算　書

自20X1年4月1日　至20X2年3月31日　（単位：円）

Ⅰ 売上高		4,000,000
Ⅱ 売上原価		
1．期首商品棚卸高	（500,000）	
2．当期商品仕入高	（2,400,000）	
合計	（2,900,000）	
3．期末商品棚卸高	（600,000）	
差引	（2,300,000）	
4．棚卸減耗損	（40,000）	
5．商品評価損	（13,000）	（2,353,000）
売上総利益		（1,647,000）
Ⅲ 販売費及び一般管理費		
1．給料	411,300	
2．支払家賃	240,000	
3．保険料	（36,000）	
4．修繕費	（60,000）	
5．貸倒引当金繰入	（11,000）	
6．減価償却費	（136,700）	
7．（退職給付費用）	（60,000）	（955,000）
営業利益		（692,000）
Ⅳ 営業外収益		
1．有価証券利息	（6,000）	
2．為替差損益	（2,000）	（8,000）
Ⅴ 営業外費用		
1．支払利息	（30,000）	
2．（棚卸減耗損）	（40,000）	（70,000）
経常利益		（630,000）
Ⅵ 特別利益		
1．土地売却益		（20,000）
税引前当期純利益		（650,000）
法人税，住民税及び事業税	（210,000）	
（法人税等調整額）	（△15,000）	（195,000）
当期純利益		（455,000）

□ 1つにつき2点。合計20点。

第3問

A．［資料Ⅱ］に関する会計処理（損益計算書における表示を含む）

1．建設仮勘定の金額は￥150,000であり，そのうちの￥60,000は修繕費に，残額の￥90,000は建物勘定として処理する。

（借）修繕費　60,000　（貸）建設仮勘定　150,000
　　　建物　90,000

2．土地の帳簿価額￥180,000と売却代金￥200,000の差額は，土地売却益となる（固定資産売却益などの勘定科目を用いることもあるが，答案用紙から土地売却益勘定を用いていることがわかる）。

（借）当座預金　200,000　（貸）土地　180,000
　　　　　　　　　　　　　　　土地売却益　20,000

B．［資料Ⅲ］に関する会計処理（損益計算書における表示を含む）

1．他の資料から，受取手形，売掛金の変動が生じていないので，決算整理前残高試算表の金額から計算できる。

（受取手形￥250,000＋売掛金￥400,000）× 2％－貸倒引当金(決算整理前)￥2,000
＝￥11,000

（借）貸倒引当金繰入　11,000　（貸）貸倒引当金　11,000

2．決算整理前残高試算表から，商品の会計処理は三分法で行われていることがわかる。また，期末の帳簿棚卸高は￥600,000（＝300個×@￥2,000）である。

（借）仕入　500,000　（貸）繰越商品　500,000
（借）繰越商品　600,000　（貸）仕入　600,000

次に，棚卸減耗損は，帳簿上の数量よりも実地棚卸数量が40個減少しているので，￥80,000（＝40個×￥@2,000）であるが，売上原価の内訳科目とするため，棚卸減耗損の半額を仕入勘定に振り替える。

（借）棚卸減耗損　80,000　（貸）繰越商品　80,000
（借）仕入　40,000　（貸）棚卸減耗損　40,000

さらに，商品評価損は，実地棚卸数量に帳簿価額と正味売却価額との差額（正味売却価額の方が低い場合のみ）を乗じて，￥13,000（＝260個×(@￥2,000－@￥1,950)）と求められる。商品評価損も売上原価の内訳科目とするため，仕入勘定に振り替える。

（借）商品評価損　13,000　（貸）繰越商品　13,000
（借）仕入　13,000　（貸）商品評価損　13,000

3．建物の減価償却は，①既存の部分，②当期の10月1日から使用している増改築部分の2つからなる。減価償却を行う期間が異なるので，それぞれ計算する必要がある。

建物の減価償却

① 既存の部分　（￥1,000,000－￥0）÷50年＝￥20,000

② 増改築部分　10月から3月の6か月分だけ減価償却を行う。

$(￥90,000-￥0)\div 30年\times\frac{6か月}{12か月}=￥1,500$

（借）減価償却費　21,500　（貸）建物減価償却累計額　21,500

備品の減価償却

(¥800,000－¥224,000)×0.1×2＝¥115,200

（借）減価償却費　115,200　（貸）備品減価償却累計額　115,200

4．取得価額が¥285,000，額面金額が¥300,000で，取得日から満期日までの期間が5年，期首取得であるから，償却額は¥3,000（＝(¥300,000－¥285,000)÷5年）と求められる。

（借）満期保有目的債券　3,000　（貸）有価証券利息　3,000

5．外貨建の買掛金は，決算時の為替相場で換算し直し，帳簿価額との差額は為替差損益として処理する。本問では，決算時の為替相場で換算すると¥98,000(＝1,000ドル×¥98)になるので，帳簿価額¥100,000との差額¥2,000を為替差損益として処理する。

（借）買掛金　2,000　（貸）為替差損益　2,000

6．計上すべき退職給付引当金が¥500,000であり，決算整理前残高試算表における残高が¥440,000であるから，差額の¥60,000を費用，引当金として計上することになる。

（借）退職給付費用　60,000　（貸）退職給付引当金　60,000

7．毎年向こう1年分を支払っているということは，決算整理前残高試算表における保険料¥57,000は，20X1年4月から20X1年10月までの7か月分と，20X1年11月からの12か月分の合計19か月分である。このうち，20X2年4月から20X2年10月までの7か月分は前払費用にすべきであるので，保険料から前払費用（前払保険料）に振り替える（借方の勘定科目を前払費用とするか前払保険料とするかは問題文から識別できないが，解答には影響しない）。金額は¥21,000（$=¥57,000\times\frac{7か月}{19か月}$）

（借）前払保険料　21,000　（貸）保険料　21,000

8．20X1年8月から20X2年3月までの8か月分の利息は¥20,000（$=¥1,000,000\times3\%\times\frac{8か月}{12か月}$）である。

（借）支払利息　20,000　（貸）未払利息　20,000

9．決算整理前残高試算表における仮払法人税等の残高は¥110,000であるから，当期の法人税，住民税及び事業税は¥210,000である。

（借）法人税，住民税及び事業税　210,000　（貸）仮払法人税等　110,000

未払法人税等　100,000

10．損金算入限度額を超える減価償却費は将来減算一時差異に該当するため，その額に実効税率を乗じた金額（¥50,000×30%＝¥15,000）だけ繰延税金資産を計上する。

（借）繰延税金資産　15,000　（貸）法人税等調整額　15,000

以上をまとめて決算整理後残高試算表を作成すると次のようになる。

決算整理後残高試算表

20X2年3月31日　（単位：円）

借方	勘定科目	貸方
36,700	現金	
1,150,000	当座預金	
250,000	受取手形	
400,000	売掛金	
	貸倒引当金	13,000
507,000	繰越商品	
21,000	前払保険料	
1,090,000	建物	
	建物減価償却累計額	411,500
800,000	備品	
	備品減価償却累計額	339,200
220,000	土地	
288,000	満期保有目的債券	
15,000	繰延税金資産	
	支払手形	220,000
	買掛金	378,000
	未払法人税等	100,000
	未払利息	20,000
	長期借入金	1,000,000
	退職給付引当金	500,000
	資本金	1,000,000
	繰越利益剰余金	341,000
	売上	4,000,000
	有価証券利息	6,000
	為替差損益	2,000
	土地売却益	20,000
2,353,000	仕入	
411,300	給料	
240,000	支払家賃	
36,000	保険料	
60,000	修繕費	
11,000	貸倒引当金繰入	
136,700	減価償却費	
60,000	退職給付費用	
30,000	支払利息	
40,000	棚卸減耗損	
210,000	法人税，住民税及び事業税	
	法人税等調整額	15,000
8,365,700		8,365,700

第4問（28点）

(1)（12点）

	仕		訳	
	借方科目	金額	貸方科目	金額
1	ア(賃金)	*1,620,000*	オ(当座預金) ウ(預り金)	*1,420,000* *200,000*
2	イ(仕掛品) ウ(製造間接費)	*1,250,000* *250,000*	エ(賃金)	*1,500,000*
3	エ(賃率差異)	*40,000*	ウ(賃金)	*40,000*

仕訳１組につき４点。計12点。

(2)（16点）

問１

総合原価計算表　（単位：円）

	数量	A材料費	B材料費	加工費	合計
月初仕掛品	60個($\frac{1}{2}$)	*122,220*	—	*124,440*	*246,660*
当月投入	480個	*1,034,880*	*480,150*	*2,032,280*	*3,547,310*
合計	540個	*1,157,100*	*480,150*	*2,156,720*	*3,793,970*
正常減損	40個($\frac{1}{4}$)	—	—	—	—
差引	500個	*1,157,100*	*480,150*	*2,156,720*	*3,793,970*
月末仕掛品	50個($\frac{4}{5}$)	(*117,600*)	(*0*)	(*176,720*)	(*294,320*)
完成品	450個	(*1,039,500*)	(*480,150*)	(*1,980,000*)	(*3,499,650*)
完成品単位原価		@(*2,310*)	@(*1,067*)	@(*4,400*)	@(*7,777*)

問２　売上原価＝ *3,620,925* 円

□ １つにつき２点。計16点。合計28点。

第4問

(1)

１．賃金を支払った取引である。借方には賃金勘定*1,620,000*円を計上し，貸方に社会保険料と所得税分の預り金を預り金勘定として*200,000*円を計上する。その差額は当座預金勘定として*1,420,000*円を計上する。

２．賃金勘定から直接工の直接労務費を仕掛品勘定に，直接工の間接労務費を製造間接費勘定に振り替える。

直接労務費　予定賃率@*500*円×直接作業時間2,500時間＝*1,250,000*円
間接労務費　予定賃率@*500*円×間接作業時間　500時間＝　*250,000*円

３．実際発生額と予定消費額の差額を賃率差異勘定へ振り替える。

実際発生額　当月支払額*1,620,000*円－前月末未払賃金*320,000*円＋当月末未払賃金*240,000*円＝*1,540,000*円

賃率差異　予定消費額*1,500,000*円－実際発生額*1,540,000*円＝－*40,000*円（借方差異）
借方差異（実際発生額が多い）なので，賃率差異勘定の借方に記入する。

(2)

問１　総合原価計算表の作成

月末仕掛品原価の計算

A材料は工程の始点で投入されているから，A材料費は月末仕掛品数量によって，加工費は月末仕掛品完成品換算数量によって計算する。

B材料は工程の終点で投入されているからすべて完成品原価となる。

正常減損が進捗度$\frac{1}{4}$の時点で発生している。月末仕掛品の進捗度が$\frac{4}{5}$であり，$\frac{1}{4}$の時点を通過しているから，月末仕掛品および完成品に負担させることになる。

先入先出法によって，完成品と月末仕掛品を配分するので，月末仕掛品原価と完成品総合原価は，次のように計算する。減損は月末仕掛品と完成品の双方が負担するので，下記の式の分母から減損分を控除する。

①　A材料費月末仕掛品原価と完成品総合原価の計算

仕掛品―A材料費

月初仕掛品 60個 *122,220*円	完成品 450個 *1,039,500*円
当月投入 480個 *1,034,880*円	減損 40個× 月末仕掛品 50個 *117,600*円

月末仕掛品原価　$\frac{1,034,880円}{480個-40個}$×50個＝*117,600*円

完成品総合原価　*122,220*円＋*1,034,880*円－*117,600*円＝*1,039,500*円

② B材料費完成品総合原価の計算

仕掛品―B材料費

月初仕掛品 0個 *0*円	完成品 450個 *480,150*円
当月投入 450個 *480,150*円	減損 0個
	月末仕掛品 0個 *0*円

完成品総合原価　*480,150*円

③ 加工費月末仕掛品原価と完成品総合原価の計算

仕掛品―加工費

月初仕掛品 30個 *124,440*円	完成品 450個 *1,980,000*円
当月投入 470個※ *2,032,280*円	減損 10個×
	月末仕掛品 40個 *176,720*円

※450個＋10個$\left(40個\times\frac{1}{4}\right)$＋40個$\left(50個\times\frac{4}{5}\right)$－30個$\left(60個\times\frac{1}{2}\right)$＝470個

月末仕掛品原価　$\frac{2,032,280円}{470個-10個}\times 40個 = 176,720円$

完成品総合原価　*124,440*円＋*2,032,280*円－*176,720*円＝*1,980,000*円

④ 完成品総合原価の合計

A材料費*1,039,500*円＋B材料費*480,150*円＋加工費*1,980,000*円＝*3,499,650*円

完成品単位原価　*3,499,650*円÷450(個)＝*7,777*円

問2　売上原価の計算

製品の売上原価は先入先出法によって計算するので，先に月初製品在庫分を販売したものとして，不足数量は当月完成品を販売したものとして計算すればよい。

当月完成品	*7,777*円×(475(個)－50(個))＝	*3,305,225*円
月初製品原価	50(個)	*315,700*円
		*3,620,925*円

売上原価は次のように計算してもよい。

月初製品原価*315,700*円＋当月完成品総合原価*3,499,650*円－月末製品原価*194,425*円※
＝*3,620,925*円

※製品の原価は先入先出法によって計算しているので，月末製品原価は当月完成品総合原価によって計算する。

*7,777*円×月末製品数量25(個)＝*194,425*円

解 答　　第4回模擬

第5問（12点）

問 1	11,750	個
問 2	*11,750,000*	円
問 3	21,750	個
問 4	32,000	個

各問１つにつき３点。合計12点。

解 説

損益分岐点売上高や目標利益を達成するための販売数量を計算する問題である。

売上高が固定費と変動費の合計と等しくなる点が損益分岐点である。

例　売上高*3,000*円　固定費*800*円　変動費*1,800*円（売上高の60％）

$$\text{損益分岐点}=\frac{\text{固定費}}{1-\dfrac{\text{変動費}}{\text{売上高}}}$$

$$\frac{800\text{円}}{1-\dfrac{1{,}800\text{円}}{3{,}000\text{円}}}=\frac{800\text{円}}{1-0.6}=2{,}000\text{円}$$

$$\text{売上高}2{,}000\text{円}-\text{固定費}800\text{円}-\text{変動費}2{,}000\text{円}\times 0.6=0$$

本問は，問２をさきに解答するとよい。

問２　損益分岐点の売上高

$$\text{損益分岐点}=\frac{4{,}700{,}000\text{円}}{1-\dfrac{9{,}600{,}000\text{円}}{16{,}000{,}000\text{円}}}=\frac{4{,}700{,}000\text{円}}{1-0.6}=11{,}750{,}000\text{円}$$

問１　販売数量は次のように計算する。

損益分岐点の売上高*11,750,000*円÷単価*1,000*円＝11,750(個)

問３　目標営業利益を達成するための販売数量は，次のように計算する。

$$\text{目標営業利益を達成するための売上高}=\frac{\text{固定費}+\text{目標営業利益}}{1-\dfrac{\text{変動費}}{\text{売上高}}}$$

$$\frac{4{,}700{,}000\text{円}+4{,}000{,}000\text{円}}{1-\dfrac{9{,}600{,}000\text{円}}{16{,}000{,}000\text{円}}}=\frac{8{,}700{,}000\text{円}}{1-0.6}=21{,}750{,}000\text{円}$$

*21,750,000*円÷*1,000*円＝21,750(個)

解 説　　模擬試験問題　第4回－7

問４　販売価格を20％値下げすることによって当期と同額の営業利益を得るための販売数量は，次のように計算する。

$$\text{目標営業利益を達成するための売上高}=\frac{\text{固定費}+\text{目標営業利益}}{1-\dfrac{\text{単位当たり変動費}}{\text{販売価格}}}$$

$$\frac{4{,}700{,}000\text{円}+1{,}700{,}000\text{円}}{1-\dfrac{600\text{円}}{1{,}000\text{円}\times 0.8}}=\frac{6{,}400{,}000\text{円}}{1-0.75}=25{,}600{,}000\text{円}$$

*25,600,000*円÷*800*円＝32,000（個）

〔別法〕

$$\text{目標営業利益を達成する販売数量}=\frac{\text{固定費}+\text{目標営業利益}}{\text{単位貢献利益}}$$

$$\frac{4{,}700{,}000\text{円}+1{,}700{,}000\text{円}}{200\text{円}^{※}}=32{,}000(\text{個})$$

※値下げ後の販売価格*800*円－(変動売上原価*500*円＋変動販売費*100*円)＝*200*円

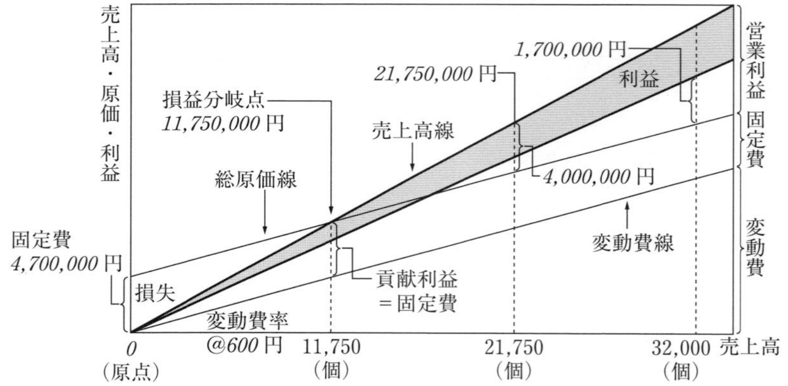

各問を損益計算書で表すと以下のようになる。

	問１・２	問３	問４
売　上　高	*11,750,000*	*21,750,000*	*25,600,000*
変　動　費	*7,050,000*	*13,050,000*	*19,200,000*
貢 献 利 益	*4,700,000*	*8,700,000*	*6,400,000*
固　定　費	*4,700,000*	*4,700,000*	*4,700,000*
営 業 利 益	*0*	*4,000,000*	*1,700,000*

第1問（20点）

	仕		訳	
	借方科目	金額	貸方科目	金額
1	オ(役員賞与)	500,000	ア(当座預金) ウ(所得税預り金) エ(社会保険料預り金)	450,000 20,000 30,000
2	エ(前受金) イ(売掛金)	321,000 412,000	カ(売上)	733,000
3	ウ(契約資産)	300,000	カ(売上)	300,000
4	イ(建物) オ(修繕引当金) カ(修繕費)	1,100,000 1,300,000 200,000	ア(当座預金) エ(未払金)	1,700,000 900,000
5	ア(当座預金) カ(電子記録債権売却損)	114,000 6,000	イ(電子記録債権)	120,000

仕訳1組につき4点。合計20点。

第1問

1．役員に対して，所得税の源泉徴収分と社会保険料を差し引いて賞与を支払う取引である。所得税の源泉徴収分と社会保険料の自己負担分は，賞与から差し引いて一時的に預かることになるので，所得税預り金勘定（負債）と社会保険料預り金勘定（負債）の貸方に記入する。

2．外貨建取引に関する問題である。

原則として外貨建取引は，取引日の為替相場を用いて円換算を行う。本問では，注文時に受け取っていた手付金は，すでに注文時の為替相場で処理されているため（3,000ドル×@￥107＝￥321,000），残額4,000ドルについて商品到着時の為替相場を用いて仕訳を行う（4,000ドル×@￥103＝￥412,000）。

3．収益認識に関する問題で，契約資産の仕訳が問われている。

本問では，商品Ｙの引渡しという履行義務は充足しているため商品Ｙの売上を計上するが，商品Ｘの引渡しは行われていないため商品Ｘの売上を計上することはできない。また，代金の請求は商品Ｘと商品Ｙの両方の引渡しが条件となっているため，商品Ｙの代金は売掛金（債権）ではなく契約資産として仕訳を行う。

4．建物の修繕・改良に関する取引

修繕の代金￥2,600,000のうち￥1,100,000は資本的支出として認められているため，建物勘定を増加させる。残額￥1,500,000については収益的支出として処理することとなるが，すでに設定されている修繕引当金￥1,300,000を取り崩すとともに，残額￥200,000は修繕費として仕訳を行う。

なお，修繕代金のうち翌月払い分の金額は未払金として処理することに注意すること。

5．電子記録債権の譲渡に関する問題である。電子記録債権・債務は，ペーパーレスのため，金額を分割して譲渡することができるというメリットがある。譲渡した電子記録債権と現金受領額に差額が生じている場合には，電子記録債権売却損勘定（費用）として処理を行う。このほかにも，売掛金・手形などの債権の譲渡も併せて理解しておくこと。

第２問（20点）

問１

固定資産名	当期の減価償却費
建　物　A	¥ 350,000
備　品　B	¥ 500,000
車　両　C	¥ 24,000
ソフトウェアD	¥ 200,000
備　品　F	¥ 129,600

正解１つにつき２点。計10点

問２

リ　ー　ス　債　務

年	月	日	摘　要	借　方	年	月	日	摘　要	貸　方
X9	3	31	（ ウ ）	440,000	X8	4	1	（ オ ）	2,200,000
X9	3	31	次期繰越	1,760,000					
				2,200,000					2,200,000

□ １つにつき２点。計４点。

問３

借方科目	金額	貸方科目	金額
エ（営業外支払手形）	205,000	ア（現金預金）	205,000
オ（支払利息）	5,000	イ（前払利息）	5,000

借方科目・貸方科目は順不同。　仕訳１組で２点。

問４

ソ　フ　ト　ウ　ェ　ア　E

年	月	日	摘　要	借　方	年	月	日	摘　要	貸　方
X8	10	1	（ ウ ）	3,000,000	X9	3	31	（ エ ）	150,000
					X9	3	31	次期繰越	2,850,000
				3,000,000					3,000,000

□ １つにつき２点。計４点。合計20点。

第２問

固定資産の減価償却を中心とした問題である。2016（平成28）年度以降の改定項目を中心に，圧縮記帳（直接減額方式），リース取引，割賦購入，ソフトウェア，200％定率法を出題した。下記に各固定資産の取引の仕訳を解説に示す。

また便宜上，解説の取引代金の受払いには現金預金勘定を用いており，減価償却の記帳方法は無形固定資産（ソフトウェアDおよびE）を除き，間接法によっている。

１．建物A

20X8年４月１日（国庫補助金収入交付時・購入時・圧縮時）

（借）現金預金　3,000,000　（貸）国庫補助金受贈益　3,000,000
（借）建物A　10,000,000　（貸）現金預金　10,000,000
　　　固定資産圧縮損　3,000,000　　　建物A　3,000,000

20X9年３月31日（決算時）

（借）減価償却費　350,000※　（貸）減価償却累計額　350,000
※（¥10,000,000－¥3,000,000）÷20年＝¥350,000

２．備品B（リース資産）……利子込み法の場合

20X8年４月１日（リース開始時）

（借）リース資産　2,500,000※　（貸）リース債務　2,500,000
※ファイナンス・リース取引によって取得した資産を利子込み法で計算する場合は，リース料の総額¥2,500,000（＝¥500,000×５回）が取得原価となる。

20X9年３月31日（リース料支払時）

（借）リース債務　500,000　（貸）現金預金　500,000

20X9年３月31日（決算時）

（借）減価償却費　500,000※　（貸）減価償却累計額　500,000
※ ¥2,500,000÷５年＝¥500,000

備品B（リース資産）……利子抜き法の場合

20X8年４月１日（リース開始時）

（借）リース資産　2,200,000※　（貸）リース債務　2,200,000
※ファイナンス・リース取引によって取得した資産を利子抜き法で計算する場合は，見積現金購入価額¥2,200,000が取得原価となる。また，リース料の総額である¥2,500,000との差額¥300,000が利息となる。

20X9年３月31日（リース料支払時）

（借）リース債務　440,000※1　（貸）現金預金　500,000
　　　支払利息　60,000※2
※1 ¥2,200,000÷５年＝¥440,000
※2 ¥500,000－¥440,000＝¥60,000

20X9年３月31日（決算時）

（借）減価償却費　440,000※　（貸）減価償却累計額　440,000
※ ¥2,200,000÷５年＝¥440,000

3．車両C

20X9年1月1日（購入時）

（借）	車　両　C	1,200,000	（貸）	営業外支払手形	1,230,000※
	前払利息	30,000			

※ ¥205,000×6枚＝¥1,230,000

20X9年1月31日・2月28日・3月31日（代金支払時：3回）

（借）	営業外支払手形	205,000	（貸）	現金預金	205,000
	支払利息	5,000※		前払利息	5,000

※ $¥30,000\times\frac{1か月}{6か月}=¥5,000$

20X9年3月31日（決算時）

（借）	減価償却費	24,000※	（貸）	減価償却累計額	24,000

※ $¥1,200,000\times\frac{2,000キロメートル}{100,000キロメートル}=¥24,000$

4．ソフトウェアD・ソフトウェアE

20X1年4月1日（D：購入時）

（借）	ソフトウェアD	2,000,000	（貸）	現金預金	2,000,000

20X2年3月31日～20X9年3月31日（D：決算時）に共通する減価償却費の仕訳

（借）	ソフトウェア償却	200,000※	（貸）	ソフトウェアD	200,000

※ $¥2,000,000\times\frac{12か月}{120か月（10年）}=¥200,000$

20X8年10月1日（E：購入時）

（借）	ソフトウェアE	3,000,000	（貸）	未払金	3,000,000

20X8年11月30日（E：購入代金支払時）

（借）	未払金	3,000,000	（貸）	現金預金	3,000,000

20X9年3月31日（E：決算時）

（借）	ソフトウェア償却	150,000※	（貸）	ソフトウェアE	150,000

※ $¥3,000,000\times\frac{6か月（20X8年10月～20X9年3月）}{120か月（10年）}=¥150,000$

よってソフトウェア償却の金額は，（D）¥200,000＋（E）¥150,000＝¥350,000となる。

5．備品F

20X5年4月1日（F：購入時）

（借）	備品	1,200,000	（貸）	現金預金	1,200,000

20X6年3月31日～20X8年3月31日（F：決算時）の減価償却費の合計の仕訳

（借）	減価償却費	940,800※	（貸）	減価償却累計額	940,800

※ 200％定率法の償却率＝1÷5年×2.0＝0.4

20X6年3月31日：¥1,200,000×0.4＝¥480,000

20X7年3月31日：（¥1,200,000－¥480,000）×0.4＝¥288,000

20X8年3月31日：（¥1,200,000－¥480,000－¥288,000）×0.4＝¥172,800

なお，この期間の減価償却費は，償却保証額¥1,200,000×0.10800＝¥129,600を下回っていないため，上記金額がそのまま各年度の減価償却費となり，その合計額は¥940,800である。

20X9年3月31日（F：決算時）

（借）	減価償却費	129,600※	（貸）	減価償却累計額	129,600

※20X9年3月31日：（¥1,200,000－¥480,000－¥288,000－¥172,800）×0.4
＝¥103,680＜償却保証額¥129,600

よって償却額は，改定取得原価（¥1,200,000－¥480,000－¥288,000－¥172,800）×改定償却率0.5＝¥129,600となる。

改定償却率と償却保証額について，以下補足する。定率法は，未償却残高に一定率を掛け合わせて計算するので，帳簿価額をゼロに近づけるのは難しいので，一定時点で償却率を変えて償却することになっている。その切り替え時点が，減価償却費が，償却保証額（取得原価×保証率）を下回った場合であり，このとき，当初の償却率から改定償却率に切り替えていく。備品Fについては，上記のように，通常の計算での減価償却費は¥103,680であるが，償却保証額¥129,600（＝取得原価¥1,200,000×保証率0.10800）を下回ったので，0.4から0.5に償却率を変えて計算するのである。

第3問（20点）

問1　［資料Ⅰ］の決算整理前残高試算表における本店勘定の金額　￥ 400,000

問2

損　　益　（単位：円）

日付		摘要	金額	日付		摘要	金額
3	31	売上原価	(1,940,000)	3	31	売上高	(4,000,000)
3	31	棚卸減耗損	(8,000)	3	31	(有価証券評価益)	(10,000)
3	31	広告宣伝費	(140,000)	3	31	有価証券利息	(18,000)
3	31	給料	(600,000)				
3	31	支払家賃	(450,000)				
3	31	貸倒引当金繰入	(300)				
3	31	(賞与引当金繰入)	(100,000)				
3	31	減価償却費	(72,000)				
3	31	支払利息	(9,000)				
3	31	支店	(168,000)				
3	31	(繰越利益剰余金)	(540,700)				
			(4,028,000)				(4,028,000)

問3　当期末の貸借対照表における利益準備金の金額　￥ 33,000

□ 1つにつき2点。合計20点。

第3問

A．［資料Ⅱ］に関する会計処理

	本店	支店
1	—	(借) 現金預金 30,000 (貸) 本店 30,000
2	—	(借) 買掛金 50,000 (貸) 本店 50,000
3	—	(借) 仕入 40,000 (貸) 本店 40,000
4	(借) 支店 20,000 (貸) 売掛金 20,000	—
5	(借) 繰越利益剰余金 33,000 (貸) 現金預金 30,000 利益準備金 3,000	—

1．支店は，受け取った現金を計上するとともに，本店から受け取っているので貸方は本店となる。

2．支店は，買掛金を減少させるとともに，本店が支払っているので貸方は本店となる。

3．本店の仕入ではなく支店の商品仕入となるように，支店で仕入を計上する。

4．売掛金を回収しているので本店は売掛金を減少させるとともに，回収した小切手は支店が保有しているので借方は支店となる。

5．繰越利益剰余金を減少させるとともに，現金預金と利益準備金を計上する。なお，利益準備金は，社外流出額（現金預金の支払額）の$\frac{1}{10}$となる（資本金が十分に大きいため，資本金の$\frac{1}{4}$の制限には到らない）。なお，貸方は未払配当金としてから（借）未払配当金　30,000　（貸）現金預金　30,000としてもかまわない。

B．決算整理前残高試算表の支店における本店勘定

上記Aの処理を行った後では，本店における支店勘定と支店における本店勘定が等しくなるはずである。ここで，本店における支店勘定は，決算整理前残高試算表にある￥500,000に売掛金の回収分￥20,000を加えて合計で￥520,000となる。これに対し，支店における本店勘定は，

決算整理前残高試算表における本店勘定＋￥30,000＋￥50,000＋￥40,000

＝￥520,000

となる。これを計算することで，決算整理前残高試算表における本店勘定は￥400,000であることがわかる。

なお，本店勘定の金額が判明したので，貸借差額で支店の買掛金勘定（決算整理前残高試算表）は￥100,000であることもわかる。

C．［資料Ⅲ］に関する会計処理

	本　　店	支　　店
1	（借）貸倒引当金繰入　300 （貸）貸倒引当金　300	（借）貸倒引当金繰入　500 （貸）貸倒引当金　500
2	（借）有価証券　10,000 （貸）有価証券評価益　10,000	—
3	（借）売上原価　440,000 （貸）繰越商品　440,000 （借）売上原価　2,000,000 （貸）仕入　2,000,000 （借）繰越商品　500,000 （貸）売上原価　500,000 （借）棚卸減耗損　8,000 （貸）繰越商品　8,000	（借）売上原価　300,000 （貸）繰越商品　300,000 （借）売上原価　1,140,000 （貸）仕入　1,140,000 （借）繰越商品　216,000 （貸）売上原価　216,000 （借）棚卸減耗損　9,000 （貸）繰越商品　9,000
4	（借）減価償却費　72,000 （貸）備品減価償却累計額　72,000	（借）減価償却費　24,000 （貸）備品減価償却累計額　24,000
5	（借）現金預金　4,000 （貸）有価証券利息　4,000	—
5	（借）投資有価証券　10,000 （貸）有価証券利息　10,000	—
6	（借）賞与引当金繰入　100,000 （貸）賞与引当金　100,000	（借）賞与引当金繰入　50,000 （貸）賞与引当金　50,000
7	（借）前払家賃　50,000 （貸）支払家賃　50,000 （借）支払利息　1,000 （貸）未払利息　1,000	（借）支払家賃　20,000 （貸）未払家賃　20,000

1．本店：（¥200,000－¥20,000）× 1 %－¥1,500＝¥300
　支店：¥100,000× 1 %－¥500＝¥500

2．決算整理前残高試算表における金額が¥190,000であるのに対し，期末における時価が¥200,000であるので，時価評価し，時価評価差額を計上する。

3．売上原価を仕入勘定ではなく売上原価勘定で示すため，決算整理仕訳には売上原価勘定を用いる。なお，棚卸減耗損の計算は次のとおりである。
　本店：@¥200×（2,500個－2,460個）＝¥8,000
　支店：@¥180×（1,200個－1,150個）＝¥9,000
　なお，本問では棚卸減耗損を独立の科目として示すように指示されているため，仕訳は上記に示したものとなるが，損益計算書では売上原価に含めるのであるから，問題文にある指示がなければ，棚卸減耗損勘定を売上原価勘定に振り替える仕訳も行うことになる。

4．本店：（¥500,000－¥140,000）×0.2＝¥72,000
　支店：（¥150,000－¥30,000）×0.2＝¥24,000

5．投資有価証券（本問では満期保有目的債券）については，クーポンによる利息の受け取りという日常取引の処理（未処理事項）と，償却原価法の適用による利息の計上という決算整理事項の2つを行う必要がある。
①　クーポンによる利息の受け取り
　額面総額が¥400,000であり，当期末には6か月分の利息を受け取っているので，
　¥400,000× 2 %× $\frac{6\text{か月}}{12\text{か月}}$ ＝¥4,000の利息を計上する。
②　償却原価法の適用
　取得価額が¥350,000，額面総額が¥400,000であるため，取得差額¥50,000を取得日から満期日までにわたって償却する。本問では満期日が明示されていないため，推定する必要があるが，決算整理前残高試算表における投資有価証券が¥360,000であり，取得日が前期の期首であるから，1年間分だけ償却して¥360,000になっていることがわかる。つまり，1年間分の償却額は¥10,000（取得日から満期日までは5年間）となる。

6．次期に支払う賞与のうち当期負担分は賞与引当金として処理する。

7．経過勘定項目については金額が与えられているので左記の仕訳参照。

　最後に，支店の損失¥168,000は，支店の収益と費用を集計して求める（次の決算整理後残高試算表でも確認できるが，支店の損益を科目ごとに整理すること）。

なお，本問について，上記の処理を反映した後の決算整理後残高試算表（本支店別）と財務諸表を作成すると次のようになる。

決算整理後残高試算表
20X2年３月31日
（単位：円）

借方	本店	支店	貸方	本店	支店
現金預金	1,036,000	70,000	買掛金	150,000	50,000
売掛金	180,000	100,000	未払金	24,500	–
有価証券	200,000	–	未払費用	1,000	20,000
繰越商品	492,000	207,000	賞与引当金	100,000	50,000
前払費用	50,000	–	長期借入金	500,000	–
備品	500,000	150,000	貸倒引当金	1,800	1,000
投資有価証券	370,000	–	備品減価償却累計額	212,000	54,000
支店	520,000	–	本店	–	520,000
売上原価	1,940,000	1,224,000	資本金	1,500,000	–
棚卸減耗損	8,000	9,000	利益準備金	33,000	–
広告宣伝費	140,000	60,000	繰越利益剰余金	117,000	–
給料	600,000	350,000	売上	4,000,000	1,769,500
支払家賃	450,000	220,000	有価証券評価益	10,000	–
貸倒引当金繰入	300	500	有価証券利息	18,000	–
賞与引当金繰入	100,000	50,000			
減価償却費	72,000	24,000			
支払利息	9,000	–			
	6,667,300	2,464,500		6,667,300	2,464,500

損益計算書
自20X1年４月１日　至20X2年３月31日
（単位：円）

費用	金額	収益	金額
売上原価	3,164,000	売上高	5,769,500
棚卸減耗損	17,000	有価証券評価益	10,000
広告宣伝費	200,000	有価証券利息	18,000
給料	950,000		
支払家賃	670,000		
貸倒引当金繰入	800		
賞与引当金繰入	150,000		
減価償却費	96,000		
支払利息	9,000		
当期純利益	540,700		
	5,797,500		5,797,500

（注）棚卸減耗損は売上原価と分けて表示しているが，最終的には合算する。

貸借対照表
20X2年３月31日現在
（単位：円）

資産	金額	負債及び純資産	金額
現金預金	1,106,000	買掛金	200,000
売掛金	280,000	未払金	24,500
有価証券	200,000	未払費用	21,000
繰越商品	699,000	賞与引当金	150,000
前払費用	50,000	長期借入金	500,000
貸倒引当金	△　2,800	資本金	1,500,000
備品	650,000	利益準備金	33,000
備品減価償却累計額	△　266,000	繰越利益剰余金	657,700
投資有価証券	370,000		
	3,086,200		3,086,200

第４問（28点）

⑴（12点）

	仕訳			
	借方科目	金額	貸方科目	金額
1	ア(仕掛品)	*1,050,000*	イ(製造間接費)	*1,050,000*
2	イ(製造間接費配賦差異)	*30,000*	ア(製造間接費)	*30,000*
3	ア(売上原価)	*15,000*	ウ(製造間接費配賦差異)	*15,000*

仕訳１組につき４点。計12点。

⑵（16点）

問１

仕　　掛　　品　　（単位：円）

月初有高	*46,000*	完成高	（*613,000*）
直接材料費	（*146,000*）	月末有高	（*92,000*）
直接労務費	（*216,000*）		
製造間接費	（*297,000*）		
	（*705,000*）		（*705,000*）

問２　売上原価　＝　*441,000*　円

□１つにつき４点。計16点。合計28点。

解　説

⑴

1．製造間接費を予定配賦により配賦する取引である。直接労務費*1,500,000*円の70％を予定配賦額として振り替えるため，借方に仕掛品勘定*1,050,000*円を計上し，貸方に製造間接勘定*1,050,000*円を計上する。

2．製造間接費の実際発生額と予定配賦額の差額を製造間接費配賦差異に振り替える取引である。製造間接費の実際発生額が借方に*1,080,000*円計上されており，予定配賦として*1,050,000*円を仕掛品勘定へ振り替えたため，借方に製造間接費勘定が*30,000*円計上されたままである。その分を貸方に製造間接費勘定として*30,000*円計上し，相手勘定として借方に製造間接費配賦差異勘定に振り替える。

3．会計年度末に製造間接費配賦差異を売上原価に振り替える取引である。製造間接費配賦差異が会計年度末に借方に*15,000*円計上されている。その分を振り替えるため，貸方に製造間接費配賦差異勘定*15,000*円を計上し，借方に売上原価勘定*15,000*円を計上する。

⑵

個別原価計算で仕掛品勘定に記入し，売上原価を計算する問題である。

問１　仕掛品勘定の完成

①　直接労務費と製造間接費予定配賦額の計算

直接労務費（［資料］２.）

予定消費賃率　１時間当たり*1,600*円

＃101　45時間×*1,600*円＝ *72,000*円
＃102　40時間×*1,600*円＝ *64,000*円
＃103　35時間×*1,600*円＝ *56,000*円
＃104　15時間×*1,600*円＝ *24,000*円
合　計　*216,000*円

製造間接費予定配賦額（［資料］３.）

予定配賦率　*5,060,000*円÷2,300時間＝@*2,200*円

＃101　45時間×*2,200*円＝ *99,000*円
＃102　40時間×*2,200*円＝ *88,000*円
＃103　35時間×*2,200*円＝ *77,000*円
＃104　15時間×*2,200*円＝ *33,000*円
合　計　*297,000*円

②　製造指図書別原価計算表の作成

当月の月初及び月末時点での製品の状況を把握し，製造指図書別原価計算表を作成する。

製造指図書別原価計算表　（単位：円）

摘要	＃101	＃102	＃103	＃104	合計
月初仕掛品原価	*46,000*※	──	──	──	*46,000*
直接材料費	*24,000*	*48,000*	*39,000*	*35,000*	*146,000*
直接労務費	*72,000*	*64,000*	*56,000*	*24,000*	*216,000*
製造間接費	*99,000*	*88,000*	*77,000*	*33,000*	*297,000*
製造原価	*241,000*	*200,000*	*172,000*	*92,000*	*705,000*
備考	完成・販売	完成・販売	完成	未完成	

※製造指図書＃101のみ先月製造に着手しているので，仕掛品勘定の月初有高の*46,000*円を記入する。

③　仕掛品勘定の記入

上記製造指図書別原価計算表に集計された金額がその製品の原価（製造原価）になる。

直接材料費　*146,000*円
直接労務費　*216,000*円
製造間接費　*297,000*円
完成高　(＃101)*241,000*円＋(＃102)*200,000*円＋(＃103)*172,000*円＝*613,000*円

問２　売上原価の計算

当月に販売された製造指図書＃101と製造指図書＃102の製造原価が売上原価となる。

売上原価　(＃101)*241,000*円＋(＃102)*200,000*円＝*441,000*円

〈参考〉

製造指図書＃103の製品は完成したが，当月はまだ販売されていないので，月末製品棚卸高となる。

第 5 問（12点）

問 1

損　益　計　算　書

（単位：円）

売　上　高	（ 29,000,000 ）
変　動　費	
月初製品有高	（ 0 ）
当月製品変動製造原価	（ 15,420,000 ）
計	（ 15,420,000 ）
月末製品有高	（ 514,000 ）
変動売上原価	（ 14,906,000 ）
変動販売費	（ 2,320,000 ）
貢　献　利　益	（ 11,774,000 ）
固　定　費	（ 6,902,000 ）
営　業　利　益	（ 4,872,000 ）

□ 1つにつき2点。計2点。

問 2	17,000,000	円
問 3	17	%
問 4	41	%
問 5	37,000,000	円
問 6	1,218,000	円
問 7	406,000	円

□ 1つにつき2点。⬚ 1つにつき1点。計10点。合計12点。

第 5 問

直接原価計算方式の損益計算書を完成し，損益分岐点分析に関する問いに答える問題である。

問 1　損益計算書の完成

売　上　高　販売単価5,000円×販売量5,800台＝29,000,000円

変　動　費

月初製品有高　0円

当月製品変動製造原価　直接材料費7,800,000円＋直接労務費4,140,000円＋変動製造間接費3,480,000円＝15,420,000円

月末製品有高　$15,420,000円 \times \dfrac{200台}{5,800台+200台} = 514,000円$

変動売上原価　月初製品有高0円＋当月製品変動製造原価15,420,000円－月末製品有高514,000円＝14,906,000円

変動販売費　2,320,000円

貢献利益　売上高29,000,000円－変動売上原価14,906,000円－変動販売費2,320,000円＝11,774,000円

固　定　費　固定製造間接費2,520,000円＋固定販売費及び一般管理費4,382,000円＝6,902,000円

営業利益　貢献利益11,774,000円－固定費6,902,000円＝4,872,000円

問 2　損益分岐点売上高（営業利益がゼロとなる売上高）

貢献利益率　$\dfrac{貢献利益11,774,000円}{売上高29,000,000円} \times 100 = 40.6\%$

損益分岐点売上高　$\dfrac{固定費6,902,000円}{貢献利益率40.6\%} = 17,000,000円$

問 3　売上高営業利益率（売上高に占める営業利益の割合）

売上高営業利益率　$\dfrac{営業利益4,872,000円}{売上高29,000,000円} \times 100 = 16.8 \rightarrow 17\%$

問 4　安全余裕率（予想売上高が損益分岐点売上高からどのくらい離れているかを示す比率で，会社の業績の安全度を示す）

安全余裕率　$\dfrac{当月売上高29,000,000円 - 損益分岐点売上高17,000,000円}{当月売上高29,000,000円} \times 100$

$= 41.37 \cdots\cdots \rightarrow 41\%$

問 5　目標営業利益を達成するための売上高

目標営業利益を達成するための売上高　$\dfrac{固定費6,902,000円 + 目標営業利益8,120,000円}{貢献利益率40.6\%}$

$= 37,000,000円$

問 6　売上高が300万円増加したときの営業利益の増加額

売上高3,000,000円×貢献利益率0.406＝1,218,000円

問 7　損益分岐点売上高を100万円引き下げるために必要な固定費引き下げ額は次のように計算する。

売上高1,000,000円×貢献利益率0.406＝406,000円

第1問（20点）

	仕		訳	
	借　方　科　目	金　額	貸　方　科　目	金　額
1	オ(減 価 償 却 費) イ(繰延税金資産)	40,000 4,000	ウ(備品減価償却累計額) キ(法人税等調整額)	40,000 4,000
2	イ(ソフトウェア) キ(保　守　費)	2,000,000 400,000	ウ(ソフトウェア仮勘定)	2,400,000
3	エ(資　本　金) オ(利 益 剰 余 金) ウ(の　れ　ん)	600,000 200,000 280,000	イ(子 会 社 株 式) カ(非支配株主持分)	1,000,000 80,000
4	ウ(借　入　金) イ(機 械 装 置) キ(固定資産圧縮損)	300,000 710,000 300,000	オ(国庫補助金受贈益) ア(現　　金) イ(機 械 装 置)	300,000 710,000 300,000
5	キ(為 替 差 損 益)	12,000	イ(買　掛　金)	12,000

仕訳１組につき４点。合計20点。

解　説

1．会計上の減価償却費は，*¥120,000*÷３年＝*¥40,000*である。税法上の減価償却費は，*¥120,000*÷４年＝*¥30,000*である。この差額*¥10,000*（＝*¥40,000*－*¥30,000*）が，税法上の減価償却費よりも会計上多くの減価償却費を計上するため，法人税の前払いと考えて，将来減算一時差異となる。この差額に税率40％を乗じた金額*¥4,000*が，繰延税金資産となる。なお，備品を売却したり，除却したりした場合，この差異は解消される。

2．社内利用目的のソフトウェアが完成した取引と保守費の処理を問う問題である。

ソフトウェアが完成し引渡しを受けたので，ソフトウェア仮勘定（代金は支払済み）からソフトウェア勘定に振り替える。また支払済みの代金の中には保守費用が含まれているので，これを保守費として処理する。保守費については，期首に使用を開始し，期末までの費用となるので，全額費用とする。

3．連結会計に関する仕訳問題である。連結会計は，総合問題での出題が予想されるが，仕訳問題での出題も考えられる。

本問は投資と資本の相殺消去に関するものであり，Ｐ社が所有するＳ社株式とＳ社の資本のうち，Ｐ社の持分である90％を相殺する。それを図示すると次のようになる。

Ｓ社の純資産

		親会社持分90％	非支配株主持分10％
資　本　金	*¥600,000*	60万×90％＝*¥540,000*	60万×10％＝*¥60,000*
利益剰余金	*¥200,000*	20万×90％＝*¥180,000*	20万×10％＝*¥20,000*
		合計*¥720,000*	合計*¥80,000*

子会社株式 *¥1,000,000* ←差額（*¥280,000*）がのれん→ 合計*¥720,000*

本問では100％所有ではないので，非支配株主持分が存在する。Ｓ社の資本*¥800,000*（資本金＋利益剰余金）の10％は非支配株主持分である。残りの90％である*¥720,000*が親会社持分であるが，これに対する投資額は*¥1,000,000*であり，この投資消去差額が「のれん」である。

4．固定資産の取得および圧縮記帳に関する問題である。

まず本問では，借入金を国庫補助金受贈益に振り替え，誤記入の修正を行う。次に，現金による機械装置取得の仕訳を行うが，取得に係る据付費（付随費用）は機械装置の取得原価に含めて処理を行う。さらに，補助金*¥300,000*を固定資産圧縮損で処理するとともに，機械装置の取得原価を直接控除する。なお，「機械装置勘定は圧縮記帳した事実を示すように記入すること」という指示により，機械装置勘定を控除後の純額で解答するのではなく，取得と圧縮の仕訳に分けて解答することに注意すること。

5．本問の取引概要と為替相場を整理すると以下のようになる。

日　付	取　引	為替相場
①８月１日	*4,000*ドルの商品を購入	*1*ドル *97*円
②９月１日	*1*ドル*100*円で為替予約	*1*ドル*102*円
③11月30日	*4,000*ドルの支払い	*1*ドル ?? 円

本問では，これらのうち②の仕訳が問われている。

①　８月１日の商品購入時には，当該取引発生時の為替相場による円換算額をもって，以下の仕訳が行われている（商品売買の仕訳は三分法によって示す）。

（借）仕　　入　*388,000*※　（貸）買　掛　金　*388,000*

※ *4,000*ドル×*¥97*＝*¥388,000*

②　９月１日には，11月30日の支払いのために為替予約を行っている。為替予約とは，企業が銀行との間で，外貨と日本円を交換する際に適用される将来の為替相場を現時点で確定する契約をいう。

なお，為替予約の会計処理には独立処理と振当処理があり，本問では後者が適用されている。なお，振当処理の場合には為替予約によって確定した円換算額を，外貨建取引に振り当てて会計処理を行う。

また，本問では，*1*ドル＝*100*円で購入する為替予約を結んでいるので，為替予約による円換算額と８月１日の為替相場による円換算額との差額（*¥12,000*＝*4,000*ドル×（*¥100*－*¥97*））を外貨建取引（買掛金）に振り当てるとともに，当期の為替差損益として処理を行う。

③　11月30日には，①および②の取引にもとづいて，外貨建取引の決済を行う（支払いを当座預金口座から行った場合）。

（借）買　掛　金　*400,000*　（貸）当 座 預 金　*400,000*

第2問（20点）

問1

	借方科目	金額	貸方科目	金額
(1)	ア(現金預金) ウ(満期保有目的債券)	10,000 5,000	サ(有価証券利息)	15,000
(2)	ア(現金預金) カ(その他有価証券)	10,000 80,000	サ(有価証券利息) キ(その他有価証券評価差額金)	20,000 70,000

仕訳1組につき3点。計6点。

問2

貸借対照表の各金額　（単位：円）

有価証券	1,149,000
投資有価証券	4,265,000
関係会社株式	3,751,000
その他有価証券評価差額金 *（借方残高・(貸方残高)）	10,000

＊借方残高・貸方残高いずれかに○をすること。

□ 1つにつき2点。計8点。

問3

(1)	○
(2)	×

□ 1つにつき3点。計6点。合計20点。

解　説

有価証券の評価を中心とした問題である。（単位：円）

銘柄別（保有区分による分類など：貸借対照表の表示科目）の仕訳を示すと，以下のとおりとなる。

A社株式（売買目的有価証券：有価証券）

（借）　売買目的有価証券　91,000　（貸）　有価証券評価損益　91,000

B社株式（売買目的有価証券：有価証券）

（借）　有価証券評価損益　16,000　（貸）　売買目的有価証券　16,000

よって，売買目的有価証券は1,149,000（＝767,000＋382,000）となる。

C社社債（満期保有目的債券：投資有価証券）

仕訳は解答のとおり。まずは未処理の利札の処理を行い，そののち償却原価法（定額法）の処理を行う。解答は勘定科目貸方一度だけの使用となるため，まとめて「サ(有価証券利息)　15,000」となる。

利札の未処理　$10{,}000 = 2{,}000{,}000 \times 1\% \times \frac{6\text{か月}}{12\text{か月}}$

償却原価法(定額法)　$5{,}000 = (2{,}000{,}000 - 1{,}950{,}000) \times \frac{6\text{か月}(20X8\text{年}10\text{月}〜20X9\text{年}3\text{月})}{60\text{か月}}$

D社株式（子会社株式：関係会社株式）

仕訳なし。

E社株式（関連会社株式：関係会社株式）

仕訳なし。

子会社株式・関連会社株式は原則決算時に取得原価で評価する。よって問2の関係会社株式の金額は3,751,000（D社株式3,500,000＋E社株式251,000）となる。

F社株式（その他有価証券：投資有価証券）

（借）　その他有価証券評価差額金　60,000　（貸）　その他有価証券　60,000

取得原価と時価との差額はその他有価証券評価差額金となる。

G社社債（その他有価証券：投資有価証券）

仕訳は解答のとおり。その他有価証券で償却原価法の適用がある債券の場合は，まず償却原価法を適用したうえで，そののち償却原価法適用後との時価を比較することになる。解答は勘定科目借方・貸方一度だけの使用となるため，まとめて借方「カ(その他有価証券)　80,000」，貸方「サ(有価証券利息)　20,000」となる。

利札の未処理　$10{,}000 = 1{,}000{,}000 \times 1\%$

償却原価法(定額法)　$10{,}000 = (1{,}000{,}000 - 970{,}000) \times \frac{12\text{か月}}{36\text{か月}}$

その他有価証券評価差額金

70,000(貸方)＝時価1,050,000－帳簿価額(970,000＋10,000)

これらの仕訳を加減算したのち，問2の貸借対照表の各金額を求めることになる。

特にその他有価証券評価差額金については，F社株式で借方60,000，G社社債で貸方70,000の仕訳を行っている。したがって解答は「(貸方残高)　10,000」となることに注意が必要である。

また問3(2)のその他有価証券については，その評価差額は洗替方式により記帳する。売買目的有価証券は，切放方式と洗替方式の両方が認められているが，その他有価証券は，その売買や処分に制約があり，決算時に全部純資産直入法の処理が適用されるなどの限定がある。

第３問（20点）

貸　借　対　照　表
20X2年３月31日現在　（単位：円）

資産の部		負債の部	
Ⅰ 流動資産		Ⅰ 流動負債	
現金	(22,000)	買掛金	(524,000)
当座預金	(480,000)	未払金	(66,000)
売掛金	(700,000)	未払法人税等	(45,000)
商品	(612,000)	リース債務	(57,000)
前払費用	(90,000)	流動負債合計	(692,000)
貸倒引当金	(7,000)	Ⅱ 固定負債	
流動資産合計	(1,897,000)	リース債務	(171,000)
		退職給付引当金	(468,000)
		繰延税金負債	(6,000)
		固定負債合計	(645,000)
Ⅱ 固定資産		負債合計	(1,337,000)
建物	2,400,000	純資産の部	
減価償却累計額	(810,000)	Ⅰ 株主資本	
備品	612,000	資本金	(2,000,000)
減価償却累計額	(187,000)	繰越利益剰余金	(1,164,000)
リース資産	(285,000)	株主資本合計	(3,164,000)
減価償却累計額	(57,000)	Ⅱ 評価・換算差額等	
ソフトウェア	(230,000)	その他有価証券評価差額金	(14,000)
その他有価証券	(145,000)	評価・換算差額等合計	(14,000)
固定資産合計	(2,618,000)	純資産合計	(3,178,000)
資産合計	(4,515,000)	負債及び純資産合計	(4,515,000)

□ １つにつき２点。合計20点。

第３問

A．［資料Ⅱ］に関する会計処理

1．小切手が未渡しであるので，当座預金の減少を取り消す（増加させる）と同時に，広告宣伝の代金であるので，貸方は買掛金ではなく未払金とする。

（借）当座預金　66,000　（貸）未払金　66,000

2．検収基準を採用しているため，売上の計上時期は，本来，20X2年４月２日のはずであるが，これを３月30日に計上しているため，取り消しの仕訳を行う。なお，売上原価は未計上であるので修正は不要である。

（借）売上　100,000　（貸）売掛金　100,000

3．退職給付引当金を取り崩すとともに，仮払金を減少させる。

（借）退職給付引当金　50,000　（貸）仮払金　50,000

4．まず，20X1年４月１日に行っている仕訳は次のとおりである。支払リース料総額から利息相当額を控除する方法を採用しているため，*¥300,000*（＝*¥60,000*×５回）ではなく見積現金購入価額である*¥285,000*でリース資産・リース債務を計上していることに注意すること。

（借）リース資産　285,000　（貸）リース債務　285,000（記帳済み）

この処理を前提に，20X2年３月31日における１回目のリース料の支払いの会計処理を行うと，定額法を採用しているため，リース債務の減少額は*¥57,000*（＝*¥285,000*÷５回）であり，支払額*¥60,000*との差額は支払利息として処理することになる（もちろん，（*¥300,000*－*¥285,000*）÷５回と計算してもよい）。

（借）リース債務　57,000　（貸）現金　60,000
　　　支払利息　3,000

なお，上記の処理から，決算整理前残高試算表におけるリース資産とリース債務はともに*¥285,000*である（１回目の支払いの処理が行われていないので，リース債務は*¥285,000*のままである）。このことから，決算整理前残高試算表の借方合計および貸方合計は*¥11,602,750*であり，差額で資本金を*¥2,000,000*と求めることができる。念のため決算整理前残高試算表を再掲すると次のとおりである（減価償却費については細分化して示している）。

決算整理前残高試算表

20X2年3月31日　　(単位：円)

借　方	勘定科目	貸　方
82,000	現金	
414,000	当座預金	
800,000	売掛金	
636,000	商品	
140,000	仮払法人税等	
50,000	仮払金	
105,000	前払費用	
	貸倒引当金	6,000
2,400,000	建物	
	建物減価償却累計額	805,500
612,000	備品	
	備品減価償却累計額	179,000
285,000	リース資産	
	リース資産減価償却累計額	52,250
235,000	ソフトウェア	
125,000	その他有価証券	
	買掛金	520,000
	リース債務（固定負債）	285,000
	退職給付引当金	510,000
	資本金	2,000,000
	繰越利益剰余金	745,000
	売上	6,500,000
3,900,000	売上原価	
980,000	給料	
110,000	退職給付費用	
165,000	通信費	
330,000	支払家賃	
49,500+77,000+52,250	減価償却費	
55,000	ソフトウェア償却	
11,602,750		11,602,750

B．［資料Ⅲ］に関する会計処理

1．［資料Ⅱ］2．によって売掛金が￥100,000減少していることに注意が必要である。

（￥800,000－￥100,000）×1％－￥6,000＝￥1,000

（借）貸倒引当金繰入　1,000　（貸）貸倒引当金　1,000

2．商品を発送（出荷）して，検収待ちの商品がある場合，次の点に注意が必要である（ただし，売上の計上基準として，検収基準を用いていることが前提である）。

●まだ顧客による検収が終わっていないので，検収待ちの商品に係る売上は計上されない。

●商品勘定（資産）には，自社の倉庫等に保管してある分だけでなく，検収待ちの分も含まれる。

●商品有高帳は，自社の倉庫等に保管している商品の増減を記帳しているものであるから，商品有高帳の期末における有高には検収待ちの分が含まれていない。

●同様に，実地棚卸も自社の倉庫等に保管している商品を数えているのであるから，実地棚卸数量には検収待ちの分が含まれていない。

以上より，商品勘定（資産）に計上すべき分（棚卸減耗反映前）は530個分であり，棚卸減耗によって20個減って，商品勘定（資産）に計上すべき分（棚卸減耗反映後）は510個であることがわかる。つまり，20個分の棚卸減耗損￥24,000（＝20個×￥@1,200）を計上することになる。

（借）棚卸減耗損　24,000　（貸）商品　24,000

※三分法ではなく売上原価対立法を用いている点に注意すること。

3．有形固定資産の減価償却を月次で行って2月分まで計上している場合，決算整理で計上すべき減価償却費は，「年間の減価償却費－2月までに計上した減価償却費」として求める。月次決算で計上している金額は概算値かもしれないためである。

① 建物

年間の減価償却費：（￥2,400,000－￥2,400,000×10％）÷40年＝￥54,000

2月までに計上した減価償却費：￥4,500×11か月＝￥49,500

決算整理で計上すべき減価償却費：￥54,000－￥49,500＝￥4,500

（借）減価償却費　4,500　（貸）建物減価償却累計額　4,500

② 備品

期首における減価償却累計額：￥179,000－2月までに計上した減価償却累計額（￥7,000×11か月＝￥77,000）＝￥102,000

年間の減価償却費：（取得原価￥612,000－期首における減価償却累計額￥102,000）$\times\frac{1}{12}\times 2$＝￥85,000

※期首における減価償却累計額を控除する点に注意すること。

2月までに計上した減価償却費：￥7,000×11か月＝￥77,000

決算整理で計上すべき減価償却費：￥85,000－￥77,000＝￥8,000

（借）減価償却費　8,000　（貸）備品減価償却累計額　8,000

③ リース資産

年間の減価償却費：（￥285,000－￥0）÷5年＝￥57,000

2月までに計上した減価償却費：￥4,750×11か月＝￥52,250

決算整理で計上すべき減価償却費：¥57,000－¥52,250＝¥4,750

（借）	減価償却費	4,750	（貸）	リース資産減価償却累計額	4,750

4．自社利用のソフトウェアは，残存価額をゼロとして定額法で償却する。また，記帳方法は直接法である。このため，決算整理前残高試算表の数値の読み方に注意する必要がある。決算整理前残高試算表において，ソフトウェアは¥235,000計上されているが，これは取得原価ではなく，「取得原価—前期の償却額（２か月分）－当期の月次決算における償却額×11か月」である。上記のように，月次決算における償却額は概算値の可能性があるため，「¥235,000÷（60か月－２か月－11か月）×60か月」として取得原価を求めると誤った数値になる可能性がある。そこで，改めて数値を整理すると，

決算整理前残高試算表の残高¥235,000＝取得原価－前期の償却額（２か月分）－¥5,000×11か月

であるから，

取得原価－前期の償却額（２か月分）＝¥290,000

となる。よって，

取得原価＝¥290,000÷（60か月－２か月分）×60か月＝¥300,000

と求められる。よって，次のように算定できる。

年間の減価償却費：（¥300,000－¥0）÷5年＝¥60,000

２月までに計上した減価償却費：¥5,000×11か月＝¥55,000

決算整理で計上すべき減価償却費：¥60,000－¥55,000＝¥5,000

（借）	ソフトウェア償却	5,000	（貸）	ソフトウェア	5,000

※結果的に，月次決算における償却額と同額を計上することになるが，上記のように，月次決算における償却額は概算値の可能性があるため，このように慎重に計算することが望まれる。

5．その他有価証券の帳簿価額は¥125,000であるから，評価差額は¥20,000（＝¥145,000－¥125,000）であり，繰延税金負債は¥6,000（＝¥20,000×実効税率30％）となる。

（借）	その他有価証券	20,000	（貸）	その他有価証券評価差額金	14,000
				繰延税金負債	6,000

6．ドル建ての買掛金の帳簿価額は¥98,000であり，決算時の為替相場による円換算額は¥102,000（＝1,000ドル×¥102）であるから，差額の¥4,000の為替差損（為替差損益）を計上するとともに，買掛金を同額増加させる。

（借）	為替差損益	4,000	（貸）	買掛金	4,000

7．翌年度に支払う分のリース債務を流動負債に振り替える。このさい，支払リース料¥60,000ではなく，［資料Ⅱ］４.で計算したリース料支払時のリース債務の減少額を振り替える点に注意すること。

（借）	リース債務(固定負債)	57,000	（貸）	リース債務(流動負債)	57,000

※ここでは敢えて（固定負債），（流動負債）という名称を付しているが，貸借対照表の作成時に識別できればこのような名称でなくとももちろんかまわない。

8．退職給付引当金は，［資料Ⅱ］３.の処理で¥50,000減少している。よって，この処理の直前における残高は¥460,000（決算整理前残高試算表の残高¥510,000－¥50,000）である。期末に計上されているべき残高が¥468,000であるから，差額の¥8,000を退職給付費用，退職給付引当金として計上する。

（借）	退職給付費用	8,000	（貸）	退職給付引当金	8,000

9．１年分で¥180,000であるから，１か月当たり¥15,000である。つまり，月次決算における計上額は概算値ではなく適切な値であるので，３月も同額となる。

（借）	通信費	15,000	（貸）	前払費用	15,000

10．計上すべき法人税，住民税及び事業税が¥185,000であり，計上されている仮払法人税等（中間納付額）が¥140,000であるから，差額の¥45,000を未払法人税等として計上する。

（借）	法人税，住民税及び事業税	185,000	（貸）	仮払法人税等	140,000
				未払法人税等	45,000

以上をまとめて決算整理後残高試算表を作成すると次のようになる。

決算整理後残高試算表

20X2年3月31日　（単位：円）

借　方	勘定科目	貸　方
22,000	現金	
480,000	当座預金	
700,000	売掛金	
612,000	商品	
90,000	前払費用	
	貸倒引当金	7,000
2,400,000	建物	
	建物減価償却累計額	810,000
612,000	備品	
	備品減価償却累計額	187,000
285,000	リース資産	
	リース資産減価償却累計額	57,000
230,000	ソフトウェア	
145,000	その他有価証券	
	買掛金	524,000
	未払金	66,000
	未払法人税等	45,000
	リース債務(流動負債)	57,000
	リース債務(固定負債)	171,000
	退職給付引当金	468,000
	繰延税金負債	6,000
	資本金	2,000,000
	繰越利益剰余金	745,000
	その他有価証券評価差額金	14,000
	売上	6,400,000
3,900,000	売上原価	
24,000	棚卸減耗損	
980,000	給料	
118,000	退職給付費用	
180,000	通信費	
330,000	支払家賃	
196,000	減価償却費	
60,000	ソフトウェア償却	
1,000	貸倒引当金繰入	
3,000	支払利息	
4,000	為替差損益	
185,000	法人税，住民税及び事業税	
11,557,000		11,557,000

第4問（28点）

(1)（12点）

	仕		訳	
	借　方　科　目	金　額	貸　方　科　目	金　額
1	ウ（賃　金・給　料）	4,000,000	エ（本　社）	4,000,000
2	エ（製 造 間 接 費）	240,000	イ（本　社）	240,000
3	ア（本　社）	16,000,000	エ（製　品）	16,000,000

仕訳1組につき4点。計12点。

(2)（16点）

問1　部門費配賦表の作成

部　門　費　配　賦　表　（単位：円）

費　目	配賦基準	合　計	製造部門		補助部門	
			第1製造部	第2製造部	動力部	工場事務部
部 門 費		1,109,000	505,000	379,000	140,000	85,000
動力部費	電力消費量		80,000	60,000		
工場事務部費	従業員数		55,000	30,000		
製造部門費		1,109,000	640,000	469,000		

問2	製造指図書No.30に対する製造間接費配賦額	654,000円
問3	第2製造部の原価差異（部門費差異）	（借方）・貸方　7,000円

（注）問3は借方差異のときは借方に，貸方差異のときは貸方に（　）をつける。

□ 1つにつき4点。計16点。合計28点。

第4問

(1)

1．直接工と間接工の賃金・給料を支払った工場側の取引である。借方には賃金・給料勘定で4,000,000円を記入し，貸方には本社勘定で4,000,000円を記入する。

2．工場空調点検を外部業者に委託した工場側の取引である。借方には製造間接費勘定で240,000円を記入し，貸方には本社勘定で240,000円を記入する。

3．製品を販売した工場側の取引である。借方には本社勘定で16,000,000円を記入し，貸方には製品勘定で16,000,000円を記入する。

(2)

部門費計算などの問題である。補助部門費の配賦は直接配賦法により行う。

問1　部門費配賦表の作成

補助部門費の配賦

直接配賦法により，補助部門費を製造部門に割り当てる。例えば電力消費量は750kWhであるが，補助部門に提供した50kWhは無視する。

動力部費　第1製造部　$140{,}000円 \times \frac{400kWh}{400kWh + 300kWh} = 80{,}000円$

第2製造部　$140{,}000円 \times \frac{300kWh}{400kWh + 300kWh} = 60{,}000円$

工場事務部費　第1製造部　$85{,}000円 \times \frac{55人}{55人 + 30人} = 55{,}000円$

第2製造部　$85{,}000円 \times \frac{30人}{55人 + 30人} = 30{,}000円$

補助部門費配賦後の第1製造部費

部門費505,000円＋補助部門費配賦額（80,000円＋55,000円）＝640,000円

補助部門費配賦後の第2製造部費

部門費379,000円＋補助部門費配賦額（60,000円＋30,000円）＝469,000円

問2　予定配賦率を計算したのちに，指図書への配賦額を計算する。

第1製造部　予算額6,900,000円÷予定直接作業時間15,000時間＝460円

第2製造部　予算額4,400,000円÷予定直接作業時間10,000時間＝440円

製造指図書No.30の製造間接費配賦額　460円×800時間＝368,000円

440円×650時間＝286,000円

計　654,000円

問3　第2製造部の原価差異

予定配賦額　予定配賦率440円×（650時間＋400時間）＝462,000円

補助部門費配賦後の第2製造部費　469,000円

462,000円－469,000円＝－7,000円（借方）

第 5 問（12点）

問 1

	435,000 円（　有利差異　・　不利差異（○）　）

問 2

予 算 差 異	135,000 円（　有利差異　・　不利差異（○）　）
能 率 差 異	75,000 円（　有利差異　・　不利差異（○）　）
操業度差異	225,000 円（　有利差異　・　不利差異（○）　）

正解 1 つにつき 3 点。合計12点。

第 5 問

標準原価計算による差異分析を行う問題である。

問 1　製造間接費総差異は以下のように求める。

標準配賦率6,000円/時間×標準直接作業時間0.6時間×生産量1,500個
－実際発生額5,835,000円＝－435,000円（不利差異）

問 2

①予算差異……実際操業度の予算額と実際発生額との差異である。

変動費率　月間変動費予算額3,750,000円÷月間正常直接作業時間1,000時間
＝3,750円/時間

固定費率　標準配賦率6,000円/時間－変動費率3,750円/時間＝2,250円/時間

予算許容額　3,750円/時間×920時間＋2,250,000円＝5,700,000円

5,700,000円－実際発生額5,835,000円＝－135,000円（不利差異）

②能率差異……本問では変動費の標準直接作業時間と実際直接作業時間との差異である。

（標準直接作業時間0.6時間×1,500個－実際直接作業時間920時間）
×変動費率3,750円/時間＝－75,000円（不利差異）

③操業度差異……本問では能率差異を変動費のみとしているため，固定費能率差異と操業度差異の両方の合計となる。

（標準直接作業時間0.6時間×1,500個－月間正常直接作業時間1,000時間）
×固定費率2,250円/時間＝－225,000円（不利差異）

（製造間接費差異の分析）

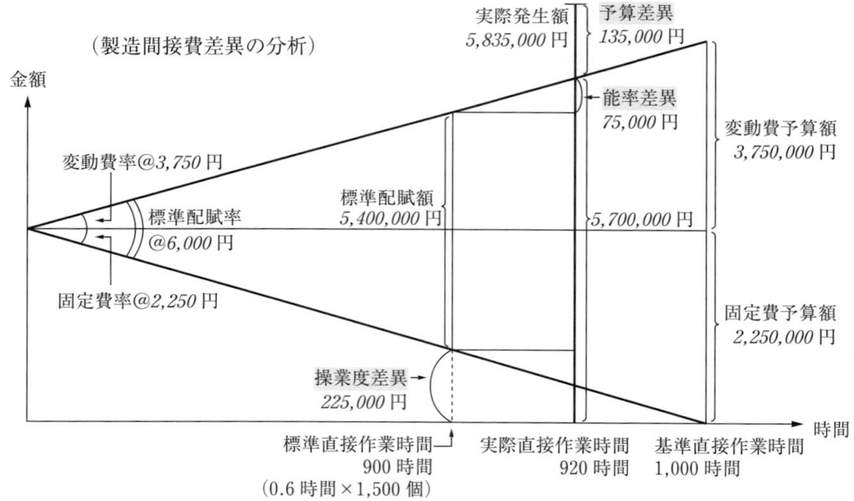

解　答

第1問（20点）

	仕		訳	
	借　方　科　目	金　額	貸　方　科　目	金　額
1	ウ(未　収　入　金)	*1,582,500*	イ(売買目的有価証券) カ(有価証券売却益)	*1,579,500* *3,000*
2	ア(売　掛　金) カ(売　上　原　価)	*75,000* *50,000*	ウ(売　上) イ(商　品)	*75,000* *50,000*
3	ウ(満期保有目的債券) エ(未　収　利　息)	*3,000* *12,500*	カ(有価証券利息)	*15,500*
4	ア(当　座　預　金)	*180,000*	ウ(買　掛　金) エ(未　払　金)	*130,000* *50,000*
5	エ(備品減価償却累計額) ウ(貯　蔵　品) カ(固定資産除却損)	*485,000* *120,000* *295,000*	ア(備　品)	*900,000*

仕訳１組につき４点。合計20点。

解　説

1．有価証券の売却に関する取引

売却した売買目的有価証券の原価は，平均原価法により計算する。

払出単価　$\frac{@￥1,080\times 700株 + @￥1,050\times 800株 + @￥1,020\times 500株}{700株 + 800株 + 500株} = @￥1,053$

払出価額　@￥*1,053*×1,500株＝￥*1,579,500*

売却価額　@￥*1,055*×1,500株＝￥*1,582,500*

売却損益　￥*1,582,500*－￥*1,579,500*＝￥*3,000*（売却益）

なお，売却代金は次月末に受け取るため，未収入金として処理を行うことに注意すること。

2．商品仕入時に商品勘定に記入し，販売のつどその原価を売上原価勘定に振り替える方法で記帳している場合，販売価格にもとづき売上を計上するとともに，取得原価にもとづいて売上原価を計上することになる。

仕訳例を示すと次のようになる。

商品仕入時	販　売　時
(借)商　品 ×××　(貸)○○○ ×××	(借)○○○ ×××　(貸)売　上 ××× (借)売上原価 ×××　(貸)商　品 ×××

この方法では，三分法のような決算時の売上原価に関する処理が不要となる。

3．満期保有目的債券の償却原価法（定額法）による評価と利息の未収分の処理を求める問題である。償却原価法は，満期保有目的債券を額面金額より低い価額または高い価額で取得した場合において，額面金額と取得原価の差額が金利調整差額と認められる場合，その額を取得日から満期日（償還日）に至るまで毎期均等額を貸借対照表価額に加減する方法である。

取得時（X1年７月１日）および最初の利払日の仕訳（X1年12月31日）は，次のようになる。

取得時：(借)　満期保有目的債券　*1,980,000**　(貸)　現　金　預　金　*1,980,000*

＊社債額面￥*1,980,000*＝￥*2,000,000*×$\frac{￥99}{￥100}$

利払日：(借)　現　金　預　金　*25,000*　(貸)　有価証券利息　*25,000**

＊社債額面￥*25,000*＝￥*2,000,000*×2.5%×$\frac{6か月}{12か月}$

決算日（X2年３月31日）において，償却原価法（定額法）は，次のような仕訳となる。

(借)　満期保有目的債券　*3,000**　(貸)　有価証券利息　*3,000*

＊金利調整差額￥*3,000*＝（額面金額￥*2,000,000*－￥*1,980,000*）

×当期の経過月数$\frac{9か月（7月1日〜3月31日）}{5年\times 12か月}$

これに，利息の未収分￥*12,500*＝￥*2,000,000*×2.5%×$\frac{3か月}{12か月}$を加えた仕訳が解答となる。

4．未渡小切手に関する取引

〈参考〉小切手振出し時の仕訳

(借)　買　掛　金　*130,000*　(貸)　当　座　預　金　*130,000*

(借)　広告宣伝費　*50,000*　(貸)　当　座　預　金　*50,000*

小切手を振り出してはいるものの，実質的にはまだ支払いを行っていないため，当座預金の減少を取り消すこととなる。その際に，広告宣伝はすでに行っているため，その費用である広告宣伝費を取り消すのではなく，未払金勘定を用いる点に注意すること。

5．２種類の備品を除却した取引である。除却とは，固定資産がその企業にとって不要となったり，古くなって使用できなくなったりしたために，帳簿から取り除くことである。備品が滅失した場合も除却処理される。

備品Aについては，帳簿価額から貯蔵品を差し引いた額が固定資産除却損（費用）となることに注意する。

備品A　取得原価￥*600,000*－備品減価償却累計額￥*285,000*－貯蔵品￥*120,000*

＝固定資産除却損￥*195,000*

備品B　取得原価￥*300,000*－備品減価償却累計額￥*200,000*

＝固定資産除却損￥*100,000*

第2問（20点）

①	②	③	④	⑤
カ	オ	ア	シ	*500,000*円

⑥	⑦	⑧	⑨	⑩
サ	ケ	タ	セ	*65,500*円

正解1つにつき2点。合計20点。

解　説

(1) 貸借対照表の資産の部は，（流動資産）と（①カ．固定資産）に区分され，（①カ．固定資産）はさらに有形固定資産，無形固定資産，投資その他の資産に区分される。（②オ．子会社株式）は，投資その他の資産に区分される勘定科目である。

(2) 売買目的有価証券は，前期末に計上した評価差額について，翌期首に（切放）処理または（③ア．洗替）処理を行う。（③ア．洗替）処理を行うことにより，翌期首の帳簿価額は加減算され（④シ．取得原価）の金額に戻ることになる。

(3) 株主資本等変動計算書は，貸借対照表の純資産の部の期中における変動を明らかにするために作成される。例えば，株主総会において，配当金*500,000*円，利益準備金の積み立てて*50,000*円が決議された場合は，株主資本等変動計算書の純資産合計は（⑤　*500,000*）円減少することになる。

〈株主総会時の仕訳〉　（単位：円）

（借）	繰越利益剰余金	*550,000*	（貸）未払配当金	*500,000*
			利益剰余金	*50,000*

※仕訳より，繰越利益剰余金が*550,000*円減少し，利益準備金が*50,000*円増加することになるため，純資産合計は*500,000*円減少する。

(4) （支店独立）会計制度とは，会社が支店を設ける場合に，支店において本店とは別に主要簿を設ける場合をいい，その会計を本支店会計という。また，支店が複数ある場合に（⑥サ．支店分散）計算制度を採用する場合，2つの支店間で現金*100*円の送金・入金が行われた場合は，本店において仕訳を行わないことになる。

※なお，本店集中計算制度においては，本店が以下の仕訳を行う。

（借）○○支店　××　（貸）△△支店　××

(5) 外貨建取引において商品を掛仕入した場合，原則として仕入取引が発生した時点の為替相場である（⑦ケ．直物）為替相場による円価額で記帳しなければならない。また外貨建取引等会計処理基準では（⑧タ．二取引）基準が採用されており，その後の為替相場変動の影響を売上総利益の計算には含めず，為替差損益として把握することになる。

(6) 商品売買における払出単価の決定方法はいくつかあるが，（⑨セ．総平均）法は，例えば1か月など，一定期間に受け入れた総額を受け入れ数量の合計で割って求めた平均単価をその期間の払出単価とする方法である。次に示す4月中の商品売買（スーツ）に関する資料を（⑨セ．総平均）法で払出単価を計算した場合，4月末の売上原価は（*183,500*）円，売上総利益は（⑩　*65,500*）円となる。なお，消費税については考慮する必要はない。

〈スーツ〉

4月1日	前月繰越	5着	@¥*35,000*	
6日	仕入	3着	@¥*38,000*	
14日	売上	6着	@¥*49,800*	
15日	売上戻り	1着		14日売上分
22日	仕入	4着	@¥*39,000*	
23日	仕入戻し	2着		22日仕入分

※純売上高：総売上高－売上戻り高

¥*249,000*＝4月14日売上¥*298,800*(@¥*49,800*×6着)－4月15日売上戻り高¥*49,800*(@¥*49,800*×1着)

※⑨（総平均）法による4月の平均単価

@¥*36,700*＝{前月繰越高¥*175,000*(@¥*35,000*×5着)＋4月6日仕入高¥*114,000*(@¥*38,000*×3着)＋4月22日仕入高¥*156,000*(@¥*39,000*×4着)－4月23日仕入戻し高¥*78,000*(@¥*39,000*×2着)}÷(前月繰越5着＋4月6日3着＋4月22日4着－4月23日2着)

※売上原価

¥*183,500*＝@¥*36,700*(総平均法による平均単価)×5着(4月14日6着－4月15日1着)

※売上総利益

¥*65,500*＝¥*249,000*(純売上高)－¥*183,500*（売上原価）

第 3 問（20点）

精　　算　　表

（単位：円）

勘定科目	残高試算表		修正記入		損益計算書		貸借対照表	
	借方	貸方	借方	貸方	借方	貸方	借方	貸方
現金	131,500						131,500	
当座預金	1,000,000		98,000				1,598,000	
			500,000					
売掛金	748,500		1,500	50,000			700,000	
電子記録債権	300,000			100,000			200,000	
繰越商品	600,000		720,000	600,000			702,000	
				18,000				
売買目的有価証券	295,000		10,000				305,000	
仮払金	200,000			200,000			–	
仮払法人税等	46,500			46,500			–	
仮払消費税	280,000			280,000			–	
火災未決算	550,000			550,000			–	
建物	750,000						750,000	
備品	600,000			120,000			480,000	
繰延税金資産	30,000		5,000				35,000	
買掛金		550,000						550,000
未払配当金		200,000	200,000					–
仮受消費税		350,000	350,000					–
退職給付引当金		185,000		15,000				200,000
貸倒引当金		40,000	40,000	18,000				18,000
建物減価償却累計額		312,500		25,000				337,500
備品減価償却累計額		180,000		75,000				255,000
資本金		2,000,000						2,000,000
利益準備金		100,000						100,000
繰越利益剰余金		1,082,500						1,082,500
売上		4,000,000				4,000,000		
仕入	2,500,000		600,000	720,000	2,380,000			
給料	600,000				600,000			
支払家賃	200,000			50,000	150,000			
その他販管費	168,500				168,500			
	9,000,000	9,000,000						
（貸倒）損失			10,000		10,000			
電子記録債権売却(損)			2,000		2,000			
火災（損失）			50,000		50,000			
（研究開発）費			120,000		120,000			
（為替）差損益				1,500		1,500		
貸倒引当金繰入			18,000		18,000			
棚卸減耗損			18,000		18,000			
減価償却費			25,000		100,000			
			75,000					
有価証券評価(益)				10,000		10,000		
退職給付費用			15,000		15,000			
（前払）家賃			50,000				50,000	
未払消費税				70,000				70,000
法人税、住民税及び事業税			100,000		100,000			
未払法人税等				53,500				53,500
法人税等調整額				5,000		5,000		
当期純（利益）					285,000			285,000
			3,007,500	3,007,500	4,016,500	4,016,500	4,951,500	4,951,500

□ 1つにつき２点。合計20点。

第3問

A．［資料Ⅰ］に関する会計処理

1．前期の販売から生じた売掛金が貸し倒れているので，売掛金と貸倒引当金を相殺するが，貸倒引当金が￥40,000しかないので，差額は貸倒損失として処理する。

（借）	貸倒引当金	40,000	（貸）	売掛金	50,000
	貸倒損失	10,000			

2．電子記録債権を割り引いた場合，手取金と電子記録債権の減少額との差額は，電子記録債権売却損として処理する。

（借）	当座預金	98,000	（貸）	電子記録債権	100,000
	電子記録債権売却損	2,000			

3．火災未決算勘定に有形固定資産の帳簿価額をそのまま振り替えているので，最終的に保険会社から保険金支払額の決定の通知を受けた時点で，火災未決算の額と保険金支払額との差額を火災損失として処理する（保険金支払額のほうが小さい場合）。そのさい，未収入金を計上しておき，後日保険金が振り込まれたさいに未収入金を減少させて当座預金を計上することになる。ただし，本問の場合，答案用紙に未収入金がなく，また，すでに保険金の振込みが行われていることから，未収入金を計上せずに次のように処理することになる。

（借）	当座預金	500,000	（貸）	火災未決算	550,000
	火災損失	50,000			

4．配当金を支払った時には未払配当金を減少させるべきであるが，仮払金として処理しているので，仮払金を減少させるとともに，未払配当金を減少させる。

（借）	未払配当金	200,000	（貸）	仮払金	200,000

5．研究・開発活動のみに使用する器具の購入は，取得時に研究開発費として処理される。本問では，取得時に備品として計上しているので，備品を減少させるとともに研究開発費を計上する。なお，この備品の減少は当期の減価償却費の計算に影響するので注意が必要である。

（借）	研究開発費	120,000	（貸）	備品	120,000

6．取引発生日後に為替予約を付した場合，帳簿価額（￥31,500）と為替予約による円貨額（￥33,000＝300ドル×￥110）との差額は為替差損益として処理する（振当処理）。

（借）	売掛金	1,500	（貸）	為替差損益	1,500

B．［資料Ⅱ］に関する会計処理

1．［資料Ⅰ］により，売掛金，貸倒引当金，電子記録債権ともに増減しているので，それらを考慮する必要がある。

売掛金残高：￥748,500－￥50,000＋￥1,500＝￥700,000
電子記録債権残高：￥300,000－￥100,000＝￥200,000
貸倒引当金残高：￥40,000－￥40,000＝￥0
貸倒引当金繰入：（￥700,000＋￥200,000）×2％－￥0＝￥18,000

（借）	貸倒引当金繰入	18,000	（貸）	貸倒引当金	18,000

2．期首商品棚卸高は決算整理前残高試算表から￥600,000であることがわかる。また，期末商品棚卸高は￥720,000（＝400個×@￥1,800）である。ただし，棚卸減耗が生じており，棚卸減耗損は，￥18,000（＝(400個－390個)×@￥1,800）である（独立の科目として示すため，仕入勘定には振り替えない）。なお，商品評価損は生じていない。

（借）	仕入	600,000	（貸）	繰越商品	600,000
（借）	繰越商品	720,000	（貸）	仕入	720,000
（借）	棚卸減耗損	18,000	（貸）	繰越商品	18,000

3．建物の減価償却

（￥750,000－￥0）÷30年＝￥25,000

（借）	減価償却費	25,000	（貸）	建物減価償却累計額	25,000

備品の減価償却

［資料Ⅰ］の処理により，備品の取得原価は￥480,000（＝￥600,000－￥120,000）であることがわかる。

（￥480,000－￥180,000）×0.125×2＝￥75,000

（借）	減価償却費	75,000	（貸）	備品減価償却累計額	75,000

4．売買目的有価証券の帳簿価額は合計で￥295,000であり，時価合計は￥305,000であるから，差額の￥10,000を有価証券評価益として計上する。なお，評価益と評価損を別個に計上する必要はない。

（借）	売買目的有価証券	10,000	（貸）	有価証券評価益	10,000

5．計上すべき退職給付引当金が￥200,000であり，決算整理前残高試算表における残高が￥185,000であるから，差額の￥15,000を費用，引当金として計上することになる。

（借）	退職給付費用	15,000	（貸）	退職給付引当金	15,000

6．向こう1年分を支払っているということは，決算整理前残高試算表における支払家賃￥200,000は，20X1年4月から20X1年7月までの4か月分と，20X1年8月からの12か月分の合計16か月分である。このうち，20X2年4月から20X2年7月までの4か月分は前払費用にすべきであるので，支払家賃から前払家賃に振り替える。金額は￥50,000（＝￥200,000×$\frac{4か月}{16か月}$）

（借）	前払家賃	50,000	（貸）	支払家賃	50,000

7．仮受消費税と仮払消費税を相殺し，差額を未払消費税として計上すればよい。

（借）	仮受消費税	350,000	（貸）	仮払消費税	280,000
				未払消費税	70,000

8．計上すべき法人税，住民税及び事業税が￥100,000であり，計上されている仮払法人税等（中間納付額）が￥46,500であるから，差額の￥53,500を未払法人税等として計上する。

（借）	法人税，住民税及び事業税	100,000	（貸）	仮払法人税等	46,500
				未払法人税等	53,500

9．期首の将来減算一時差異（￥120,000）に対しては，それに実効税率を乗じた額だけすでに繰延税金資産（￥30,000）が計上されている。よって，当期に追加で計上すべきは，期末の将来減算一時差異に実効税率を乗じた額そのものではなく，そこから￥30,000を控除した額となる。つまり，￥5,000（＝￥140,000×25％－￥30,000）となる。

（借）	繰延税金資産	5,000	（貸）	法人税等調整額	5,000

第４問（28点）

(1)（12点）

	仕		訳	
	借方科目	金額	貸方科目	金額
1	ア(仕掛品) ウ(製造間接費)	192,000 110,000	エ(賃金)	302,000
2	ア(仕掛品)	128,000	イ(製造間接費)	128,000
3	ア(製造間接費配賦差異)	7,000	ウ(製造間接費)	7,000

仕訳１組につき４点。計12点。

(2)（16点）

問１　通常不可避的に生ずる仕損は，（ ① ）と呼ばれる。（ ② ）は製品原価性をもつために良品が負担すべきであるが，それがいつ発生したかによって，その負担先が異なる。②は，第１工程では（ ③ ）のみが負担するが，第２工程では③と（ ④ ）とに負担させる。

問２　第１工程の月末仕掛品原価は，（ ⑤ ）円，完成品総合原価は（ ⑥ ）円である。

問３　第２工程当月製造費用の前工程費は（ ⑦ ）円，第２工程の月末仕掛品原価は（ ⑧ ）円，完成品総合原価の内訳は前工程費が（ ⑨ ）円，加工費が（ ⑩ ）円である。

①	正常仕損	②	正常仕損費	③	完成品	④	月末仕掛品
⑤	112,000	⑥	481,000	⑦	481,000		
⑧	301,650	⑨	498,000	⑩	631,200		

用語（①〜④）は１つにつき１点。数字（⑤〜⑩）は１つにつき２点。計16点。合計28点。

第４問

(1)

1．賃金を仕掛品・製造間接費に振り替える取引である。直接工の実際直接作業時間160時間×予定賃率1,200円＝192,000円を仕掛品勘定の借方に計上し，間接工の賃金110,000円（120,000円＋40,000円－50,000円）を製造間接費勘定に計上する。合計の302,000円を賃金勘定の貸方に計上する。

2．製造間接費を予定配賦により仕掛品に振り替える取引である。実際作業時間160時間×予定配賦率@800円＝128,000円を仕掛品勘定の借方と，製造間接費勘定の貸方に計上する。

3．1．と2．と3．の間接材料費の取引にもとづき，差額を製造間接費配賦差異に振り替える。1．と3．において借方に製造間接費が135,000円計上されており，2．において貸方に製造間接費が128,000円計上されている。差額7,000円が借方に残っているので，製造間接費勘定の貸方に7,000円を計上し，製造間接費配賦差異勘定の借方に7,000円計上する。

(2)

工程別総合原価計算において正常仕損が生ずる問題である。

問１　文章中の（　　）に語を入れる問題

通常不可避的に生ずる仕損は，（①正常仕損）と呼ばれる。（②正常仕損費）は製品原価性をもつために良品が負担すべきであるが，それがいつ発生したかによって，その負担先が異なる。②正常仕損費は，第１工程では，（③完成品）のみが負担するが，第２工程では③完成品と（④月末仕掛品）とに負担させる。

問２　第１工程の月末仕掛品原価と完成品総合原価を計算する問題

月末仕掛品原価の計算は，先入先出法によるから，月初仕掛品はすでに完成しているものと考えて完成品の原価とし，当月製造費用を（完成品数量－月初仕掛品数量）と月末仕掛品数量であん分する。正常仕損が工程の終点で発生しているので，正常仕損費は完成品のみに負担させる。

(1)　月末仕掛品原価

原料費　$176{,}000\text{円} \times \dfrac{60\text{個}}{130\text{個} - 40\text{個} + 10\text{個} + 60\text{個}} = 66{,}000\text{円}$

加工費　$322{,}000\text{円} \times \dfrac{60\text{個} \times \frac{1}{3}}{130\text{個} - 40\text{個} \times \frac{1}{2} + 10\text{個} + 60\text{個} \times \frac{1}{3}} = 46{,}000\text{円}$

⑤　月末仕掛品原価　66,000円＋46,000円＝112,000円

(2)　完成品総合原価

月初仕掛品原価＋当月製造費用－月末仕掛品原価＝完成品原価

原料費　40,000円＋176,000円－66,000円＝150,000円

加工費　55,000円＋322,000円－46,000円＝331,000円

⑥　完成品総合原価　150,000円＋331,000円＝481,000円

	原料費		加工費	
月初仕掛品	40個	*40,000*	20個	*55,000*
当月投入	160個	*176,000*	140個	*322,000*
合計	200個	*216,000*	160個	*377,000*
月末仕掛品	60個	*66,000*	20個	*46,000*
仕損	10個	−	10個	−
完成品	130個	*150,000*	130個	*331,000*

問３　第２工程の前工程費，月末仕掛品原価，完成品総合原価を計算する問題

月末仕掛品原価の計算は第１工程と同じく先入先出法である。

正常仕損が工程の途中で発生しているので，正常仕損費は完成品と月末仕掛品に負担させる。

(1)　当月製造費用の前工程費

第１工程の完成品（130個）は，第２工程に引き継がれて加工される。したがって，第１工程の完成品原価*481,0000*円は第２工程の前工程費として計算される。

⑦　当月製造費用の前工程費　*481,000*円

(2)　月末仕掛品原価

前工程費　$481{,}000\text{円}\times\dfrac{40\text{個}}{120\text{個}-60\text{個}+40\text{個}}=192{,}400\text{円}$

加 工 費　$655{,}500\text{円}\times\dfrac{40\text{個}\times\frac{1}{2}}{120\text{個}-60\text{個}\times\frac{1}{3}+40\text{個}\times\frac{1}{2}}=109{,}250\text{円}$

⑧　月末仕掛品原価　*192,400*円＋*109,250*円＝*301,650*円

(3)　完成品総合原価の内訳

⑨　前工程費　*209,400*円＋*481,000*円－*192,400*円＝*498,000*円

⑩　加 工 費　*84,950*円＋*655,500*円－*109,250*円＝*631,200*円

	第１工程完成品		加工費	
月初仕掛品	60個	*209,400*	20個	*84,950*
当月投入	100個	*481,000*	120個	*655,500*
合計	160個	*690,400*	140個	*740,450*
月末仕掛品	40個	*192,400*	20個	*109,250*
仕損	−	−	−	−
完成品	120個	*498,000*	120個	*631,200*

解　答

第 5 問（12点）

(1)	総　　差　　異	856,000 円（借）
	材 料 数 量 差 異	40,000 円（貸）
	材 料 価 格 差 異	896,000 円（借）
(2)	総　　差　　異	660,000 円（借）
	労 働 時 間 差 異	250,000 円（借）
	労 働 賃 率 差 異	410,000 円（借）
(3)	総　　差　　異	500,000 円（借）
	予　算　差　異	360,000 円（貸）
	能　率　差　異	300,000 円（借）
	操 業 度 差 異	560,000 円（借）

（注）（　　）内には，借または貸と記入すること。

□ 1つにつき 2 点。合計12点。

図 1　（直接材料費差異の分析）

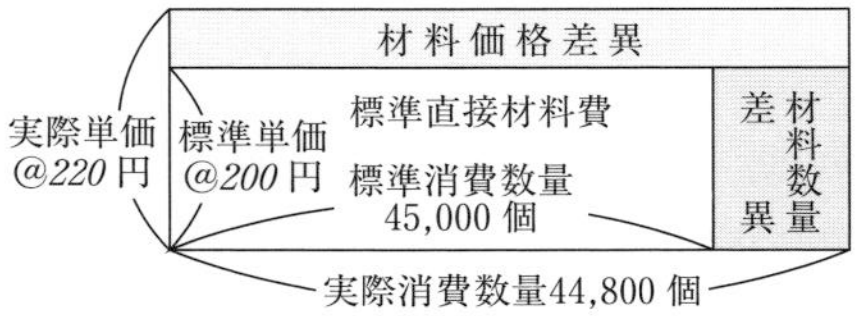

図 2　（直接労務費差異の分析）

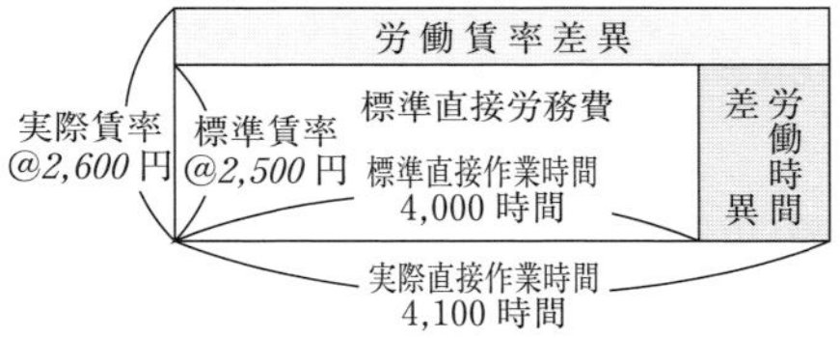

図 3　（製造間接費差異の分析）

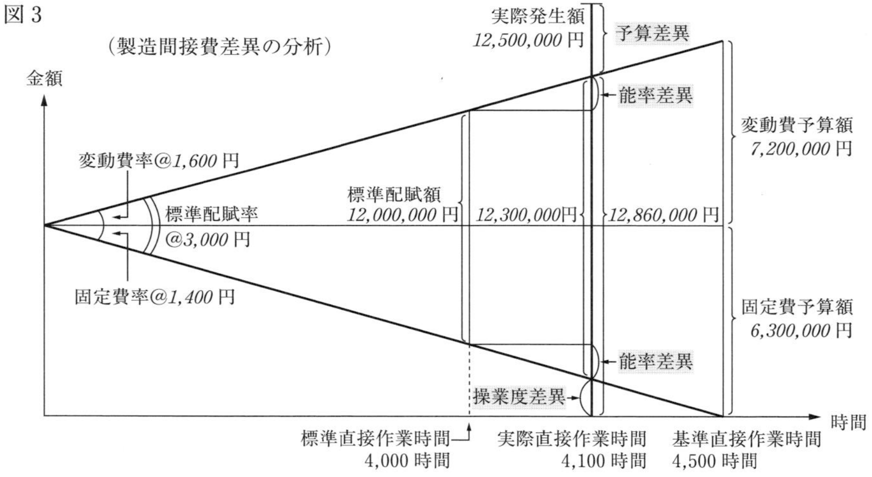

解　説

第 5 問

標準原価計算の基本的な問題で，材料費・労務費・製造間接費の差異を分析する問題である。

(1)　直接材料費差異（図 1 参照）

直接材料費差異は，直接材料費の標準消費額と実際消費額との差異である。

①　総　　差　　異　直接材料費差異の総額である。

標準消費額＝標準単価200円×標準消費数量(25(個)×着手量1,800(個))
＝9,000,000円

標準消費額9,000,000円－実際消費額9,856,000円＝－856,000円（借方差異）

②　材料数量差異　材料の標準消費数量と実際消費数量との差異である。

標準単価200円×(標準消費数量(25(個)×1,800(個))－実際消費数量44,800(個))
＝40,000円（貸方差異）

③　材料価格差異　材料の標準価格と実際価格との差異である。

(標準単価200円－実際単価220円)×実際消費数量44,800(個)＝－896,000円
（借方差異）

(2)　直接労務費差異（図 2 参照）

直接労務費差異は，直接労務費の標準消費額と実際消費額との差異である。

①　総　　差　　異　直接労務費差異の総額である。

標準消費額＝標準賃率2,500円×標準直接作業時間 2（時間）×※2,000(個)
＝10,000,000円

※当月の加工数量を計算　2,200(個)－600(個)×0.5＋200(個)×0.5＝2,000(個)

標準消費額10,000,000円－実際消費額10,660,000円＝－660,000円（借方差異）

②　労働時間差異　直接労務費の標準直接作業時間と実際直接作業時間との差異である。

標準賃率2,500円×（2 時間×2,000個－4,100時間）＝－250,000円（借方差異）

③　労働賃率差異　直接労務費の標準賃率と実際賃率との差異である。

(標準賃率2,500円－実際賃率2,600円)×実際直接作業時間4,100(時間)＝－410,000円
（借方差異）

(3)　製造間接費差異（図 3 参照）

製造間接費を変動予算によって分析する。標準配賦額と実際発生額との差異である。

①　総　　差　　異　製造間接費差異の総額である。

標準配賦額＝標準配賦率3,000円×標準直接作業時間 2（時間）×2,000(個)
＝12,000,000円

標準配賦額12,000,000円－実際発生額12,500,000円＝－500,000円（借方差異）

②　予　算　差　異　実際操業度の予算と実際発生額との差異である。

実際操業度の予算額　1,600円×4,100(時間)＋6,300,000円＝12,860,000円

実際操業度の予算額12,860,000円－12,500,000円＝360,000円（貸方差異）

③　能　率　差　異　標準直接作業時間と実際直接作業時間との差異である。

(標準直接作業時間 2 時間×2,000(個)－実際直接作業時間4,100時間)
×標準配賦率3,000円＝－300,000円（借方差異）

④　操 業 度 差 異　固定費予算と実際操業度の固定費標準配賦額との差異である。

固定費率　標準配賦率3,000円－変動費率1,600円＝1,400円

(実際操業度4,100時間－基準操業度4,500時間)×固定費率1,400円＝－560,000円
（借方差異）

第１問（20点）

	仕		訳	
	借　方　科　目	金　額	貸　方　科　目	金　額
1	カ(減価償却費) ウ(建物減価償却累計額) エ(未　決　算)	*78,750* *800,000* *2,621,250*	イ(建　物)	*3,500,000*
2	エ(利益準備金) イ(資本準備金)	*700,000* *500,000*	カ(繰越利益剰余金) ウ(その他資本剰余金)	*700,000* *500,000*
3	イ(仕　掛　品)	*950,000*	カ(給　料) キ(旅費交通費)	*720,000* *230,000*
4	カ(研究開発費)	*1,750,000*	ア(当座預金) エ(未　払　金)	*1,500,000* *250,000*
5	ウ(満期保有目的債券) オ(有価証券利息)	*24,625,000* *185,000*	ア(当座預金)	*24,810,000*

仕訳１組につき４点。合計20点。

解　説

1．火災により建物が焼失した取引である。建物が焼失したので，建物の取得原価¥*3,500,000*を貸方に，建物減価償却累計額の残高¥*800,000*を借方に記入する。また，建物が期中において焼失したため，期首から焼失時までの減価償却費¥*78,750*（$¥3,500,000 \times 0.9 \div 20年 \times \frac{6か月}{12か月}$）を借方に記入する。これにより，保険契約額は¥*3,000,000*であるが，帳簿価額¥*2,621,250*（取得原価¥*3,500,000*－減価償却累計額¥*800,000*－減価償却費¥*78,750*）がこの焼失による保険請求額となる。この保険請求額を未決算勘定（資産）の借方に記入する。

やがて，保険金の支払額が決定したら未収入金勘定の借方に，また未決算勘定の残高を貸方に記入する。未収入金勘定と未決算勘定の差額を火災損失勘定（費用）または保険差益勘定（収益）として処理する。

2．株主資本の計数の変動に関する問題である。

本問はまず，「利益準備金¥*700,000*，資本準備金¥*500,000*を取り崩すこととした」とあるので，両者を減額する処理を行う。次に，資本準備金および利益準備金の振替先を考える。利益準備金は，「繰越利益剰余金とした」と指示があるので，繰越利益剰余金を増額する。その結果，繰越利益剰余金は貸方残高となるため，資本準備金は払込資本と留保利益の区分を超えて，繰越利益剰余金に振り替える必要がなくなる。そのため，勘定科目群にあるその他資本剰余金を増額する。

繰越利益剰余金			利益準備金	
600,000	*700,000*	←	*700,000*	

その他資本剰余金			資本準備金	
	500,000	←	*500,000*	

3．サービス業の会計処理のうち，仕掛品に関する問題である。

サービス業においては，役務提供前に費やされた費用は，仕掛品勘定（資産）として処理を行い，役務提供時に役務原価勘定（費用）に振り替える。本問では，すでに個別の費用として処理していた金額が，特定の役務に費やされた費用ということが判明したので，問題文の指示どおり仕掛品勘定（資産）に振り替えを行う。

4．研究開発費に関する取引

「研究開発部門の人件費」，「研究開発用の材料」，「研究開発目的のみに使用する実験装置」は，いずれも研究開発費として処理を行う。給料勘定や備品勘定などを用いないように注意すること。

また，研究開発用の材料の購入代金¥*250,000*は翌月末払いとなっているので，未払金として処理を行う。

5．満期保有目的で社債を購入した取引である。購入したときは満期保有目的債券勘定（資産）の借方に払込金額（$¥25,000,000 \times \frac{¥98.5}{¥100} = ¥24,625,000$）で記入する。また，社債の利息は，利払日の社債所有者に支払われるので，利払日以外に社債を売買した場合，社債の買い手は，社債の売り手に前回の利払日の翌日から売買日までの利息を端数利息として支払う。そのため，前回の利払日の翌日である７月１日から８月６日までの37日間の端数利息を以下のとおり計算して，利息の支払いの記入も行う。

$$¥25,000,000 \times 7.3\% \times \frac{37日}{365日} = ¥185,000$$

第2問（20点）

（単位：円）

科目	個別財務諸表		修正・消去		連結財務諸表
	P　社	S　社	借　方	貸　方	
貸借対照表					連結貸借対照表
現金預金	26,000	8,650			34,650
受取手形	80,000	30,000		24,800	85,200
売掛金	60,000	65,000		30,300	94,700
商品	48,000	37,000		7,350	77,650
貸付金	50,000	－		50,000	－
前払費用	800	500			1,300
貸倒引当金	△ 2,800	△ 1,600			△ 4,400
建物	300,000	100,800			400,800
減価償却累計額	△ 85,000	△ 27,600			△ 112,600
土地	120,000	104,700			224,700
のれん			3,800	200	3,600
S社株式	63,010	－		63,010	－
資産合計	660,010	317,450	3,800	175,660	805,600
支払手形	41,000	28,000	24,800		44,200
買掛金	79,500	82,000	30,300		131,200
借入金	70,000	50,000	50,000		70,000
未払法人税等	25,000	10,100			35,100
前受収益	250	50			300
資本金	200,000	70,000	70,000		200,000
利益剰余金	244,260	77,300	350,450	309,500	280,610
非支配株主持分	－	－	1,200	45,390	44,190
負債純資産合計	660,010	317,450	526,750	354,890	805,600
損益計算書					連結損益計算書
売上高	900,000	600,000	300,000		1,200,000
売上原価	585,000	430,000	7,350	300,000	717,100
				5,250	
販売費	47,000	39,500			86,500
貸倒引当金繰入	1,800	860			2,660
一般管理費	66,000	41,200			107,200
減価償却費	38,000	20,800			58,800
のれん償却			200		200
受取利息	250	－	250		－
受取配当金	2,800	－	2,800		－
支払利息	250	340		250	340
固定資産売却益	－	1,200			1,200
法人税，住民税及び事業税	50,500	21,500			72,000
当期純利益	114,500	47,000	310,600	305,500	156,400
非支配株主に帰属する当期純利益			14,100		14,100
親会社株主に帰属する当期純利益	114,500	47,000	324,700	305,500	142,300

科目	個別財務諸表		修正・消去		連結財務諸表
	P　社	S　社	借　方	貸　方	
株主資本等変動計算書					連結株主資本等変動計算書
資本金					
当期首残高	200,000	70,000	70,000		200,000
当期末残高	200,000	70,000	70,000		200,000
利益剰余金					
当期首残高	129,760	34,300	20,500		138,310
			5,250		
当期純利益	114,500	47,000	324,700	305,500	142,300
剰余金の配当	－	△ 4,000		4,000	－
当期末残高	244,260	77,300	350,450	309,500	280,610
非支配株主持分					
当期首残高	－	－		31,290	31,290
当期変動額	－	－	1,200	14,100	12,900
当期末残高	－	－	1,200	45,390	44,190

（注）△が付されている数値はマイナスの数値である。

□ 1つにつき2点。合計20点。

※　株主資本等変動計算書の当期純利益の行について，「修正・消去」の欄に記入しているが，この欄に記入せずに，残高（連結財務諸表の列）に直接記入する（連結損益計算書の数値を書き写す）方法もある。また，貸借対照表の「修正・消去」の欄のうち，純資産項目についても記入しているが，これらの欄に記入せず，残高（連結財務諸表の列）に直接記入する（連結株主資本等変動計算書の数値を書き写す）方法もある。なお，連結精算表のレイアウトは一義に決まっておらず，これらを記入していなくともかまわない。このほかに，貸方項目に（　）を付して△を用いずに表記する方法などがある。

第2問

1．支配獲得時の連結仕訳

S社株式取得時におけるS社の純資産は，資本金￥70,000，利益剰余金￥14,300の合計￥84,300であり，その70%は￥59,010である。これを￥63,010で買い取っているので，取得時に生じるのれんは￥4,000となる。また，非支配株主持分は，純資産の簿価にもとづいて計算すればよいので，￥25,290となる。

(借)	資本金	70,000	(貸)	S社株式	63,010
	利益剰余金	14,300		非支配株主持分	25,290
	のれん	4,000			

2．前期の連結仕訳

(1) 開始仕訳

1．で行った仕訳の勘定科目名を，純資産項目について変更するだけである。

(借)	資本金当期首残高	70,000	(貸)	S社株式	63,010
	利益剰余金当期首残高	14,300		非支配株主持分当期首残高	25,290
	のれん	4,000			

(2) のれんの償却

支配獲得時に生じたのれんが￥4,000であり，その翌年度から20年間で均等償却を行っているので，年間償却額は￥200となる。

(借)	のれん償却	200	(貸)	のれん	200

(3) 子会社の利益の按分

S社の当期純利益のうち非支配株主に帰属する分を，非支配株主に帰属する当期純利益に振り替える。この計算は，S社の当期純利益に非支配株主の持分比率を乗じればよい（￥20,000×30%＝￥6,000）。

(借)	非支配株主に帰属する当期純利益	6,000	(貸)	非支配株主持分当期変動額	6,000

3．当期の連結仕訳

(1) 開始仕訳（未実現利益に関する分を除く）

2．で行った仕訳をまとめればよい。この際，損益の勘定科目はすべて利益剰余金当期首残高に集約する。また，純資産の科目については，すべて当期首残高にする。

(借)	資本金当期首残高	70,000	(貸)	S社株式	63,010
	利益剰余金当期首残高	20,500		非支配株主持分当期首残高	31,290
	のれん	3,800			

※　株主資本等変動計算書の「修正・消去」の欄の当期首残高の数値は，開始仕訳の値である。剰余金の配当と非支配株主持分の当期変動額の「修正・消去」の欄は，開始仕訳以外の連結仕訳の値である。

(2) のれんの償却

前期と同様に行う。

(借)	のれん償却	200	(貸)	のれん	200

(3) 子会社の利益の按分

2．(3)と同様に計算する（￥47,000×30%＝￥14,100）。

(借)	非支配株主に帰属する当期純利益	14,100	(貸)	非支配株主持分当期変動額	14,100

(4) 子会社の配当

S社が行った配当は￥4,000（このうちP社分が￥2,800）である。非支配株主の持分割合については，非支配株主持分勘定の減少として処理する。

(借)	受取配当金	2,800	(貸)	剰余金の配当	4,000
	非支配株主持分当期変動額	1,200			

なお，「剰余金の配当」勘定は，連結株主資本等変動計算書上の科目であり，連結貸借対照表上は利益剰余金勘定に含まれる。

(5) 収益と費用の相殺消去

持分比率にかかわらず，全額を消去する。

(借)	売上高	300,000	(貸)	売上原価	300,000
	受取利息	250		支払利息	250

(6) 債権と債務の相殺消去

持分比率にかかわらず，全額を消去する。

(借)	支払手形	24,800	(貸)	受取手形	24,800
	買掛金	30,300		売掛金	30,300
	借入金	50,000		貸付金	50,000

(7) 棚卸資産に係る未実現利益の消去

① 前期末の棚卸資産に係る未実現利益の消去仕訳に関する開始仕訳

子会社が保有している親会社から購入した商品の期首（前期末）棚卸高に，販売側である親会社の利益率を乗じて金額を算定する（￥15,000×35%＝￥5,250）。

この場合はS社がP社から商品を仕入れているのでダウンストリームになる。

ア．開始仕訳

子会社の期首商品に含まれる親会社の付加した未実現利益を控除する。

(借)	利益剰余金当期首残高	5,250	(貸)	商品	5,250

イ．当期分の調整

期首商品に含まれた利益は実現しているが，子会社が期中に処理済みで二重計上となるため，それを消す逆仕訳を行う。

(借)	商品	5,250	(貸)	売上原価	5,250

上記ア，イを整理した仕訳が①の当期の連結仕訳となる。

(借)	利益剰余金当期首残高	5,250	(貸)	売上原価	5,250

② 当期末の棚卸資産に係る未実現利益の消去仕訳

子会社が保有している親会社から購入した商品の期末棚卸高に，販売側である親会社の利益率を乗じて金額を算定する（￥21,000×35%＝￥7,350）。

(借)	売上原価	7,350	(貸)	商品	7,350

なお，本問では連結精算表を出題しているが，連結損益計算書や連結貸借対照表の作成問題が出題される可能性もあるので，念のため連結損益計算書や連結貸借対照表を示すと，次のようになる。

連結損益計算書

P社　　自20X8年4月1日　至20X9年3月31日　　(単位：円)

売上原価	717,100	売上高	1,200,000
販売費	86,500	固定資産売却益	1,200
貸倒引当金繰入	2,660		
一般管理費	107,200		
減価償却費	58,800		
のれん償却	200		
支払利息	340		
法人税, 住民税及び事業税	72,000		
当期純利益	156,400		
	1,201,200		1,201,200
非支配株主に帰属する当期純利益	14,100	当期純利益	156,400
親会社株主に帰属する当期純利益	142,300		
	156,400		156,400

連結株主資本等変動計算書

P社　　自20X8年4月1日　至20X9年3月31日　　(単位：円)

	資本金	利益剰余金	非支配株主持分
当期首残高	200,000	138,310	31,290
当期変動額			
当期純利益		142,300	
剰余金の配当		—	
当期変動額合計	—	142,300	12,900
当期末残高	200,000	280,610	44,190

連結貸借対照表

P社　　20X9年3月31日現在　　(単位：円)

現金預金	34,650	支払手形	44,200
受取手形	85,200	買掛金	131,200
売掛金	94,700	借入金	70,000
商品	77,650	未払法人税等	35,100
前払費用	1,300	前受収益	300
貸倒引当金	△ 4,400	資本金	200,000
建物	400,800	利益剰余金	280,610
減価償却累計額	△ 112,600	非支配株主持分	44,190
土地	224,700		
のれん	3,600		
	805,600		805,600

(△が付されている数値はマイナスの数値である。)

第3問（20点）

問1

損益計算書（一部）

自20X8年4月1日　至20X9年3月31日　（単位：円）

Ⅰ 売上高		（2,500,000）
Ⅱ 売上原価		
1．期首商品棚卸高	（180,000）	
2．当期商品仕入高	（1,446,500）	
合計	（1,626,500）	
3．期末商品棚卸高	（220,000）	（1,406,500）
売上総利益		（1,093,500）
Ⅲ 販売費及び一般管理費		
1．給料	（320,000）	
2．販売費	（145,000）	
3．減価償却費	（7,500）	
4．貸倒引当金繰入	（1,500）	
5．（広告費）	（35,000）	（509,000）
営業利益		（584,500）

貸借対照表

20X9年3月31日　（単位：円）

資産の部		
Ⅰ 流動資産		
1．現金預金		（200,000）
2．電子記録債権	（150,000）	
3．受取手形	（310,000）	
4．売掛金	（240,000）	
計	（700,000）	
貸倒引当金	（7,000）	（693,000）
5．商品		（220,000）
6．前払費用		（25,000）
流動資産合計		（1,138,000）
Ⅱ 固定資産		
(1) 有形固定資産		
1．建物	（300,000）	
減価償却累計額	（85,500）	（214,500）
2．土地		（1,200,000）
有形固定資産合計		（1,414,500）
(2) 投資その他の資産		
1．投資有価証券		（115,000）
投資その他の資産合計		（115,000）
固定資産合計		（1,529,500）
資産合計		（2,667,500）

負債の部	
Ⅰ 流動負債	
1．電子記録債務	（130,000）
2．支払手形	（183,000）
3．買掛金	（200,000）
4．短期借入金	（100,000）
5．未払金	（85,000）
6．未払法人税等	（185,850）
流動負債合計	（883,850）
Ⅱ 固定負債	
1．繰延税金負債	（6,000）
固定負債合計	（6,000）
負債合計	（889,850）
純資産の部	
Ⅰ 株主資本	
(1) 資本金	（1,000,000）
(2) 利益剰余金	
1．繰越利益剰余金	（768,650）
株主資本合計	（1,768,650）
Ⅱ 評価・換算差額等	
(1) その他有価証券評価差額金	（9,000）
評価・換算差額等合計	（9,000）
純資産合計	（1,777,650）
負債及び純資産合計	（2,667,500）

問2　翌期に繰り越される本店勘定　¥ 224,000

□ 1つにつき2点。合計20点。

第3問

残高試算表と決算整理事項等によって，本支店合併の損益計算書と貸借対照表を作成する問題である。

Ⅰ．決算整理事項等による整理仕訳

1．売上原価の計算

（本店）（借）仕入	120,000	（貸）繰越商品	120,000
（借）繰越商品	180,000	（貸）仕入	180,000
（支店）（借）仕入	60,000	（貸）繰越商品	60,000
（借）繰越商品	40,000	（貸）仕入	40,000

2．減価償却費

（本店）（借）減価償却費	5,000	（貸）減価償却累計額[※1]	7,500
支店[※2]	2,500		
（支店）（借）減価償却費	2,500	（貸）本店[※2]	2,500

※1　減価償却費　（取得原価¥300,000－残存価額¥0）÷40（年）＝¥7,500

※2　支店負担分　¥7,500×$\frac{1}{3}$＝¥2,500

3．貸倒引当金の計算

貸倒見積額　（電子記録債権¥100,000＋受取手形¥180,000＋売掛金¥120,000）×1％
＝¥4,000

貸倒見積額¥4,000－貸倒引当金期末残高¥3,500＝¥500

（本店）（借）貸倒引当金繰入	500	（貸）貸倒引当金	500

貸倒見積額　（電子記録債権¥50,000＋受取手形¥130,000＋売掛金¥120,000）×1％
＝¥3,000

貸倒見積額¥3,000－貸倒引当金期末残高¥2,000＝¥1,000

（支店）（借）貸倒引当金繰入	1,000	（貸）貸倒引当金	1,000

4．給料の未払計上

（本店）（借）給料	20,000	（貸）未払金	20,000
（支店）（借）給料	30,000	（貸）未払金	30,000

5．広告費の未払計上

（本店）（借）広告費	23,000	（貸）未払金	35,000
支店	12,000		
（支店）（借）広告費	12,000	（貸）本店	12,000

6．評価差額金の計上

期末時価¥115,000－帳簿価額¥100,000＝¥15,000

繰延税金負債　¥15,000×実効税率40％＝¥6,000

（本店）（借）その他有価証券	15,000	（貸）その他有価証券評価差額金	9,000
		繰延税金負債	6,000

7．販売費の前払い

（本店）（借）前払費用	10,000	（貸）販売費	10,000
（支店）（借）前払費用	15,000	（貸）販売費	15,000

8．未払法人税等の計上

税引前当期純利益¥619,500（営業利益¥584,500＋受取地代¥20,000
＋受取配当金¥15,000）×30％＝¥185,850

（本店）（借）法人税，住民税及び事業税	185,850	（貸）未払法人税等	185,850

Ⅱ．支店から本店へ利益の振替え

（本店）（借）支店	33,000	（貸）損益	33,000
（支店）（借）損益	33,000	（貸）本店	33,000

支店の損益¥33,000は，Ⅰの整理仕訳を行ったあとの支店の収益・費用から計算される。なお，この時点での支店の残高試算表（収益・費用のみ）を以下に示す。

残　高　試　算　表

仕入及び本店より仕入	766,500[※1]	売上	1,000,000
給料	150,000[※2]		
販売費	35,000[※3]		
広告費	12,000		
貸倒引当金繰入	1,000		
減価償却費	2,500		

※1　期首繰越商品¥60,000＋仕入¥246,500＋本店より仕入¥500,000
－期末繰越商品¥40,000＝¥766,500

※2　¥120,000＋¥30,000＝¥150,000

※3　¥50,000－¥15,000＝¥35,000

Ⅲ．本支店勘定

支　店

残高試算表	176,500		
減価償却費	2,500		
広告費	12,000		
損益	33,000		

本　店

		残高試算表	176,500
		減価償却費	2,500
		広告費	12,000
		損益	33,000

第4問（28点）

(1)（12点）

	仕		訳	
	借方科目	金額	貸方科目	金額
1	ウ(仕掛品)	300,000	イ(現金)	300,000
2	ア(製造間接費)	5,000	イ(材料)	5,000
3	ア(製造間接費)	150,000	ウ(機械減価償却累計額)	150,000

仕訳1組につき4点。計12点。

(2)（16点）

仕掛品—第1工程　(単位：千円)

月初有高		第1工程完成高	
原料費	110,000	次工程振替高	(6,370,000)
加工費	36,000	製品T	(650,000)
小計	146,000	小計	(7,020,000)
当月製造費用		月末有高	
原料費	4,400,000	原料費	(82,000)
加工費	2,580,000	加工費	(24,000)
小計	6,980,000	小計	(106,000)
合計	7,126,000	合計	(7,126,000)

仕掛品—第2工程　(単位：千円)

月初有高		当月完成高	
前工程費	326,000	前工程費	(6,501,000)
加工費	99,100	加工費	(3,999,100)
小計	425,100	小計	(10,500,100)
当月製造費用		月末有高	
前工程費	(6,370,000)	前工程費	(195,000)
加工費	3,940,000	加工費	(40,000)
小計	(10,310,000)	小計	(235,000)
合計	(10,735,100)	合計	(10,735,100)

□ 1つにつき4点。計16点。合計28点。

第4問

(1)

1．製品の外注を依頼した取引である。外注は製造に直接関係するため，仕掛品勘定の借方に*300,000*円を計上し，現金で支払ったため現金勘定の貸方に*300,000*円を計上する。

2．材料に関して棚卸減耗が発見されたので棚卸減耗損を計上する取引である。棚卸減耗は製造に直接関係ないため，製造間接費勘定の借方に*5,000*円を計上し，材料勘定の貸方に*5,000*円を計上する。

3．機械の減価償却費を製造間接費に振り替える取引である。年間の見積額が*1,800,000*円であるので，一月分の*150,000*円を計上することになる。製造間接費勘定の借方と，機械減価償却累計額勘定の貸方に計上する。

(2)

工程別総合原価計算の勘定記入の問題である。

工程別総合原価計算は，いくつかの工程を経て，製品が完成する製造業に適用される原価計算である。したがって，第1工程の完成品が第2工程に引き継がれ，第1工程の完成品総合原価が第2工程の前工程費となる。ただし，本問は第1工程完成品のうち一部が外部販売のため倉庫に保管されるので注意する。

(1)　第1工程の計算（平均法）

①　月末有高の計算

原料費　(月初有高*110,000*千円＋当月製造費用*4,400,000*千円) $\times \dfrac{80台}{4{,}320台+80台}$

＝*82,000*千円

加工費　(月初有高*36,000*千円＋当月製造費用*2,580,000*千円) $\times \dfrac{80台\times\frac{1}{2}}{4{,}320台+80台\times\frac{1}{2}}$

＝24,000千円

②　完成品総合原価の計算

月初仕掛品原価＋当月製造費用－月末仕掛品原価＝完成品総合原価

原料費　*110,000*千円＋*4,400,000*千円－*82,000*千円＝*4,428,000*千円

加工費　*36,000*千円＋*2,580,000*千円－*24,000*千円＝*2,592,000*千円

計　*7,020,000*千円

次工程振替高　*7,020,000*千円 $\times \dfrac{第2工程当月投入数量3{,}920台}{第1工程完成品数量4{,}320台}$ ＝*6,370,000*千円

製　品　T　*7,020,000*千円 $\times \dfrac{※4{,}320台-3{,}920台}{4{,}320台}$ ＝*650,000*千円

※製品Tは，第1工程で完成したあと外部販売のため倉庫に保管された製品で，その数量は第1工程完成品数量から第2工程当月投入数量を差し引いて求める。

(2)　第2工程の計算（先入先出法）

第2工程の当月製造費用前工程費は，第1工程の次工程振替高の*6,370,000*千円となる。また，工程の終点で仕損が発生しているので，完成品のみに負担させる。

①　月末有高の計算

前工程費　当月製造費用*6,370,000*千円 $\times \dfrac{120台}{3{,}940台-200台+60台+120台}$

＝*195,000*千円

加 工 費　当月製造費用*3,940,000*千円 × $\dfrac{120台 \times \frac{1}{3}}{3{,}940台 - 200台 \times \frac{1}{2} + 60台 + 120台 \times \frac{1}{3}}$

＝*40,000*千円

② 完成品総合原価の計算

月初仕掛品原価＋当月製造費用－月末仕掛品原価＝完成品総合原価

前工程費　*326,000*千円＋*6,370,000*千円－*195,000*千円＝*6,501,000*千円

加 工 費　*99,100*千円＋*3,940,000*千円－ *40,000*千円＝*3,999,100*千円

計　*10,500,100*千円

第5問（12点）

（単位：円）

全部原価計算における損益計算書

売上高		（9,760,000）
売上原価	（7,296,000）	
配賦差異	（176,000）	（7,472,000）
売上総利益		（2,288,000）
販売費及び一般管理費		（1,526,000）
営業利益		（762,000）

直接原価計算における損益計算書

売上高	（9,760,000）
変動売上原価	（4,480,000）
変動製造マージン	（5,280,000）
変動販売費	（256,000）
貢献利益	（5,024,000）
固定費	（4,614,000）
営業利益	（410,000）

□ 1つにつき2点。合計12点。

第5問

全部原価計算と直接原価計算における損益計算書を作成する問題である。

① 全部原価計算

(1) 売上高は，販売価格×販売量で求められる。

売上高＝販売価格3,050円／個×販売量3,200個＝9,760,000円

(2) 加工費予算のデータから予定配賦率を求めることができる。

予定配賦率＝（変動費2,432,000円＋固定費3,344,000円）÷年間予定生産量3,800個
＝1,520円／個

(3) 売上原価のうちの加工費は，予定配賦率×販売量で求められる。

直接材料費＝変動費760円／個×販売量3,200個　＝2,432,000円
加　工　費＝予定配賦率1,520円／個×販売量3,200個＝4,864,000円
計7,296,000円

(4) 配賦差異は，加工費配賦額（＝予定配賦率×当期製品生産量）と，実際の加工費の差額として求められる。

加工費配賦額＝予定配賦率1,520円／個×当期製品生産量3,600個＝5,472,000円
実際加工費＝（変動費640円／個×生産量3,600個）＋固定費3,344,000円
＝5,648,000円
配賦差異＝加工費配賦額－実際加工費＝△176,000円

(5) 販売費及び一般管理費は，変動販売費＋固定販売費＋一般管理費で求められる。

販売費及び一般管理費＝（変動販売費80円／個×販売量3,200個）＋固定販売費384,000円＋一般管理費886,000円＝1,526,000円

② 直接原価計算

(1) 売上高は全部原価計算と同様である。

(2) 変動売上原価は，直接材料費＋変動加工費として求められる。

変動売上原価＝（直接材料費760円／個＋変動加工費640円／個）×販売量3,200個
＝4,480,000円

(3) 変動販売費は，1個当たり変動販売費に販売量を掛けて求められる。

変動販売費＝80円／個×販売量3,200個＝256,000円

(4) 固定費は，固定加工費＋固定販売費＋一般管理費として求められる。

固定費＝固定加工費3,344,000円＋固定販売費384,000円＋一般管理費886,000円
＝4,614,000円

第1問（20点）

	仕		訳	
	借方科目	金額	貸方科目	金額
1	ア（商品保証引当金） エ（商品保証引当金繰入）	50,000 760,000	イ（商品保証引当金戻入） ア（商品保証引当金）	50,000 760,000
2	イ（為替差損）	10,000	エ（売掛金）	10,000
3	カ（備品減価償却累計額） ウ（貯蔵品） エ（固定資産除却損）	470,400 100,000 49,600	ア（備品） イ（当座預金）	600,000 20,000
4	キ（当座預金） カ（電子記録債権売却損）	735,000 15,000	イ（電子記録債権）	750,000
5	エ（当座預金）	140,000	オ（未払金） イ（売掛金）	95,000 45,000

仕訳1組につき4点。合計20点。

解　説

1．決算時において商品保証引当金を洗替法により計上する。洗替法なので，まずは前期の商品保証引当金の残高を商品保証引当金戻入勘定を用いて取り崩し，次に，当期分の引当金を商品保証引当金繰入勘定を用いて設定する。

（借）商品保証引当金　50,000　（貸）商品保証引当金戻入　50,000
　　　商品保証引当金繰入　760,000　　　　商品保証引当金　760,000

なお，商品保証は，ここで出題したような無料での商品の品質保証の処理とは別に，有料での追加的な商品の保証サービス（商品保証引当金を用いない処理）が，収益認識に関する基準によって定められている。

2．この問題の取引の流れと為替レートは以下のように整理可能である。

	X年2月15日	X年3月15日	X年4月15日
取　引	5,000ユーロの商品を輸出	1ユーロ¥130で為替予約	5,000ユーロの受取り
為替相場	1ユーロ¥132	1ユーロ¥131	？

商品輸出時のX年2月15日の仕訳は，以下のようになる。

（借）売掛金　660,000　（貸）売上　660,000

※¥660,000＝5,000ユーロ×@¥132

この売掛金は，実際はユーロ建てであり，為替レートの変動により円での受取額は変わる。例えば，この問題でいえば，X年3月15日の1ユーロ¥131で換算すると，¥655,000になり，¥5,000目減りしている。これ以上の為替による変動を避けるために，企業は，為替予約を行うことができる。ここでは1ユーロ¥130で契約しており，X年4月15日の

為替相場で，円とユーロの為替レートがどのようになろうと，1ユーロ¥130で円換算額は確定し（5,000ユーロ×@¥130＝¥650,000），為替相場の変動に振り回されないことになる。

為替予約の会計処理は，独立処理と振当処理があり，日商2級では振当処理の簡便法を学ぶことになっている。為替予約を行うと円換算額が確定（¥650,000）するが，これは当初のX年2月15日の円換算額¥660,000と異なり，その差額¥10,000を問題文にあるとおり，当期の損益（ここでは為替差損）として処理する。

3．備品を除却した取引である。除却とは，固定資産がその企業にとって不要となったり，滅失したり，古くなって使用できなくなったりしたために，帳簿から取り除くことである。除却する資産の帳簿価額から貯蔵品を差し引いた額が固定資産除却損（費用）となる。

備品の帳簿価額は，過去3年分の減価償却費を計算して求める。今回，200％定率法の減価償却が求められており，償却率は$\frac{1}{5年}$×200％＝0.4となり，以下のように計算できる。

X5年4月1日～X6年3月31日の減価償却費　¥600,000×0.4＝¥240,000
X6年4月1日～X7年3月31日の減価償却費　（¥600,000－¥240,000）×0.4
　＝¥144,000
X7年4月1日～X8年3月31日の減価償却費　（¥600,000－¥240,000－¥144,000）
　×0.4＝¥86,400

合計すると，備品減価償却累計額は¥470,400となり，備品の帳簿価額は¥129,600となる。売却可能な額を貯蔵品として，差額に除却費¥20,000を加えた金額を固定資産除却損とする。

4．電子記録債権の売却（譲渡）に関する問題である。電子記録債権・債務はペーパーレスのため，金額を分割して譲渡することができるというメリットがある。本問のように売却に伴い譲渡した電子記録債権の金額と対価の受領額に差額が生じている場合には，電子記録債権売却損勘定（費用）として処理を行う。

5．当座預金の帳簿上の残高と，銀行の残高の不一致を修正する仕訳を行う問題である。ここでは，不一致の原因として未渡小切手と誤記入が判明している。

未渡小切手は，小切手作成時に当座預金を減少させているにもかかわらず，取引相手に渡しておらず，当座預金が減ることはないため不一致の原因となっている。この問題の場合，小切手作成時の仕訳は，次のようになっていた。

（借）広告宣伝費　95,000　（貸）当座預金　95,000

これを修正するが，計上した広告宣伝費の支払いについては，広告宣伝はすでに行っているため，その費用である広告宣伝費を取り消すのではなく，かわりに未払金で次のように処理する。

（借）当座預金　95,000　（貸）未払金　95,000

誤記入については，本来あるべき仕訳は次のようなものであった。

（借）当座預金　172,000　（貸）売掛金　172,000

しかし，金額を¥127,000として仕訳してしまったので，¥45,000足りないことになるので，次の仕訳を行い修正する。

（借）当座預金　45,000　（貸）売掛金　45,000

他にも，不一致の原因として連絡未達や時間外預入れ，未取付小切手，未取立小切手がある。

第２問（20点）

株主資本等変動計算書
自X2年４月１日　至X3年３月31日
（単位：円）

	株主資本			
	資本金	資本剰余金		
		資本準備金	その他資本剰余金	資本剰余金合計
当期首残高	30,000,000	(6,000,000)	(1,050,000)	(7,050,000)
当期変動額				
剰余金の配当				
別途積立金の積立て				
新株の発行	(5,000,000)	(5,000,000)		(5,000,000)
吸収合併	(7,500,000)		(6,900,000)	(6,900,000)
当期純利益				
当期変動額合計	(12,500,000)	(5,000,000)	(6,900,000)	(11,900,000)
当期末残高	(42,500,000)	(11,000,000)	(7,950,000)	(18,950,000)

上段から続く　　下段へ続く

	株主資本				
	利益剰余金				株主資本合計
	利益準備金	その他利益剰余金		利益剰余金合計	
		別途積立金	繰越利益剰余金		
当期首残高	1,350,000	(1,050,000)	(2,400,000)	(4,800,000)	(41,850,000)
当期変動額					
剰余金の配当	(120,000)		(−1,320,000)	(−1,200,000)	(−1,200,000)
別途積立金の積立て		(150,000)	(−150,000)	−	−
新株の発行					(10,000,000)
吸収合併					(14,400,000)
当期純利益			(2,800,000)	(2,800,000)	(2,800,000)
当期変動額合計	(120,000)	(150,000)	(1,330,000)	(1,600,000)	(26,000,000)
当期末残高	(1,470,000)	(1,200,000)	(3,730,000)	(6,400,000)	(67,850,000)

□ 1つにつき２点。合計20点。

第２問

本問は，株主資本等変動計算書の作成問題である。［資料］の純資産取引を仕訳し，そのうち純資産に関する科目について株主資本等変動計算書に加減算していくことになる。答案用紙が上段と下段になっているため，写し間違えや桁数，加算減算といったケアレスミスに注意することが必要である。

1．剰余金の配当など

（借）繰越利益剰余金　1,470,000　（貸）未払配当金　1,200,000
　　　　　　　　　　　　　　　　　　　利益準備金　120,000※
　　　　　　　　　　　　　　　　　　　別途積立金　150,000

※￥1,200,000×$\frac{1}{10}$＝￥120,000と￥30,000,000×$\frac{1}{4}$－(￥6,000,000＋￥1,350,000)＝￥150,000のいずれか小さい金額となる。したがって利益準備金の積立額は￥120,000となる。

2．増資

（借）当座預金　10,000,000　（貸）資本金　5,000,000※
　　　　　　　　　　　　　　　　　資本準備金　5,000,000

※会社法の定めにより，払込金額の$\frac{1}{2}$（最低限度額）￥5,000,000が資本金に計上される。

3．吸収合併

（借）諸資産　24,000,000　（貸）諸負債　10,500,000
　　　のれん　900,000※　　　　　資本金　7,500,000
　　　　　　　　　　　　　　　　その他資本剰余金　6,900,000※

※その他資本剰余金は，①株主資本の増加額￥14,400,000－③資本金計上額￥7,500,000＝￥6,900,000となる。またのれんは，①￥14,400,000－②受入純資産￥13,500,000＝￥900,000により求められる。

① 株主資本の増加額（合併の対価としての新株発行額）　3,000株×@￥4,800＝￥14,400,000

② 受入純資産　諸資産￥24,000,000－諸負債￥10,500,000＝￥13,500,000

③ 資本金計上額　￥7,500,000

4．当期純利益

（借）損益　2,800,000　（貸）繰越利益剰余金　2,800,000

第3問（20点）

損益計算書
自20X1年4月1日　至20X2年3月31日　（単位：円）

費用	金額	収益	金額
期首商品棚卸高	（1,350,000）	売上高	（9,300,000）
当期商品仕入高	（6,730,000）	期末商品棚卸高	（1,580,000）
広告宣伝費	（90,000）	当期純損失	（148,000）
給料	（1,030,000）		
支払家賃	（960,000）		
（貸倒引当金繰入）	（13,000）		
（減価償却）費	（795,000）		
支払利息	（60,000）		
	（11,028,000）		（11,028,000）

貸借対照表
20X2年3月31日　（単位：円）

資産	金額	負債及び純資産	金額
現金預金	（1,620,000）	買掛金	（1,425,500）
売掛金	（1,800,000）	（未払）費用	（50,000）
商品	（1,580,000）	長期借入金	（3,000,000）
（前払）費用	（50,000）	貸倒引当金	（18,000）
備品	（1,360,000）	備品減価償却累計額	（442,500）
車両運搬具	（2,400,000）	車両運搬具減価償却累計額	（1,150,000）
投資有価証券	（220,000）	資本金	（2,000,000）
		利益準備金	（60,000）
		繰越利益剰余金	（864,000）
		（その他有価証券評価差額金）	（20,000）
	（9,030,000）		（9,030,000）

□ 1つにつき2点。合計20点。

第3問

A．［資料Ⅱ］に関する会計処理

	本店	支店
1	—	（借）現金預金 50,000 （貸）本店 50,000
2	—	（借）本店 100,000 （貸）現金預金 100,000
3	—	（借）商品 80,000 （貸）本店 80,000
4	—	（借）本店 100,000 （貸）売掛金 100,000
5	（借）繰越利益剰余金 110,000 （貸）現金預金 100,000 利益準備金 10,000	—

1．支店は，受け取った現金を計上するとともに，本店から受け取っているので貸方は本店となる。

2．支店が支払っているので，現金預金を減少させるとともに，本店の代わりに支払っているので借方は本店となる。

3．本店の仕入ではなく支店の商品仕入となるように，支店で商品を計上する。

4．売掛金を回収しているので，支店は売掛金を減少させるとともに，回収した現金は本店が保有しているので借方は本店となる。

5．繰越利益剰余金を減少させるとともに，現金預金と利益準備金を計上する。なお，利益準備金は，社外流出額（現金預金の支払額）の$\frac{1}{10}$となる（資本金が十分に大きいため，資本金の$\frac{1}{4}$の制限には到らない）。なお，貸方は未払配当金としてから（借）未払配当金 100,000　（貸）現金預金 100,000としてもかまわない。

B．決算整理前残高試算表の支店における本店勘定および現金預金勘定

上記Aの処理を行った後では，本店における支店勘定と支店における本店勘定が等しくなるはずである。ここで，本店における支店勘定は，上記Aでは変動せず，決算整理前残高試算表にある￥1,730,000のままである。よって，

決算整理前残高試算表における本店勘定＋￥50,000－￥100,000＋￥80,000－￥100,000＝￥1,730,000

となる。これを計算することで，決算整理前残高試算表における本店勘定は￥1,800,000であることがわかる。

その上で，貸借差額で決算整理前残高試算表の支店における現金預金勘定は￥500,000と求められる。

C．［資料Ⅲ］に関する会計処理

	本　　店	支　　店
1	—	—
2	（借）貸倒引当金繰入　10,000 （貸）貸倒引当金　10,000	（借）貸倒引当金繰入　3,000 （貸）貸倒引当金　3,000
3	（借）減価償却費　100,000 （貸）備品減価償却累計額　100,000 （借）減価償却費　375,000 （貸）車両運搬具減価償却累計額　375,000	（借）減価償却費　70,000 （貸）備品減価償却累計額　70,000 （借）減価償却費　250,000 （貸）車両運搬具減価償却累計額　250,000
4	（借）投資有価証券　20,000 （貸）その他有価証券評価差額金　20,000	—
5	（借）前払家賃　50,000 （貸）支払家賃　50,000 （借）支払利息　20,000 （貸）未払利息　20,000	（借）支払家賃　30,000 （貸）未払家賃　30,000

1．売上原価対立法が用いられており，棚卸減耗損や商品評価損が生じていないことから，棚卸資産に関する決算整理仕訳は不要である。

2．本店：*￥1,300,000*×1％－*￥3,000*＝*￥10,000*

支店：（*￥600,000*－*￥100,000*）×1％－*￥2,000*＝*￥3,000*

3．本店の備品：（*￥800,000*－*￥0*）÷8年＝*￥100,000*

本店の車両運搬具：（*￥1,500,000*－*￥375,000*）×$\frac{1}{6}$×2＝*￥375,000*

支店の備品：（*￥560,000*－*￥0*）÷8年＝*￥70,000*

支店の車両運搬具：（*￥900,000*－*￥150,000*）×$\frac{1}{6}$×2＝*￥250,000*

4．決算整理前残高試算表における金額が*￥200,000*であるのに対し，期末における時価が*￥220,000*であるので，時価評価し，時価評価差額を計上する。なお，問題文の指示により税効果は認識しない。

5．経過勘定項目については金額が与えられているので解答参照。

D．財務諸表の表示等

1．当期商品仕入高

売上原価対立法が用いられているため，決算整理前残高試算表から当期商品仕入高を読み取ることはできない。

期首商品棚卸高（*￥800,000*＋*￥550,000*）
＋当期商品仕入高
－期末商品棚卸高（*￥1,000,000*＋*￥500,000*＋［資料Ⅱ］3．の*￥80,000*）
＝売上原価（*￥4,200,000*＋*￥2,300,000*）

という式から計算することになる（期首商品棚卸高は［資料Ⅲ］に記載されており，期末商品棚卸高と売上原価は決算整理前残高試算表の数値である）。これを求めると，*￥6,730,000*になる。

2．未払費用

貸借対照表において，未払家賃と未払利息をそれぞれ記載することができない解答欄になっているが，両者を合計して未払費用として表示する。

3．繰越利益剰余金

繰越利益剰余金は，貸借対照表の貸借差額で求めることもできるが，決算整理前残高試算表からスタートして順番に求めると次のようになる。

決算整理前残高試算表	*￥1,122,000*
－配当等による減少（［資料Ⅱ］）	*￥110,000*
－当期純損失による減少	*￥148,000*
＝当期末の貸借対照表における金額	*￥864,000*

第4問（28点）

(1)（12点）

	仕訳			
	借方科目	金額	貸方科目	金額
1	イ(予算差異) エ(能率差異) ウ(操業度差異)	*23,800* *25,500* *11,200*	オ(製造間接費)	*60,500*
2	ア(価格差異)	*300,000*	オ(材料) ウ(数量差異)	*50,000* *250,000*
3	エ(時間差異)	*455,000*	イ(賃率差異) ウ(賃金)	*140,000* *315,000*

仕訳1組につき4点。計12点。

(2)（16点）

問1	*40* 万円（**借方**・貸方）	
問2	予算差異 *8* 万円（借方・**貸方**）	操業度差異 *48* 万円（**借方**・貸方）
問3	予算差異 *8* 万円（**借方**・貸方）	操業度差異 *32* 万円（**借方**・貸方）

問1：4点。問2，3：正解1つにつき3点。計16点。合計28点。

第4問

(1)

1．製造間接費の差異計算の仕訳である。

予算差異＝実際作業時間に対応する変動製造間接費予算額－実際製造間接費

（*290*円／時間×780時間＋*448,000*円）－*698,000*円＝－*23,800*円（不利差異）

能率差異＝（標準作業時間－実際作業時間）×標準配賦率

（750時間－780時間）×*850*円／時間＝－*25,500*円（不利差異）

操業度差異＝（実際作業時間－正常作業時間）×固定費率

（780時間－800時間）×*560*円／時間＝－*11,200*円（不利差異）

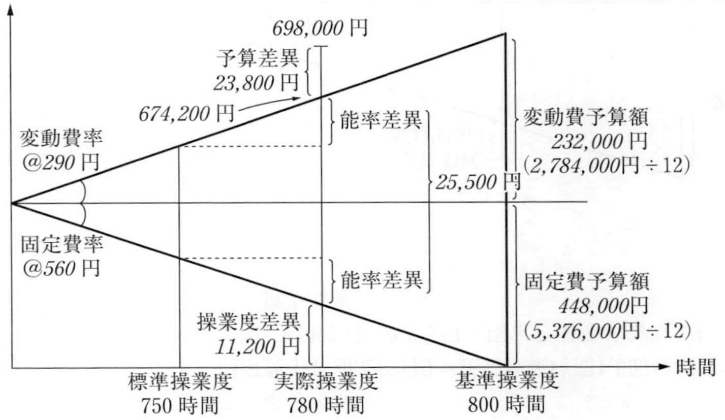

2．直接材料費の差異計算の仕訳である。

価格差異＝（標準価格－実際価格）×実際材料消費量

（*500*円／kg－*520*円／kg）×15,000kg＝－*300,000*円（不利差異）

数量差異＝（標準材料消費量－実際材料消費量）×標準価格

（15,500kg－15,000kg）×*500*円／kg＝*250,000*円（有利差異）

3．直接労務費の差異計算の仕訳である。

賃率差異＝(標準賃率－実際賃率)×実際直接作業時間

(910円／時間－900円／時間)×14,000時間＝140,000円（有利差異）

時間差異＝(標準直接作業時間－実際直接作業時間)×標準賃率

(13,500時間－14,000時間)×910円／時間＝－455,000円（不利差異）

(2)

実際原価計算で，製造間接費を直接作業時間を配賦基準として予定配賦している場合の製造間接費配賦差異および予算差異と操業度差異を計算する問題である。

問１　製造間接費配賦差異

製造間接費配賦差異は，製造間接費の予定配賦額と実際発生額との差異である。

予定配賦率　年間製造間接費予算額5,760万円÷年間正常作業時間19,200(時間)

＝0.3万円

製造間接費配賦差異

予定配賦額　(0.3万円×1,440(時間))－実際発生額472万円

＝－40万円（借方差異）

実際発生額が予定配賦額より多い場合が借方差異（不利差異）である。

問２　固定予算の場合の予算差異と操業度差異

予算差異とは，製造間接費の実際発生額が予算どおりであったかどうかを検討するために，月間予算額と実際発生額とを比較して算定する差異である。

月間予算額　年間予算額5,760万円÷12か月＝480万円

月間予算額480万円－実際発生額472万円＝8万円（貸方差異）

操業度差異とは，生産設備の利用状況の適否をみるために，予定配賦額と固定予算額とを比較して算定する差異である。

予定配賦額432万円（0.3万円×1,440(時間))－固定予算額480万円

＝－48万円(借方差異)

(固定予算の場合の製造間接費差異分析)

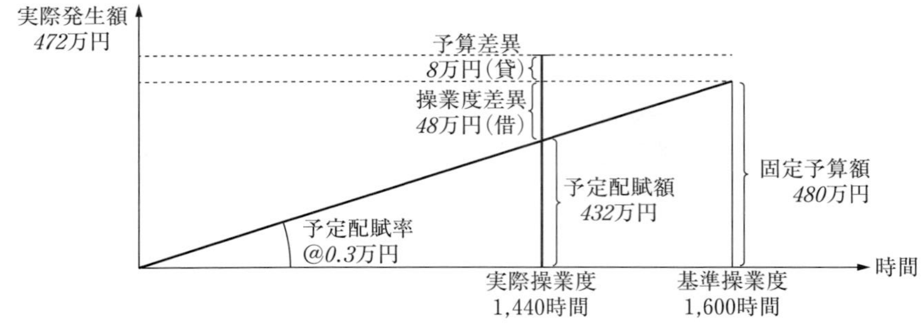

問３　変動予算の場合の予算差異と操業度差異

予算差異

予算許容額－実際発生額＝予算差異

予算許容額　0.1万円×実際直接作業時間1,440(時間)＋320万円＝464万円

予算許容額464万円－実際発生額472万円＝－8万円（借方差異）

操業度差異

(実際操業度1,440(時間)－基準操業度1,600(時間))×固定費率0.2万円※

＝－32万円（借方差異）

※　固定費予算額320万円÷正常作業時間1,600(時間)＝0.2万円

または，予定配賦額1,440時間×0.2万円－固定費予算額320万円

＝－32万円（借方差異）

(変動予算の場合の製造間接費差異分析)

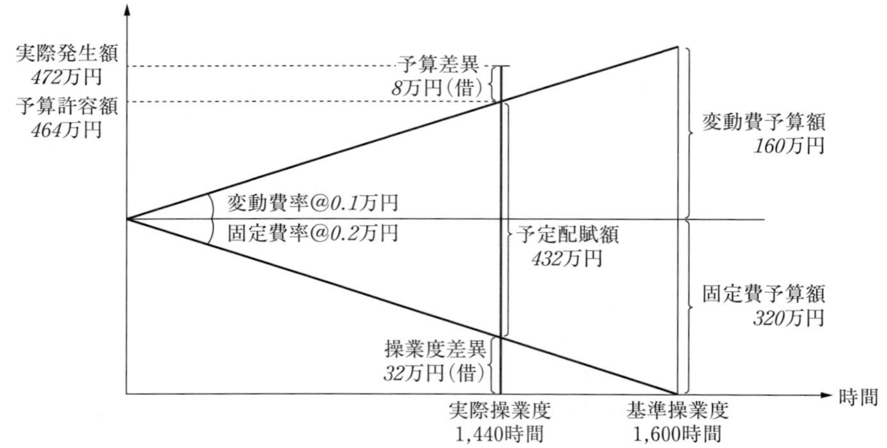

第5問（12点）

問1	980,000	円
問2	65	%
問3	28	
問4	3,780,000	円
問5	2,600,000	円

□1つにつき2点。┆┆1つにつき3点。合計12点。

第5問

原価分解のデータから損益分岐点売上高，経営レバレッジ係数や目標売上高営業利益率を達成するための売上高を計算する問題である。

問1　直接原価計算による損益計算書は以下のとおりとなる。

売上高	2,800,000
変動売上原価	1,400,000
変動製造マージン	1,400,000
変動販売費	420,000
貢献利益	980,000
固定費	945,000
営業利益	35,000

問2　変動費は製造原価1,400,000円＋販売費420,000円＝1,820,000円なので，変動費率は以下のとおりとなる。

$$\frac{\text{変動費合計}1{,}820{,}000\text{円}}{\text{売上高}2{,}800{,}000\text{円}}=65\%$$

問3　経営レバレッジ係数は貢献利益を営業利益で割ることで求められる。

$$\frac{\text{貢献利益}980{,}000\text{円}}{\text{営業利益}35{,}000\text{円}}=28$$

なお，経営レバレッジ係数と安全余裕率は，逆数の関係にある。

$$\text{損益分岐点売上高}=\frac{\text{固定費}945{,}000\text{円}}{\text{貢献利益率}(1-0.65)}=2{,}700{,}000\text{円}$$

$$\text{安全余裕率}=\frac{(\text{売上高}2{,}800{,}000\text{円}-\text{損益分岐点売上高}2{,}700{,}000\text{円})}{\text{売上高}2{,}800{,}000\text{円}}$$

$$\text{経営レバレッジ係数}=1\div\left(\frac{2{,}800{,}000\text{円}-2{,}700{,}000\text{円}}{2{,}800{,}000\text{円}}\right)=28$$

経営レバレッジ係数は，他の条件を一定とすると，費用総額に占める固定費の割合の高い企業ほど大きくなる。また，経営レバレッジ係数が大きいほど売上高の変化率に対して営業利益の変化率も大きくなる。例えば本問の売上高が10%増加した場合，営業利益は35,000円×0.1×28＝98,000円増加する。

問4　目標売上高営業利益率を達成するための売上高は，固定費を（1－変動費率－目標利益率）で割ることで求められる。

$$\frac{\text{固定費合計}945{,}000\text{円}}{1-\text{変動費率}0.65-\text{目標利益率}0.1}=3{,}780{,}000\text{円}$$

問5　固定費が35,000円削減されるので，損益分岐点売上高は以下のように計算される。

$$\frac{\text{固定費合計}910{,}000\text{円}}{1-\text{変動費率}0.65}=2{,}600{,}000\text{円}$$

解　答　　第10回模擬

第1問（20点）

	仕		訳	
	借　方　科　目	金　　額	貸　方　科　目	金　　額
1	エ(当　座　預　金) ア(株 式 交 付 費)	20,000,000 100,000	ウ(資　　本　　金) イ(資 本 準 備 金) オ(現　　　　　金)	10,000,000 10,000,000 100,000
2	ア(リ ー ス 資 産)	2,400,000	カ(リ ー ス 債 務) イ(当　座　預　金)	2,360,000 40,000
3	ア(当　座　預　金)	450,000	オ(役　務　収　益) エ(返　金　負　債)	414,000 36,000
4	ウ(車 両 運 搬 具) オ(前　払　利　息)	2,200,000 300,000	イ(営業外支払手形)	2,500,000
5	イ(その他有価証券)	1,250,000	ウ(その他有価証券評価差額金) エ(繰延税金負債)	875,000 375,000

仕訳１組につき４点。合計20点。

（注）５は税効果会計の仕訳を相殺せず，それぞれの仕訳を示した次の解答でもよい。

（借）　イ(その他有価証券)　1,250,000　　（貸）　ウ(その他有価証券評価差額金)　1,250,000
　　　　ウ(その他有価証券評価差額金)　375,000　　　　　エ(繰延税金負債)　375,000

解　説

1．増資による新株式発行についての問題である。払込金額の総額が当座預金に預け入れられるので，当座預金勘定の借方に記入する。

@￥50,000×400株＝￥20,000,000

資本金は，会社法で定める最低額を計上するので，次の計算をする。会社法で定める最低資本金計上額は，次のとおりである。

払込金額の$\frac{1}{2}$の金額　@￥50,000×$\frac{1}{2}$×400(株)＝￥10,000,000……資本金勘定

払込金額のうち資本金に計上しない金額は，資本準備金勘定に記入する。

￥20,000,000－￥10,000,000＝￥10,000,000……資本準備金勘定

新株発行のための諸費用は，株式交付費勘定の借方に記入する。

（注）会社設立のさいの株式発行費用は，創立費勘定の借方に記入する。

2．ファイナンス・リース取引は売買処理として，①リース取引日にリース資産およびリース債務の計上，②リース料支払日にリース料支払いの計上，③決算日にリース資産に係る減価償却費の計上を行う。また，ファイナンス・リース取引の仕訳方法としては，利子抜き法と利子込み法がある。この問題では，利子込み法による①および②の仕訳が問われている。①について，利子込み法による場合，リース物件とこれに係る債務を，利息を含めてリース料の総額（月額￥40,000×５年×12か月＝￥2,400,000）によりリース資産およびリース債務として計上する。

（借）　リ ー ス 資 産　2,400,000　　（貸）　リ ー ス 債 務　2,400,000

②については，利子込み法では，リース料を支払った分，リース債務を次のように減少させる。

（借）　リ ー ス 債 務　　40,000　　（貸）　当　座　預　金　　40,000

問題文の指示により，この二つの仕訳を同時に行うが，ここでは，リース債務は両建てせずに，相殺している。ネット試験の場合，解答を一つにするため，両建てあるいは相殺に関する指示があるので，それに従うこと。

3．変動対価を伴う取引の収益認識に関する問題である。変動対価とは，顧客と約束した対価のうち変動する可能性のある部分であり，本問では３か月以内の退職した人数により対価が変動する。そのため，過去の実績から３か月以内に退職する人数として見積もられた３名分の返金額￥36,000（＝紹介料￥30,000×40%×３名）については，役務収益から控除して返金負債として計上する。

4．固定資産の割賦購入取引である。購入時の仕訳は次のようになる。

（借）　車 両 運 搬 具　×××　　（貸）　営業外支払手形　×××
　　　　前　払　利　息　×××

固定資産の購入時に振り出した手形は，営業外支払手形勘定で処理し，現金購入価額と割賦購入価額の差額は一度，前払利息（前払費用でも可）として区分し，期間の経過とともに支払利息に振り替えていく。なお，購入時に，この差額を支払利息として計上し，決算時に利息の未経過分を前払利息とする処理もある。

5．税効果会計を適用したその他有価証券の評価替えの問題である。その他有価証券は，売買目的や，満期保有目的，あるいは子会社・関連会社の支配目的でもないその他の理由で保有するものであり，その評価替えから生じる評価差額について，損益計算書に計上しない全部（あるいは部分）純資産直入法で処理することになっている。今回の問題では，(@￥10,500－@￥10,000)×2,500株＝￥1,250,000の評価差額について次のような仕訳となる。

（借）　その他有価証券　1,250,000　　（貸）　その他有価証券評価差額金　1,250,000

さらに税効果会計の適用が求められている。通常，税効果会計では，将来減算一時差異が生じた場合，法人税の前払いが発生したと考えて，次のような仕訳を行う。

（借）　繰 延 税 金 資 産　×××　　（貸）　法人税等調整額　×××

将来加算一時差異が生じた場合，法人税の未払いが発生したと考えて，次のような仕訳を行う。

（借）　法人税等調整額　×××　　（貸）　繰 延 税 金 負 債　×××

但し，その他有価証券の場合，評価損益は，直接貸借対照表の純資産の部に計上されるため，損益計算書の法人税等調整額ではなく，その他有価証券評価差額金という勘定科目で調整する。評価益が生じる場合は繰延税金負債，評価損が生じる場合は繰延税金資産を評価差額から直接控除して調整する。この問題では，会計上のその他有価証券￥26,250,000と税法上のその他有価証券￥25,000,000があり，その差額の￥1,250,000が将来加算一時差異であり，これに税率30%を乗じた金額￥375,000が，繰延税金負債となる。

第２問（20点）

連　結　貸　借　対　照　表
X2年３月31日　（単位：千円）

【資　産　の　部】	
諸　資　産	（3,972,000）
売　掛　金	（752,000）
商　品	（556,000）
土　地	（956,000）
★（の　れ　ん）	（38,400）
資　産　合　計	（6,274,400）
【負　債　の　部】	
諸　負　債	（1,892,000）
買　掛　金	（360,000）
負　債　合　計	（2,252,000）
【純　資　産　の　部】	
資　本　金	（1,920,000）
資　本　剰　余　金	（480,000）
利　益　剰　余　金	（1,320,000）
非　支　配　株　主　持　分	（302,400）
純　資　産　合　計	（4,022,400）
負債・純資産合計	（6,274,400）

連　結　損　益　計　算　書
X1年４月１日〜X2年３月31日　（単位：千円）

売　上　高		（8,520,000）
売　上　原　価		（4,756,400）
販売費及び一般管理費		（2,680,000）
（の　れ　ん）償　却		（4,800）
土　地　売　却　益		（1,600）
そ　の　他　費　用		（669,600）
当期純利益（＊純損失は△）	（　）	（410,800）
非支配株主に帰属する当期純利益（＊純損失は△）	（△）	（11,360）
親会社株主に帰属する当期純利益		（422,160）

□ １つにつき２点。合計20点。なお，★のれんについては科目名・金額の両方正解で得点とする。

第２問

本問は，連結第２年度における連結貸借対照表および連結損益計算書の作成問題である。連結会計の問題が第２問で出題された場合，出題パターンとして①解答が要求されるものとして「連結精算表」または「連結財務諸表」，②年度として「連結第１年度」または「連結第２年度」が考えられる。導入されたネット試験においては，標準的な内容の出題が見込まれることから，①②の組み合わせからいくつかの問題パターンを解くことにより，必ず合格ラインの点数を得られると考えられる。そのためには，投資と資本の相殺消去，のれんの償却，債権債務の単純な相殺など容易に得点ができる項目を各自で増やしていくことが必要であろう。なお以下の連結修正仕訳は，連結株主資本等変動計算書の作成が求められていないため，利益剰余金や非支配株主持分のあとにつける当期首残高・当期変動額・当期末残高は省略してある。また仕訳の単位はすべて千円とする。

１．開始仕訳（連結第１年度にかかる部分）

(1) 投資と資本の相殺消去

（借）	資　本　金	400,000	（貸）S　社　株　式	480,000
	資本剰余金	120,000	非支配株主持分	288,000※1
	利益剰余金	200,000		
	の　れ　ん	48,000※2		

※１　非支配株主持分　（400,000千円＋120,000千円＋200,000千円）×40%
＝288,000千円

※２　のれん　480,000千円−（400,000千円＋120,000千円＋200,000千円）×60%
＝48,000千円

(2) のれんの償却

（借）利益剰余金　4,800　（貸）の　れ　ん　4,800

48,000千円÷10年＝4,800千円

(3) 子会社の当期純利益の振替え

（借）利益剰余金　32,000　（貸）非支配株主持分　32,000

80,000千円×40%＝32,000千円

２．連結第２年度にかかる処理

(1) のれんの償却

（借）のれん償却　4,800　（貸）の　れ　ん　4,800

（48,000千円−4,800千円）÷（10年−１年）＝4,800千円

(2) 子会社の当期純利益の振替え

（借）非支配株主持分　12,800　（貸）非支配株主に帰属する当期純損失　12,800

{248,000千円−（200,000千円＋80,000千円）}×40%＝△12,800千円

(3) 商品売買の相殺消去（アップストリーム）

（借）売　上　高　1,040,000　（貸）売　上　原　価　1,040,000

(4) 未実現利益の消去（アップストリーム）

① 期首商品

（借）利益剰余金　15,600　（貸）売　上　原　価　15,600※1

（借）	非支配株主に帰属する当期純損失	6,240	（貸）	利益剰余金	6,240※2

※1　67,600千円×$\frac{0.3}{1.3}$＝15,600千円

※2　15,600千円×40％＝6,240千円

② 期末商品

（借）	売上原価	12,000	（貸）	商品	12,000※1
	非支配株主持分	4,800		非支配株主に帰属する当期純損失	4,800※2

※1　52,000千円×$\frac{0.3}{1.3}$＝12,000千円

※2　12,000千円×40％＝4,800千円

(5) 債権債務の相殺消去（アップストリーム）

（借）	買掛金	56,000	（貸）	売掛金	56,000

(6) 土地売却益の消去（ダウンストリーム）

（借）	諸負債	28,000	（貸）	諸資産	28,000
（借）	土地売却益	4,000	（貸）	土地	4,000

28,000千円－24,000千円＝4,000千円

第3問（20点）

損　益　計　算　書
自X5年4月1日　至X6年3月31日　（単位：円）

Ⅰ 売上高		6,077,400
Ⅱ 売上原価		
1. 期首商品棚卸高	(391,300)	
2. 当期商品仕入高	5,551,000	
合計	(5,942,300)	
3. 期末商品棚卸高	(375,000)	
差引	(5,567,300)	
4. 商品評価損	(4,920)	(5,572,220)
売上総利益		(505,180)
Ⅲ 販売費及び一般管理費		
1. 給料	(328,622)	
2. 棚卸減耗損	(6,000)	
3. 貸倒引当金繰入	(37,786)	
4. 退職給付費用	(9,700)	
5. 減価償却費	(41,000)	
6. 水道光熱費	(7,780)	
7. 消耗品費	10,800	
8. 支払家賃	35,315	(477,003)
営業利益		(28,177)
Ⅳ 営業外収益		
1. 受取利息	(850)	
2. 為替差益	(4,000)	(4,850)
Ⅴ 営業外費用		
1. 貸倒引当金繰入	(1,200)	
2. 支払利息	(8,800)	(10,000)
経常利益		(23,027)
Ⅵ 特別利益		
1. 特許権売却益		(17,000)
税引前当期純利益		(40,027)
法人税，住民税及び事業税	(17,000)	
法人税等調整額	(△4,000)	(13,000)
当期純利益		(27,027)

□ 1つにつき2点。合計20点。

第3問

損益計算書作成問題である。ネット試験になって試験時間が短縮され，問題量も従来よりは限定されると思われるが，おそらく時間的な余裕はない。受験生は，答案用紙を見て，部分点を意識して解答することが求められることになるであろう。以下，問題の指示の順に個別に解説していく。

［資料Ⅱ］未処理事項

1．特許権を売却する取引は，営業外取引であることがポイントとなる。無形固定資産の売却については，有形固定資産の売却に準じて考えて，次のような仕訳となる。

（借）営業外受取手形	60,000	（貸）	特許権	43,000
			特許権売却益	17,000

P/L作成問題なので，このような取引から生じた特許権売却益は特別利益となることに注意する。

2．外貨建取引から生じた債務について，為替予約を付した取引の処理である。取引を時間別に整理すると以下のようになる。

取引時点	仕訳	為替換算後の買掛金の金額
X6年2月1日	（借）仕入 420,000 （貸）買掛金 420,000	4,000ドル×@￥105 ＝￥420,000
X6年3月1日	（借）買掛金 4,000 （貸）為替差損益 4,000	4,000ドル×@￥104 ＝￥416,000

為替予約の処理は，日商簿記2級の商業簿記では，振当処理の簡便法となっており，外貨建債権債務の簿価（通常は取引発生時の直物為替相場による換算額）と為替予約による円貨額との差額を為替差損益で処理し，営業外収益あるいは営業外費用とする。なお，決算時および決済時については，為替予約により買掛金の金額は確定しており，今後為替差損益は生じない。

［資料Ⅲ］決算整理事項

1．受取手形および売掛金の期末残高に対して2％の貸倒引当金を差額補充法により設定する。

決算整理前残高試算表より，営業債権についての貸倒引当金は，次のようになる。

（売掛金￥1,527,700＋受取手形￥606,600）×2％＝￥42,686

またこれに加えて，未処理事項1の営業外受取手形も，貸倒引当金の対象となる。

営業外受取手形￥60,000×2％＝￥1,200

営業債権と営業外債権では，P/L上，貸倒引当金繰入の計上する項目が異なることに注意する必要がある。なお，差額補充法であるが，問題文には営業外債権について特に記載がないため，貸倒引当金の残高は営業債権に関するものと考えて，販売費及び一般管理費の中の貸倒引当金繰入として￥37,786（＝￥42,686－￥4,900），営業外費用として￥1,200を計上する。

（借）貸倒引当金繰入(販管費)	37,786	（貸）	貸倒引当金	38,986
貸倒引当金繰入(営業外費用)	1,200			

2．期末商品棚卸高は，次のように整理できる。

期末商品棚卸高　￥375,000

取得原価 @￥150
正味売却価額 @￥148

取得原価 @￥150	商品評価損 2,460個×(@￥150－@￥148) ＝￥4,920	棚卸減耗損 @￥150×(2,500個－2,460個) ＝￥6,000
正味売却価額 @￥148	B/S上の商品 ￥364,080	
	実地数量 2,460個	帳簿数量 2,500個

売上原価に関連する仕訳は，以下のようになる。ここでは，仕入勘定で売上原価を求める仕訳を示している。

期首商品	(借)	仕　入	391,300	(貸)	繰越商品	391,300
期末商品	(借)	繰越商品	375,000	(貸)	仕　入	375,000
	※@￥150×2,500個＝￥375,000					
棚卸減耗損	(借)	棚卸減耗損	6,000	(貸)	繰越商品	6,000
	※@￥150×(2,500個－2,460個)＝￥6,000					
商品評価損	(借)	商品評価損	4,920	(貸)	繰越商品	4,920
	※2,460個×(@￥150－@￥148)＝￥4,920					
	(借)	仕　入	4,920	(貸)	商品評価損	4,920

商品評価損は売上原価の内訳項目として，棚卸減耗損は販売費及び一般管理費として損益計算書上表示することを忘れないこと。

3．未払費用の残高の期首の再振替仕訳については，以下のように仕訳を行い，P/L計上する費用の金額の修正を行う。

(借)	未払費用	12,100	(貸)	給料	11,000
				水道光熱費	1,100
(借)	給料	12,000	(貸)	未払費用	12,980
	水道光熱費	980			

P/Lに計上する給料は￥327,622－￥11,000＋￥12,000＝￥328,622となり，水道光熱費は￥7,900－￥1,100＋￥980＝￥7,780となる。

4．利息の未収分と未払分を月割計算で計上する。

① 期間6か月の定期預金　￥50,000×0.6%×$\frac{3か月分}{12か月分}$＝￥75

満期日と期間の情報から，預金開設時点はX6年1月1日であることがわかる。このため，決算日までの3か月分の未収利息を計上する。

② 期間1年の定期預金　￥150,000×0.9%×$\frac{6か月分}{12か月分}$＝￥675

満期日と期間の情報から，預金開設時点はX5年10月1日であることがわかる。このため，決算日までの6か月分の未収利息を計上する。

これを合わせると，次の仕訳となる。

(借)	未収収益	750	(貸)	受取利息	750

③ 借入金の未払利息

X5年12月31日まで支払済と考えて，X6年1月から3月末までの3か月分を計上する。

￥300,000×2.4%×$\frac{3か月分}{12か月分}$＝￥1,800

(借)	支払利息	1,800	(貸)	未払費用	1,800

5．退職給付引当金の設定である。勘定科目が，他の引当金と異なり，引当金繰入とならないことに注意すること。

(借)	退職給付費用	9,700	(貸)	退職給付引当金	9,700

6．固定資産の減価償却を次のとおり行う。

備品は，200%定率法なので，償却率は，$\frac{1}{10年}$×200%＝0.2となる。

減価償却費は，(備品の取得原価￥250,000－減価償却累計額￥90,000)×0.2＝￥32,000

車両運搬具の減価償却費は，生産高比例法で計算する。残存価額はゼロなので，車両運搬具の取得原価￥30,000×$\frac{当期走行距離45,000km}{総走行可能距離150,000km}$＝￥9,000となる。

仕訳は，以下のとおりとなる。

(借)	減価償却費	32,000	(貸)	備品減価償却累計額	32,000
(借)	減価償却費	9,000	(貸)	車両運搬具減価償却累計額	9,000

7．法人税，住民税及び事業税の計上に関する仕訳は次のようになる。

(借)	法人税，住民税及び事業税	17,000	(貸)	仮払法人税等	7,680
				未払法人税等	9,320

なお，貸倒引当金繰入のうち￥10,000が損金不算入となったので税効果会計の処理は，次のとおりとなる。

(借)	繰延税金資産	4,000	(貸)	法人税等調整額	4,000

※￥10,000×実効税率40%＝￥4,000

これらの処理をP/Lに書き込んでいく。時間が限られているはずなので，できたところから解答していくことを推奨する。

第4問（28点）

(1)（12点）

	仕		訳	
	借方科目	金額	貸方科目	金額
1	ア（製品）	300,000	イ（仕掛品）	300,000
2	ア（売掛金） エ（売上原価）	400,000 250,000	ウ（売上） オ（製品）	400,000 250,000
3	オ（売上原価）	5,000	イ（製造間接費差異）	5,000

仕訳1組につき4点。計12点。

(2)（16点）

仕　掛　品　（単位：円）

月初有高	（1,180,000）	当月完成高	（4,780,400）
当月製造費用：		月末有高	（1,201,600）
直接材料費	（1,872,000）		
直接労務費	（1,380,000）		
製造間接費	（1,550,000）		
計	（4,802,000）		
	（5,982,000）		（5,982,000）

製　品　（単位：円）

月初有高	（1,400,000）	売上原価	（4,379,520）
当月完成高	（4,780,400）	月末有高	（1,800,880）
	（6,180,400）		（6,180,400）

□ 1つにつき4点。計16点。合計28点。

第4問

(1)

1．製品が完成した取引である。製品勘定の借方に300,000円を計上し，仕掛品勘定の貸方に300,000円を計上する。

2．製品を売り上げた取引である。掛けで売り上げたので売掛金勘定の借方に400,000円を計上し，売上勘定の貸方に400,000円を計上する。原価分を売上原価勘定の借方に250,000円を計上し，製品勘定の貸方に250,000円を計上する。

3．製造間接費差異を売上原価に振り替える取引である。製造間接費差異勘定の借方に5,000円の残高があるため，製造間接費差異勘定の貸方に計上し，売上原価勘定の借方に5,000円計上する。

(2)

各製造指図書に関するデータから，仕掛品勘定および製品勘定に記入する問題である。

〈仕掛品勘定〉

月初有高　前月（10月）に製造に着手して，月初にまだ完成していない製造指図書#2302の原価である。

直接材料費400,000円＋直接労務費480,000円＋製造間接費（5,000円×60（時間））＝1,180,000円

当月製造費用

直接材料費　消費価額　（2,000円×200（個）＋2,100円×800（個））÷1,000（個）＝2,080円

当月消費高　2,080円×当月消費量900（個）＝1,872,000円

#2304の直接材料費……1,872,000円－559,520円－750,880円＝561,600円※1

直接労務費　当月消費高　当月支払高1,250,000円－前月末払高260,000円＋当月未払高390,000円＝1,380,000円

#2304の直接労務費……1,380,000円－540,000円－450,000円＝390,000円※2

製造間接費　5,000円×（140（時間）＋120（時間）＋50（時間））＝1,550,000円

当月完成高　#2302　仕掛品月初有高1,180,000円＋直接材料費559,520円＋直接労務費540,000円＋製造間接費5,000円×140（時間）＝2,979,520円

#2303　直接材料費750,880円＋直接労務費450,000円＋製造間接費5,000円×120（時間）＝1,800,880円

2,979,520円＋1,800,880円＝4,780,400円

月末有高　#2304　直接材料費561,600円※1＋直接労務費390,000円※2＋製造間接費5,000円×50（時間）＝1,201,600円

〈製品勘定〉

月初有高　前月に完成し，月初に未渡しの分

#2301　直接材料費480,000円＋直接労務費360,000円＋製造間接費5,000円×112（時間）＝1,400,000円

当月完成高　仕掛品勘定の貸方の当月完成高と同じ

売上原価　　当月引渡分　＃2301　*1,400,000*円＋＃2302　*2,979,520*円＝*4,379,520*円

月末有高　　＃2303　*1,800,880*円

（参考）

原価計算表　10月分

摘　要	2301	2302	合　計
直接材料費	*480,000*	*400,000*	*880,000*
直接労務費	*360,000*	*480,000*	*840,000*
製造間接費	*560,000*	*300,000*	*860,000*
	1,400,000	*1,180,000*	*2,580,000*

2301：月初製品有高 → 売上原価
2302：月初仕掛品

原価計算表　11月分

摘　要	2302	2303	2304	合　計
月初仕掛品	*1,180,000*			*1,180,000*
直接材料費	*559,520*	*750,880*	*561,600*	*1,872,000*
直接労務費	*540,000*	*450,000*	*390,000*	*1,380,000*
製造間接費	*700,000*	*600,000*	*250,000*	*1,550,000*
	2,979,520	*1,800,880*	*1,201,600*	*5,982,000*

2302：完成高 → 売上原価
2303：完成高 → 月末製品有高
2304：月末仕掛品

第5問（12点）

直接原価計算による損益計算書　（単位：円）

	前々期	前　期
売上高	（1,400,000）	（1,400,000）
変動売上原価	（650,000）	（640,000）
変動製造マージン	（750,000）	（760,000）
変動販売費	（80,000）	（80,000）
貢献利益	（670,000）	（680,000）
固定費	（560,000）	（560,000）
営業利益	（110,000）	（120,000）

□ 1つにつき2点。合計12点。

解　説

直接原価計算による損益計算書を作成する問題である。

(1)　前々期

①　変動製造原価の推定

固定加工費は*300,000*円であり実際生産量は1,000個なので，単位当たり固定加工費は次のように計算できる。

単位当たり固定加工費　$\frac{300,000円}{1,000個}$ = *300*円／個

製品Aの変動加工費は全部原価計算によって計算した製造原価*950*円から直接材料費*590*円と固定加工費*300*円を差し引くことで求められる。

変動加工費　製造原価*950*円／個－直接材料費*590*円／個－固定加工費*300*円／個
＝*60*円／個

②　変動売上原価

直接材料費と変動加工費の合計額である。

変動売上原価　（直接材料費*590*円／個＋変動加工費*60*円／個）×販売量1,000個
＝*650,000*円

③　固定販売費及び一般管理費

「全部原価計算による損益計算書」の販売費及び一般管理費から変動販売費を差し引くことで求められる。

固定販売費及び一般管理費　販売費及び一般管理費*340,000*円－変動販売費（*80*円／個×1,000個）＝*260,000*円

④　固定費

固定製造原価と固定販売費及び一般管理費の合計額である。

固定費　固定製造原価*300,000*円＋*260,000*円＝*560,000*円

(2)　前期

①　変動製造原価の推定

固定加工費は*300,000*円であり実際生産量は1,500個なので，単位当たり固定加工費は次のように計算できる。

単位当たり固定加工費　$\frac{300,000円}{1,500個}$ = *200*円／個

製品Aの変動加工費は全部原価計算によって計算した製造原価*840*円から直接材料費*570*円と固定加工費*200*円を差し引くことで求められる。

変動加工費　製造原価*840*円／個－直接材料費*570*円／個－固定加工費*200*円／個
＝*70*円／個

②　変動売上原価

直接材料費と変動加工費の合計額である。

変動売上原価　（直接材料費*570*円／個＋変動加工費*70*円／個）×販売量1,000個
＝*640,000*円

③　固定販売費及び一般管理費

「全部原価計算による損益計算書」の販売費及び一般管理費から変動販売費を差し引くことで求められる。

固定販売費及び一般管理費　販売費及び一般管理費*340,000*円－変動販売費（*80*円／個×1,000個）＝*260,000*円

④　固定費

固定製造原価と固定販売費及び一般管理費の合計額である。

固定費　固定製造原価*300,000*円＋*260,000*円＝*560,000*円

第１問（20点）

	借方科目	金額	貸方科目	金額
1	オ(現　　金)	1,000,000	ア(買　掛　金)	1,000,000
	キ(売　掛　金)	1,500,000	カ(借　入　金)	3,000,000
	ウ(商　　品)	1,000,000	イ(資　本　金)	3,000,000
	ケ(土　　地)	3,000,000		
	エ(の　れ　ん)	500,000		
2	オ(減価償却費)	360,000	エ(車両運搬具)	2,000,000
	イ(未　決　算)	1,640,000		
3	イ(損　　益)	420,000	カ(本　　店)	420,000
4	イ(不　渡　手　形)	719,000	エ(当　座　預　金)	719,000
5	イ(当　座　預　金)	2,250,000	ウ(資　本　金)	1,125,000
			エ(資本準備金)	1,125,000
	カ(創　立　費)	250,000	ア(現　　金)	250,000

仕訳１組につき４点。合計20点。

解　説

1．吸収合併により，株式などを対価として被合併会社（福井木材株式会社）は合併会社（京都工業株式会社）に吸収されて消滅する。会計処理としては，合併会社が消滅する会社の諸資産を借方に，諸負債を貸方に計上することにより，消滅する会社の資産と負債を引き継ぐ。また，対価として株式を交付している場合には，合併会社の資本金や資本準備金などが増加する（ここでは全額資本金となる）。このとき，消滅する会社の純資産額と取得の対価を比較し，取得の対価のほうが大きい場合には差額として「のれん」（資産）が生じ，取得の対価のほうが小さい場合には差額として「負ののれん発生益」（収益）が生じる。本問の場合は，純資産額￥2,500,000※＜取得の対価￥3,000,000（＝@￥6,000×500株）であるため，差額￥500,000が「のれん」となる。

※資産合計￥6,500,000(＝現金￥1,000,000＋売掛金￥1,500,000＋繰越商品￥1,000,000＋土地(時価)￥3,000,000)－負債合計￥4,000,000(＝買掛金￥1,000,000＋借入金￥3,000,000)＝純資産￥2,500,000

2．火災によって営業用車両を焼失して保険会社に保険金を請求した取引である。火災や事故などは，一般的には取引とはいわないが，簿記では資産を失って損失が生じるので取引となる。まず営業用車両は，問題の指示により生産高比例法により減価償却を行い，その簿価を計算する必要がある。

焼失した車両の減価償却費　（取得原価￥2,000,000－残存価額￥200,000）×$\left(\frac{2万キロ}{10万キロ}\right)$

＝￥360,000

なお，当期首に取得したため，過年度の減価償却は行われておらず，減価償却累計額は考える必要はない。この車両の簿価は，取得原価￥2,000,000－減価償却費￥360,000＝￥1,640,000となる。

保険金を請求するが，いくら保険金が支給されるかわからないので，焼失した固定資産の帳簿価額￥1,640,000を未決算勘定で処理する。

なお，火災保険金の支払額が決定したとき，その金額が未決算勘定の金額に満たない場合，その差額は火災損失となる。もし保険金の支払額が未決算の金額を超えた場合，その差額分は，保険差益勘定（収益）となる。

3．支店の決算振替仕訳を考える。「当期純利益￥420,000を計上した」ということから，支店の損益勘定で計算した当期純利益（貸方残高）を振り替える。通常の株式会社では，損益勘定から繰越利益剰余金勘定に振り替えるが，支店にはこれに該当するものがなく，本店勘定に振り替える。この振替えを，支店でどのように処理するかが問われている。

なお，本店側の処理が問われる場合もあり，そのとき，本店の損益勘定に振り替える場合もあれば，本店に総合損益勘定を設け，支店の損益を本店の損益に振り替える場合もあり，次のような仕訳となる。

（借）支　　店　420,000　（貸）総合損益(あるいは損益)　420,000

4．静岡開発株式会社から受け取った手形を銀行で割り引いたが，手形代金が支払われなかったため，当社が，銀行からの償還請求に応じて手形金額，拒絶証書作成費用その他および延滞利息を支払い，その金額を静岡開発に支払請求した取引である。銀行へ支払った手形金額等が，静岡開発に対して請求する金額であり，不渡手形勘定の借方に記入する。

5．設立時の株式発行に関する問題である。

払込みが行われた株式の金額（@￥3,000×750株＝￥2,250,000）だけ，当座預金を増加させるとともに，払込金額のうち会社法が規定する最低限度額（￥2,250,000×$\frac{1}{2}$＝￥1,125,000）を資本金として計上し，残額（￥2,250,000－￥1,125,000＝￥1,125,000）を資本準備金として計上する。

また，設立の際に株式発行にかかる費用や設立期間中の発起人への報酬などは，創立費として処理を行う。なお，設立登記から開業までの費用は開業費として，増資時の株式発行にかかる費用は株式交付費として処理を行う。

資　本　金
| 1,125,000
（資本金計上額）

当　座　預　金
2,250,000 |

資　本　準　備　金
| 1,125,000
（資本金に計上しない額）

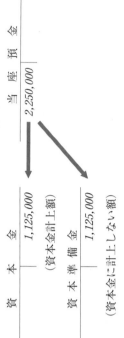

第2問（20点）

貸借対照表		（単位：円）
Ⅱ　固定資産		
建　　物	（22,000,000）	
減価償却累計額	（5,988,750）	（16,011,250）
備　　品	（800,000）	
減価償却累計額	（160,000）	（640,000）
車両運搬具	（3,300,000）	
減価償却累計額	（330,000）	（2,970,000）

損益計算書	（単位：円）
Ⅲ　販売費及び一般管理費	
減価償却費	（1,426,250）
⋮	
Ⅳ　特別損失	
固定資産売却損	（650,000）
火災損失	（2,600,000）
⋮	
法人税等調整額	（△18,000）

□ 1つにつき4点。合計20点。

解　説

建物や備品，車両の減価償却に関する会計処理の問題である。

1．建物Aに関する仕訳

（借）	建物	1,000,000	（貸）	修繕費	1,000,000
（借）	減価償却費	472,500	（貸）	建物減価償却累計額	472,500
（借）	減価償却費	3,750	（貸）	建物減価償却累計額	3,750

当期の減価償却費

（¥21,000,000－¥2,100,000）÷40年＝¥472,500

資本的支出部分に係る減価償却費（2X29年2月1日～2X29年3月31日）

（¥1,000,000－¥100,000）÷40年×$\frac{2\text{か月}}{12\text{か月}}$＝¥3,750

2X28年4月1日現在の減価償却累計額（2X16年8月1日～2X28年3月31日）

（¥21,000,000－¥2,100,000）÷40年×$\frac{140\text{か月}}{12\text{か月}}$＝¥5,512,500

2．建物Bに関する仕訳

（借）	建物減価償却累計額	1,240,000	（貸）	建物	12,000,000
	減価償却費	160,000			
	未決算	10,600,000			
（借）	未収入金	8,000,000	（貸）	未決算	10,600,000
	火災損失	2,600,000			

2X28年4月1日現在の減価償却累計額（2X25年9月1日～2X28年3月31日）

（¥12,000,000－¥0）÷25年×$\frac{31\text{か月}}{12\text{か月}}$＝¥1,240,000

当期の減価償却費（2X28年4月1日～2X28年7月31日）

（¥12,000,000－¥0）÷25年×$\frac{4\text{か月}}{12\text{か月}}$＝¥160,000

未決算の金額　¥12,000,000－（¥1,240,000＋¥160,000）＝¥10,600,000

保険会社から保険金の支払いが確定した旨の連絡を受けたときは，火災による損失額が確定するため，未決算勘定¥10,600,000を取り崩す。未決算勘定と支払われる予定の保険金の金額¥8,000,000との借方差額¥2,600,000は，火災損失勘定として処理する（なお，保険金は未だに支払われてはいないので，未収入金勘定によって処理を行うこととなる）。

3．備品Cに関する仕訳

（借）	減価償却費	160,000	（貸）	備品減価償却累計額	160,000
	繰延税金資産	18,000		法人税等調整額	18,000

備品Cについては，減価償却において税効果会計を適用する。まず，会計上の減価償却費を，¥800,000÷5年＝¥160,000で計上する。そののち，税務上の減価償却費が¥800,000÷8年＝¥100,000であるため，税効果会計として法人税等調整額（繰延税金資産）を（¥160,000－¥100,000）×法定実効税率30％＝¥18,000計上する。

4．車両D・車両Eに関する仕訳

（借）	車両運搬具	3,300,000	（貸）	車両運搬具	3,000,000
	車両運搬具減価償却累計額	1,300,000		現金	2,550,000
	減価償却費	300,000			
	固定資産売却損	650,000			
（借）	減価償却費	330,000	（貸）	車両運搬具減価償却累計額	330,000

まず，車両Dから車両Eへの買い替えの仕訳を行う。車両Dに係る車両運搬具勘定を貸方に記入するとともに，借方に減価償却累計額と減価償却費を記入する。そして，車両Eに係る車両運搬具勘定を借方に記入するとともに，下取価額を差し引いた代金¥2,550,000（＝¥3,300,000－¥750,000）を借方に記入する。

これらの金額を計上したうえで，借方差額¥650,000が固定資産売却損として計上される。車両Eについては10月1日より使用を開始しているので，月割計算により減価償却を行う。

車両D

2X28年4月1日現在の減価償却累計額（2X26年2月1日～2X28年3月31日）

（¥3,000,000－¥0）÷5年×$\frac{26\text{か月}}{12\text{か月}}$＝¥1,300,000

当期の減価償却費（2X28年4月1日～2X28年9月30日）

（¥3,000,000－¥0）÷5年×$\frac{6\text{か月}}{12\text{か月}}$＝¥300,000

車両E

当期の減価償却費（2X28年10月1日～2X29年3月31日）

（¥3,300,000－¥0）÷5年×$\frac{6\text{か月}}{12\text{か月}}$＝¥330,000

以上の仕訳にもとづいて，貸借対照表および損益計算書の一部に金額を記入していく。

なお，建物・備品・車両の合計となる減価償却費の金額について，その内訳を示す。

減価償却費¥1,426,250＝¥472,500（建物A従来分）＋¥3,750（建物A資本的支出分）＋¥160,000（建物B）＋¥160,000（備品C）＋¥300,000（車両D）＋¥330,000（車両E）

第3問（20点）

貸　借　対　照　表

X3年3月31日　（単位：円）

資産の部			負債の部	
I 流動資産			I 流動負債	
現金預金		264,700	買掛金	(723,000)
売掛金	359,000		支払手形	179,000
受取手形	(55,000)		未払金	103,500
貸倒引当金	(12,420)	(401,580)	未払法人税等	(18,000)
商品		(754,600)	修繕引当金	(100,000)
貯蔵品		(19,000)	II 固定負債	
前払費用		(35,200)	長期借入金	3,900,000
II 固定資産			負債合計	(5,023,500)
(1) 有形固定資産			純資産の部	
建物	(8,100,000)		I 株主資本	
減価償却累計額	(5,670,000)	(2,430,000)	資本金	969,000
備品	(355,000)		資本準備金	79,000
減価償却累計額	(111,512)	(243,488)	利益準備金	85,000
土地		2,248,000	繰越利益剰余金	(295,068)
(2) 投資その他の資産			II 評価・換算差額等	
投資有価証券		(57,000)	その他有価証券評価差額金	(4,000)
不渡手形	(4,000)			
貸倒引当金	(2,000)	(2,000)	純資産合計	(1,432,068)
資産合計		(6,455,568)	負債・純資産合計	(6,455,568)

□ 1つにつき2点。合計20点。

第3問

貸借対照表作成問題である。ネット試験になって試験時間が短縮され，問題量も従来よりは限定されると思われるが，おそらく時間的な余裕はない。受験生は，答案用紙を見て，部分点を意識して解答することが求められることになるであろう。以下，問題の指示の順に個別に解説していく。

［資料Ⅱ］未処理事項

1．当期発生の手形の不渡りの処理であり，次のようになる。

（借）不　渡　手　形　　4,000　（貸）受　取　手　形　　4,000

不渡手形は，B/S上固定資産に表示される。また貸倒引当金設定対象の営業債権の金額の変動に注意。

2．備品の修繕費￥299,000は誤りで，この中の￥200,000は資本的支出であるため備品として計上する必要があり，次のような仕訳となる。

（借）備　　　品　　200,000　（貸）修　繕　費　　200,000

なお，この未処理事項は，決算処理の減価償却費の計算にも影響することに注意。

［資料Ⅲ］決算整理事項

1．貸倒引当金の設定については，決算整理前残高試算表および未処理事項の処理より，次のようになる。

（売掛金￥359,000＋受取手形￥59,000－不渡手形￥4,000）×3％＋不渡手形￥4,000×50％＝￥14,420

貸倒引当金の残高が￥800あるので，貸倒引当金の仕訳は次のようになる。

（借）貸倒引当金繰入　　13,620　（貸）貸 倒 引 当 金　　13,620

貸借対照表上，貸倒引当金を控除する記載が，売掛金・受取手形と不渡手形とに分かれていることに注意。

なお，貸倒引当金や貸倒引当金繰入に関する財務諸表上の表示は次のようにまとめられる。下記の表について，営業外受取手形（に関する貸倒引当金）の表示区分が問われることはめったにないが，本問で出題している不渡手形（に関する貸倒引当金）の貸借対照表における表示区分は頻繁に出題されている。さらに，不渡手形の表示だけが独特である（損益計算書では販管費としつつ，貸借対照表では固定資産とする）ので，注意する必要がある。

対象となった債権	貸借対照表における表示	損益計算書における表示
売掛金・受取手形・電子記録債権	流動資産	販売費及び一般管理費
不渡手形	固定資産	販売費及び一般管理費
営業外受取手形	貸付金と同じく，短期のものは流動資産とし，長期のものは固定資産とする。	営業外費用
短期貸付金	流動資産	営業外費用
長期貸付金	固定資産	営業外費用

※　上記の電子記録債権は，売掛金について電子記録債権の発生記録をした場合として作成している。また，上記の不渡手形は，営業外受取手形が不渡りになった場合ではなく，受取手形が不渡りになった場合である。

2．期末商品棚卸高については，棚卸減耗損のみを計上する。

なお，取得原価より正味売却価額が上回っているので，商品評価損は計上されない。

売上原価に関連する仕訳は，以下のようになる。ここでは，仕入勘定で売上原価を求める仕訳を示している。

期首商品	（借）	仕　入	*704,000*	（貸）	繰越商品	*704,000*
期末商品	（借）	繰越商品	*784,000*	（貸）	仕　入	*784,000*

※@￥*980*×800個＝￥*784,000*

棚卸減耗損	（借）	棚卸減耗損	*29,400*	（貸）	繰越商品	*29,400*

※@￥*980*×（800個－770個）＝￥*29,400*

ここでは，貸借対照表を作成する問題であり，B/S上商品として示される金額は，￥*754,600*（＝￥*784,000*－￥*29,400*）となる。

3．固定資産の減価償却について，建物と備品に分けて計算する。

① 建物について，減価償却（定額法，耐用年数30年，残存価額ゼロ）を行い，次のようになる。

（借）	減価償却費	*270,000*	（貸）	建物減価償却累計額	*270,000*

※建物￥*8,100,000*÷30年＝￥*270,000*

② 備品について，減価償却（定率法，償却率0.2，月割計算）を行う。

決算整理前残高試算表より既存の備品については，（取得原価￥*155,000*－備品減価償却累計額￥*75,640*）×0.2＝￥*15,872*

また未処理事項により，あらたに備品計上された金額￥*200,000*については，10月から3月までの半年間の減価償却費￥*200,000*×0.2×$\frac{6か月分}{12か月分}$＝￥*20,000*を計上する。

合わせて仕訳をすると次のようになる。

（借）	減価償却費	*35,872*	（貸）	備品減価償却累計額	*35,872*

4．その他有価証券の全部純資産直入法の処理は次のようになる。

A社株式	（借）	その他有価証券	*5,000*	（貸）	その他有価証券評価差額金	*5,000*
B社株式	（借）	その他有価証券評価差額金	*1,000*	（貸）	その他有価証券	*1,000*

貸借対照表に表示する場合，その他有価証券評価差額金の金額を，純資産の部の評価・換算差額等に示す。

5．郵便切手は通信費，収入印紙は租税公課として処理されるが，次のように未使用分は貯蔵品に振り替える。

（借）	貯蔵品	*7,000*	（貸）	通信費	*7,000*
（借）	貯蔵品	*12,000*	（貸）	租税公課	*12,000*

6．外貨建ての買掛金*4,000*ドルのB/S計上額が問われている。外貨建ての買掛金は，決算日において，決算日レートで換算替えが行われる。買掛金*4,000*ドルは，X3年3月1日のレート@￥*105*では，￥*420,000*であるが，決算日のレート@￥*106*では，￥*424,000*であり，増加しており，次のような仕訳を行う。

（借）	為替差損	*4,000*	（貸）	買掛金	*4,000*

7．前払費用の計上

［資料Ⅰ］の決算整理前残高試算表の保険料は，当期支払分1年分（12か月分）と前期に支払った保険料で当期の8か月分（X2年4月1日～11月30日）を合わせた20か月分の金額となっている。当期の保険料支払額のうち，翌期分の8か月分（X3年4月1日～11月30日）を前払費用としなければならない。次のような仕訳となる。

（借）	前払費用	*35,200*	（貸）	保険料	*35,200*

※￥*88,000*×$\frac{8か月分}{20か月分}$＝￥*35,200*

8．修繕引当金の仕訳は，以下のようになる。

（借）	修繕引当金繰入	*100,000*	（貸）	修繕引当金	*100,000*

9．法人税，住民税及び事業税の計上に関する仕訳は次のようになる。

（借）	法人税，住民税及び事業税	*29,000*	（貸）	仮払法人税等	*11,000*
				未払法人税等	*18,000*

これらをもとに貸借対照表の括弧の中を埋めていく。繰越利益剰余金は，貸借差額を利用し求める。

第４問（28点）

(1)（12点）

	仕訳			
	借方科目	金額	貸方科目	金額
1	ウ(仕掛品)	*2,250,000*	ア(材料)	*2,250,000*
2	ウ(仕掛品) ア(製造間接費)	*700,000* *400,000*	エ(賃金)	*1,100,000*
3	ア(仕掛品)	*1,690,000*	ウ(製造間接費)	*1,690,000*

仕訳１組につき４点。計12点。

(2)（16点）

問１

仕　掛　品　（単位：円）

直接材料費	(*2,000,000*)	完成品	(*3,420,000*)
直接労務費	(*990,000*)	月末有高	(*1,120,000*)
製造間接費	(*1,550,000*)		
	(*4,540,000*)		(*4,540,000*)

問２

予算差異	*40,000* 円（　有利差異　・　(不利差異)　）
操業度差異	*30,000* 円（　有利差異　・　(不利差異)　）

（注）（有利差異・不利差異）のいずれかを○で囲みなさい。

□１つにつき４点。計16点。合計28点。

第４問

(1)

1．材料を製造指図書ごとに消費した取引である。下記の金額を材料勘定から仕掛品勘定に振り替える。

製造指図書No.101　750個×@*1,500*円＝*1,125,000*円
製造指図書No.102　500個×@*1,500*円＝　*750,000*円
製造指図書No.103　250個×@*1,500*円＝　*375,000*円
合　計　*2,250,000*円

2．直接工の作業に関して，製造指図書のかかる実際直接作業時間は賃金勘定から仕掛品勘定に振り替え，共通にかかる実際間接作業時間は製造間接費勘定に振り替える。

製造指図書No.101　500時間×@*500*円＝*250,000*円
製造指図書No.102　700時間×@*500*円＝*350,000*円
製造指図書No.103　200時間×@*500*円＝*100,000*円
合　計　*700,000*円→仕掛品勘定
共　通　800時間×@*500*円＝*400,000*円→製造間接費勘定

3．実際機械運転時間により製造間接費を仕掛品勘定へ振り替える取引である。振替額に関しては下記のとおりに計算する。

第１製造部門
製造指図書No.102　450時間×@*300*円＝*135,000*円
製造指図書No.103　650時間×@*300*円＝*195,000*円
合　計　*330,000*円

第２製造部門
製造指図書No.101　700時間×@*800*円＝　*560,000*円
製造指図書No.102　550時間×@*800*円＝　*440,000*円
製造指図書No.103　450時間×@*800*円＝　*360,000*円
合　計　*1,360,000*円

(2)

問１　仕掛品勘定の作成

①　製造間接費予定配賦額の計算

製造間接費予定配賦額（［資料］２.）

予定配賦率　$\frac{1,600,000円}{1,600時間}$　＝　@*1,000*円

#101　540時間×*1,000*円＝　*540,000*円
#102　640時間×*1,000*円＝　*640,000*円
#103　370時間×*1,000*円＝　*370,000*円
合　計　*1,550,000*円

② 製造指図書別原価計算表

製造指図書別原価計算表

摘　　要	#101	#102	#103	合　計
直接材料費	660,000円	840,000円	500,000円	2,000,000円
直接労務費	340,000円	400,000円	250,000円	990,000円
製造間接費	540,000円	640,000円	370,000円	1,550,000円
製 造 原 価	1,540,000円	1,880,000円	1,120,000円	4,540,000円
備　　考	完　　成	完　　成	未　完　成	

③ 仕掛品勘定の記入

上記製造指図書別原価計算表に集計された金額がその製品の原価（製造原価）になる。

直接材料費　2,000,000円

直接労務費　　990,000円

製造間接費　1,550,000円

完　成　高　（#101）1,540,000円＋（#102）1,880,000円＝3,420,000円

月末仕掛品　（#103）1,120,000円

問２　製造間接費の差異分析

製造間接費の標準配賦額と実際配賦額との差異である。公式法変動予算は，製造間接費を変動費と固定費とにわけて予算を設定する。

予算差異　実際操業度における予算と実際発生額との差異である。

（変動費率400円×1,550（時間）＋960,000円）－実際発生額1,620,000円

＝－40,000円（不利差異）

操業度差異　基準操業度と実際操業度との差異に固定費率を乗じた金額である。

（実際操業度1,550（時間）－基準操業度1,600（時間））×固定費率600円

＝－30,000円（不利差異）

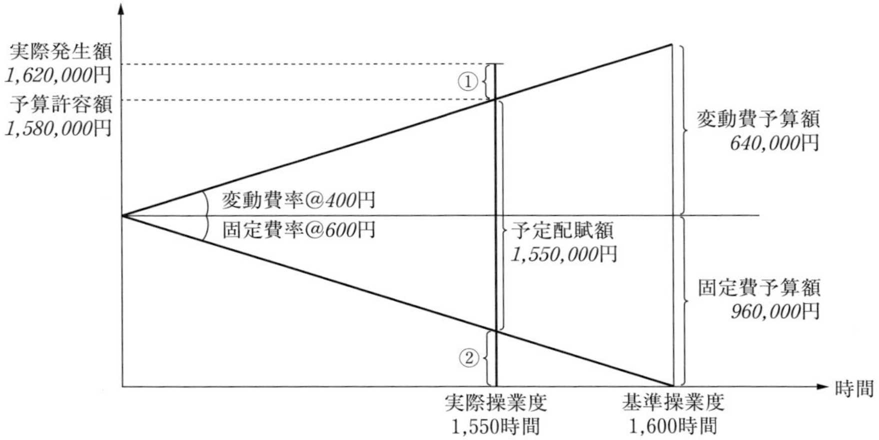

①＝予 算 差 異40,000円（不利差異）

②＝操業度差異30,000円（不利差異）

第５問（12点）

問１　2,152,800　円

問２

予　算　差　異	27,000 円	（ **有利差異** ・ 不利差異 ）
変動費能率差異	32,400 円	（ 有利差異 ・ **不利差異** ）
固定費能率差異	37,800 円	（ 有利差異 ・ **不利差異** ）
操 業 度 差 異	147,000 円	（ 有利差異 ・ **不利差異** ）

（注）（有利差異・不利差異）のいずれかを○で囲みなさい。

問１：４点，問２：正解１つにつき２点。合計12点。

第５問

標準原価計算における製造間接費差異の分析を行う問題である。

問１　当月の製造間接費標準配賦額は，製品１個当たり標準製造間接費に当月投入完成品換算数量を掛けて求めることができる。

標準配賦額＝4,680円×当月投入完成品換算数量460個※＝2,152,800円

※当月投入完成品換算数量＝完成品450個－（月初仕掛品100個×40％）＋（月末仕掛品200個×25％）＝460個

問２　予算差異は実際操業度における予算許容額と実際発生額との差異である。

予算許容額2,370,000円※－実際発生額2,343,000円＝27,000円（有利差異）

※予算許容額＝（変動費率360円／時間×実際操業度2,850時間）＋月間固定費予算1,344,000円＝2,370,000円

変動費能率差異は，標準操業度と実際操業度との差異に，変動費率を乗じて求められる。

変動費率360円／時間×（標準操業度2,760時間※－実際操業度2,850時間）
＝△32,400円（不利差異）

※標準操業度＝製品１個当たり標準作業時間６時間×当月投入完成品換算数量460個
＝2,760時間

固定費能率差異は，標準操業度と実際操業度との差異に，固定費率を乗じて求められる。

固定費率420円／時間※×（標準操業度2,760時間－実際操業度2,850時間）
＝△37,800円（不利差異）

※固定費率＝固定費予算1,344,000円÷基準操業度3,200時間＝420円／時間

操業度差異は，実際操業度と基準操業度との差異に，固定費率を乗じて求められる。

固定費率420円／時間×（実際操業度2,850時間－基準操業度3,200時間）
＝△147,000円（不利差異）